Leben als Politik

Gewidmet Eric Hobsbawm, dem Historker par excellence.

Asef Bayat, geboren 1954, verbrachte seine Schulzeit und ersten Studienjahre in Teheran. Er studierte in England und den USA, lehrte Soziologie an der Amerikanischen Universität von Kairo und ist heute Professor für Soziologie und Nahost-Studien an der Universität von Illinois. Von 2003 bis 2010 war er Direktor des Internationalen Instituts für Islam in der modernen Welt an der Universität von Leiden.

Asef Bayat

Leben als Politik

Wie ganz normale Leute den Nahen Osten verändern

Aus dem Englischen von Karl Hoffmann

Assoziation A

Die Originalfassung erschien 2010 bei Stanford University Press unter dem Titel: *Life as Politics – How Ordinary People Change the Middle East*.
This translation is published by arrangement with Stanford University Press, www.sup.org.

Deutsche aktualisierte Erstausgabe

Assoziation A | Gneisenaustr. 2a | 10961 Berlin | Tel.: + 493069582971
www.assoziation-a.de | berlin@assoziation-a.de | hamburg@assoziation-a.de
Umschlaggestaltung und Satz: kv | Printed in Germany
ISBN 978-386241-417-8

Inhalt

VORWORT

Die Aufstände, die 2011 den Nahen Osten erfassten, werden in jede Revolutionshistoriografie als entscheidende Wendepunkte eingehen. Diese Erhebungen führten zum Sturz langjähriger Diktatoren, gefährdeten etablierte Interessen und brachten autoritäre Regime in Bedrängnis, und dies in einem Ausmaß, das wirklich alle überraschte – die politischen Entscheidungsträger, Geheimdienstmitarbeiter, Wissenschaftler und sogar die ProtagonistInnen selbst. Allerdings entstanden diese Revolten nicht aus einem Vakuum. Ihnen gingen einschneidende Entwicklungen voraus – die Verstädterung, der demografische Wandel und die durch strukturelle Verränderungen verursachte zunehmende Ungleichheit, ebenso die Herausbildung neuer politischer AkteurInnen sowie permanente alltägliche Kämpfe, die allesamt in diesen revolutionären Momenten zusammenflossen. Womöglich entsteht ein neuer Naher Osten, ein Naher Osten, der nicht nur durch die Handlungen der Eliten, des Militärs und durch ausländische Intrigen bestimmt wird, sondern durch den Einfluss ganz normaler Menschen. Veränderung ist nicht länger ein schwer fassbarer Begriff, der der Region »fremd« ist, wie es uns die vorherrschenden Meinungen glauben machen wollen; tyrannische Herrschaft kann zum Sturz gebracht werden; und Menschen können etwas bewegen. Der revolutionäre Moment hat gezeigt, wie wenig unser bisheriger beschränkter Fokus auf den Islam – zur Beschreibung des politischen Verhaltens – und auf die Politik der Eliten – zur Erklärung politischer Reformen – zum Verständnis der Dynamiken in dieser Region beigetragen hat. Die Politik der Eliten war größtenteils dem kollektiven Willen der subalternen Gruppen unterworfen gewesen.

Gewiss spielt der Islam eine bedeutende Rolle in den sozialen Dynamiken dieser Gesellschaften, jedoch nicht in der Weise, wie er in den Schilderungen des Mainstreams wahrgenommen oder präsentiert wird. In Wahrheit ist der Islam nicht nur eine mobilisierende Kraft, die eingesetzt wird, um Veränderungen herbeizuführen, sondern ebenso der Gegenstand intensiver gesellschaftlicher Kämpfe, was seine Rolle in Gesellschaft und Politik anbelangt.

Natürlich ist es im Nachhinein leicht, Urteile über Entwicklungen, die der Revolution vorausgingen, zu fällen. Es ist bei wissenschaftlichen

Untersuchungen nachrevolutionärer Zeiten sogar gängige Praxis, die Geschichte rückwärts zu lesen, das Ergebnis in den Prozess hineinzuprojizieren oder die Revolution durch das Einweben vorausgehender Narrative so zu erklären, dass sie als Möglichkeit erscheint. Aber ich glaube, mit diesem Buch nicht in eine solche Falle zu tappen. Schließlich erschien die erste Ausgabe von *Life as Politics* bereits 2010, ein Jahr, bevor die Aufstände begannen. Im Vorwort jener Ausgabe schrieb ich, dass das zentrale Thema des Buchs die Herausbildung von Handlungsfähigkeit und Veränderung im Nahen Osten sei. Insbesondere nahm das Buch die Gestaltung gesellschaftspolitischer Transformation in den Blick, die durch interne gesellschaftliche Kräfte (Kollektive und Individuen), durch die verschiedenen Weisen, durch die ganz normale Menschen (Subalterne, städtische Enteignete, muslimische Frauen, globalisierte Jugendliche und andere Graswurzelgruppen) versuchen, ihre Gesellschaften zu verändern, verursacht wurde. Indem sie sich weigern, die von autoritären Staaten, deren moralischen Autoritäten und neoliberalen Ökonomien kontrollierte gesellschaftliche und politische Bühne zu verlassen, entdecken und erzeugen diese Gruppen neue Räume, in denen sie ihren Dissens zum Ausdruck bringen und ihre Präsenz durchsetzen können, um ihre Lebensbedingungen zu verbessern. Wie meine Arbeit gezeigt hat, verändern die ganz normalen Menschen ihre Gesellschaften nicht nur durch Massenproteste und Revolutionen; vielmehr verlegen sie sich auf »Nicht-Bewegungen« – kollektive Unternehmungen von Millionen nicht kollektiver AkteurInnen, die auf großen Plätzen, in Hintergassen, Gerichtsgebäuden oder in Stadtteilen und Nachbarschaften stattfinden.

Da die Rezeption der ersten Ausgabe des Buches mit den wütenden arabischen Aufständen zusammenfiel, beschrieben viele Kommentatoren das Buch als »prophetisch«, »vorausahnend« oder gar als »Vorhersage« der arabischen Revolutionen. Ob die Einsichten und Perspektiven, die im Buch entwickelt werden, diese Behauptungen rechtfertigen können, sollen die LeserInnen selbst beurteilen. Ich muss gestehen, dass ich mir die Geschwindigkeit, das Ausmaß und die Heftigkeit dieser massiven Revolten, auch als sie begannen, so nie hätte vorstellen können. Was ich schon mit der ersten Ausgabe zu tun hoffte und nun mit der Veröffentlichung der zweiten weiterhin vorhabe, ist es, einige der gesellschaftlichen und politischen Grundlagen zu untersuchen, die zu revolutionären Ereignissen führen können.

Das Buch beleuchtet, wie sich die Gesellschaften des Nahen Ostens über die letzten drei Jahrzehnte hinweg in den wirtschaftlichen, sozialen, kulturellen und religiösen Bereichen gewandelt haben, wie diese Veränderungen zu tiefen sozialen Spaltungen und Konflikten geführt haben und mit diesen in Verbindung gebracht werden. Dabei sind gesellschaftliche Gruppen mit Forderungen, Wünschen und politischen Subjektivitäten entstanden, mit denen die diktatorischen Regime nicht umgehen konnten. Ein vielleicht noch wesentlicher Aspekt, den das Buch behandelt, besteht darin, dass die unzufriedenen subalternen Gruppen – die Armen, die Jugend, die Frauen und die politisch Marginalisierten – weder nur passiv den Diktaten ihrer Polizeistaaten Folge leisten, noch ihr Glück dem Schicksal überlassen. Stattdessen wird deutlich, dass sie schon immer in die zerstreuten und disparaten Kämpfe ihres unmittelbaren Alltags eingebunden waren – in ihren Stadtvierteln, am Arbeitsplatz, an Straßenecken, vor Gericht, in Nachbarschaften und in der privaten Sphäre des Geschmacks, der persönlichen Freiheit und der Wahrung ihrer Würde. Mittels solcher sozialen »Nicht-Bewegungen« können sie die Gunst der Stunde nutzen und, wenn sich die Chance bietet, ihre meist stillen und individuellen Kämpfe in lauten und kollektiven Widerstand verwandeln.

Diese zweite Ausgabe des Buches ist völlig überarbeitet, aktualisiert und erweitert worden. Um den arabischen Revolutionen des Jahres 2011 Rechnung zu tragen, habe ich ein neues Kapitel (Der arabische Frühling, postislamistische Refo-lutionen) hinzugefügt, andere wurden erweitert, einige mit neuen Titeln versehen, alle wurden aktualisiert und das Buch wurde insgesamt neu strukturiert. Doch sowohl der zentrale Geist als auch der Fokus der Untersuchungen sind gleich geblieben. Die Arbeit bildet den Kern meiner Überlegungen zu sozialen Bewegungen, Nicht-Bewegungen und Revolutionen im Lichte der historischen Besonderheit des muslimischen Nahen Ostens über das letze Jahrzehnt hinweg. Darüber hinaus setzt sie sich kritisch und konstruktiv mit den vorherrschenden Gesellschaftstheorien auseinander. So hoffe ich, mit diesem Band nicht nur ein genaues empirisches Wissen über die sozialen und politischen Veränderungen in dieser komplexen Region zu vermitteln, sondern auch einen kritischen Beitrag zur Gesellschaftstheorie im Allgemeinen zu liefern.

Und wie verhält es sich mit den Revolutionen des arabischen Frühlings? Für mich steht und stand immer schon fest, dass Revolutionen weder vorhergesagt noch hinsichtlich eines wünschenswerten Ergebnisses geplant werden können. Revolutionen finden »einfach« statt. Doch als politische Akteure können wir uns Revolutionen vorstellen, und das tun wir auch – wir reden und diskutieren über ihre Ermöglichungsbedingungen und stellen uns sogar vor, welche Formen sie annehmen können. Diesbezüglich habe ich behauptet, dass die Revolution im Iran des Jahres 1979 wahrscheinlich die erste und letzte islamische Revolution unserer Zeit bleiben wird, und dass die historischen Bedingungen in der Region etwas begünstigt haben, das man vielleicht als »postislamistische Refo-lutionen« bezeichnen könnte, also eine Mischung aus reformistischen und revolutionären Entwicklungen. Die gegenwärtigen politischen Umwälzungen in der Region scheinen einen »refo-lutionären« Charakter an den Tag zu legen – einer, der die Chancen für Demokratie im Nahen Osten sowohl bieten als auch beschränken könnte.

1

DIE KUNST DER PRÄSENZ

Trotz des arabischen Frühlings befindet sich der Nahe Osten einflussreichen internationalen wie auch regionalen Einschätzungen zufolge in einem Zustand der Unordnung. Immer wieder wird darauf hingewiesen, dass das Pro-Kopf-Einkommen der arabischen Bevölkerung, trotz enormer Einnahmequellen durch Öl, zu den niedrigsten der Welt gehört. Angesichts sinkender Produktivität, ungenügender wissenschaftlicher Forschung, rückläufiger Einschulungen, einer hohen Analphabetenrate sowie einer Gesundheitslage, die weit schlechter ist als die vergleichbarer Nationen, scheint es, als seien die arabischen Länder »reicher, als sie entwickelt sind«.[1] Der beklagenswerte Zustand der gesellschaftlichen Entwicklung in der Region geht mit einer schlechten Regierungsführung einher. Autoritäre Regime, vom Iran über Syrien, Ägypten, Jordanien und Marokko bis zu den Scheichtümern am Persischen Golf, und dort vor allem Saudi Arabien (die meisten übrigens mit engen Beziehungen zu den USA), haben immer wieder Forderungen nach Demokratie und Rechtstaatlichkeit abgelehnt. Dabei begünstigen sie die Formierung von (religiösen) Oppositionsbewegungen, die ebenso undemokratische, ausschließende und häufig auch gewaltsame Mittel befürworten. Lange Zeit haben diese Zustände im Westen eine große Angst vor den international destabilisierenden Auswirkungen dieses scheinbaren sozialen und politischen Umbruchs geschürt.

Niemals zuvor hat die Region ein derart starkes Verlangen nach Veränderung wie in den späten 2000er Jahren erlebt. Die Vorstellung, dass »die Welt sich überall verändert hat, nur nicht im Nahen Osten«, ist weit verbreitet, wobei die verschiedenen nationalen und internationalen Gruppierungen unterschiedliche Erwartungen an die Art, wie Veränderungen in dieser Region in Gang gesetzt werden könnten, zum Ausdruck bringen. Kleinere (marxistische und militante islamistische) Kreise hoffen auf eine revolutionäre Veränderung durch ein plötzliches

---

1 Siehe United Nations Development Program, Arab Human Development Report, vol. 1, Creating opportunities for Future Generations (New York: UNDP, 2002).

Auflodern in der Bevölkerung, mit dem Ziel, ungerechten Machtstrukturen ein Ende zu bereiten und gesellschaftlichen Fortschritt und Demokratie einzuleiten. Wenn es der Iranischen Revolution vor nicht allzu langer Zeit gelungen sei, eine langjährige Monarchie in weniger als zwei Jahren zu stürzen, warum sollte es nicht auch heute möglich sein, eine solche Bewegung in der Region zu formieren? Und dies ist auch tatsächlich eingetreten. Im Jahr 2011 erlebte die arabische Welt eine folgenreiche Welle von Revolutionen. Doch diese Revolutionen kamen wie immer überraschend. Denn es ist zweifelhaft, ob Revolutionen jemals geplant werden können.[2] Auch wenn Revolutionäre sich verschwören und Vorbereitungen treffen, heißt das nicht zwingend, dass Revolutionen das Resultat vorheriger Planung sind. Häufig folgen sie einer ganz eigenen, faszinierenden Logik und werden bedingt durch eine höchst komplexe Kombination aus strukturellen, internationalen, zufälligen und psychologischen Faktoren. Wir neigen dazu, Revolutionen erst im Nachhinein zu analysieren, selten richten wir den Blick auf zu erwartende oder erwünschte Revolutionen, denn sie können nie vorhergesagt werden.[3] Andererseits möchten die meisten Menschen nicht unbedingt in gewaltsame revolutionäre Erhebungen verstrickt werden. Sie scheuen sich, an einer Revolution teilzunehmen, deren Ausgang sie nicht voraussehen können. Lieber verharren sie in der Position von »Trittbrettfahrern« und lassen andere an ihrer Stelle die Revolution machen – und manche fragen sich, ob Revolutionen überhaupt wünschenswert sind. Diejenigen, die sie erlebt haben, verbinden gewaltsame Erhebungen oft mit einem massiven Zusammenbruch, mit Zerstörung, Gewalt und Ungewissheit, denn es gibt keine Garantie dafür, dass ein revolutionärer Umsturz zu einer gerechten gesellschaftlichen Ordnung führen wird, es sei denn, die Revolution verwandelt sich in einen langen Prozess sozialer Kämpfe zur Erlangung der ursprünglichen Ziele. Selbst wenn man davon ausgeht, dass Revolutionen wünschenswert und planbar sind – was sollen Menschen unter den Bedingungen einer autoritären Herrschaft in der Zwischenzeit tun?

2 Nach Asaf Bayat, Making Islam Democratic: Social Movements and the Post-Islamist Turn (Stanford, Calif.: Stanford University Press, 2007), S. 200-201.

3 Für eine nützliche Diskussion darüber, wie wir uns auf die Analyse »revolutionärer Situationen« konzentrieren sollten, statt Revolutionen rückblickend zu projizieren siehe Rod Aya, »Theories of Revolution Reconsidered: Contrasting Models of Collective Violence«, Theory and Society 8, Nr. 1 (Juli 1979), S. 39-99.

Angesichts dieser Einschränkungen und der ungewissen Zukunft von Revolutionen postuliert eine alternative Sichtweise, dass Veränderungen dadurch initiiert werden sollten, Staaten zu verpflichten, nachhaltige soziale und politische Reformen durchzuführen. Eine derartige gewaltfreie Reformstrategie benötigt starke gesellschaftliche Kräfte – soziale Bewegungen (der ArbeiterInnen, der Armen, der Frauen, der Jugend, der Studierenden) oder breit verankerte demokratische Bewegungen bzw. echte politische Parteien –, um ihre Forderungen gegen die politischen Machthaber durchzusetzen. Tatsächlich bemühten sich viele AktivistInnen und NGOs, Bewegungen zur Veränderung der gegenwärtigen Verhältnisse ins Leben zu rufen. Doch während dies einer genuin endogenen Veränderungsstrategie dienen mag, benötigen effektive Bewegungen politische Handlungsspielräume, damit sie wachsen und agieren können. Es gibt die Hoffnung, dass die nachrevolutionären Staaten in Ägypten, Tunesien und im Jemen solche Gelegenheiten bieten werden. Allerdings deutet jetzt schon einiges auf eine gewisse Intoleranz dieser neuen Regime, von denen die meisten wohl eine restriktive Form der Wahldemokratie annehmen werden, hin. Es stellt sich die Frage, wie soziale und politische Bewegungen aufrechterhalten werden können, wenn autoritäre Gemeinwesen sich völlig intolerant gegenüber jeglichen Formen organisierten Aktivismus zeigen und die Unterdrückung zivilgesellschaftlicher Organisationen nach wie vor ein Kennzeichen der meisten Staaten im Nahen Osten ist. Es stellt sich zudem die Frage, was die Subalternen tun können, wenn Staaten zwar die Wahldemokratie respektieren (wie die Türkei oder Indonesien), aber über keine effizienten Mechanismen für den Umgang mit wirtschaftlicher Not, gesellschaftlicher Ausgrenzung, Geschlechterungleichheit oder der Verletzung von individuellen Rechten verfügen.

Es sollte also nicht überraschen, dass bis vor Kurzem immer größere Teile der Bevölkerung, frustriert vom politischen Stillstand, sich darüber beschwerten, dass – obwohl die meisten Menschen in der Region unter dem Status quo leiden – sie unterdrückt, vereinzelt und passiv blieben. Falls es überhaupt zu einem breiteren Aktivismus kam, äußerte er sich in sporadischen wenn auch heftigen – meist von Islamisten orchestrierten – Protesten gegen den Westen und Israel und weniger gegen die eigenen repressiven Regierungen, etwa mit dem Ziel, diese zu einer demokratischen Ordnung zu verpflichten. Da es kaum oder gar keine Handlungsmacht zur Herausforderung des erstarrten Status quo gebe, so das Argument, sollte Veränderung von außen mittels ökonomischen, politischen oder gar militärischen Drucks herbeigeführt werden. Sogar der *Arab Human Development Report*, wohl das bedeutendste Manifest für eine Veränderung im arabischen Nahen Osten, tendierte dazu, eine »realistische Lösung« durch ein »vom Westen unterstütztes Projekt gradueller und moderater Reformen mit dem Ziel einer Liberalisierung« zu suchen.[4] Dennoch ist die Ansicht, der Nahe Osten sei »unveränderbar«, außerhalb der Region wesentlich weiter verbreitet gewesen – vor allem im Westen und dort in politischen Kreisen, in den Mainstream-Medien und vielen Thinktanks. Tatsächlich war die gesamte westliche »Demokratieförderungsindustrie« von einer stark exzeptionalistischen Einstellung geprägt, die darauf setzte, Veränderung durch externe Mächte zu initiieren – auch mit gewaltsamen Mitteln.[5]

Die Vorstellung eines nahöstlichen Exzeptionalismus ist nicht neu. Seit Langem wird Veränderung in den Gesellschaften des Nahen Ostens aus einer meist westlichen, orientalistischen Perspektive betrachtet, deren Geschichte bis mindestens ins 18. Jahrhundert zurückreicht.[6] Der Mainstream-Orientalismus porträtiert den muslimischen Nahen Osten gerne als ein monolithisches, im Wesentlichen statisches und daher eigentümliches Gebilde. Indem der Fokus auf eine beschränkte Vorstellung von (einer eher statischen) Kultur gerichtet wird – die faktisch mit der islamischen Religion gleichgesetzt wird –, sind nahöstliche Gesellschaften eher in Hinblick auf historische Kontinuität denn auf Veränderung beschrieben worden. So gesehen mögen Veränderungen zwar – wenn auch selten – eintreten, doch ausgelöst werden sie in erster Linie durch einzelne Eliten, durch das Militär, durch Kriege oder externe Mächte. Die von der letzten Bush-Administration ausgegebene Doktrin des Regimewechsels, die zur Okkupation des Iraks führte und einen Krieg gegen den Iran als wünschenswert erscheinen ließ, zeigt beispielhaft, wie aus dieser Perspektive heraus Veränderungen in der

4 Siehe United Nations Development Program, Arab Human Development Report, vol. 3, Towards Freedom in the Arab World (New York: UNDP, 2005), S. 164.

5 Für eine hervorragende Diskussion des »nahöstlichen Exzeptionalismus« und der US-amerikanischen Politik des Kriegs gegen den Terror siehe Mark LeVine, Why They Don't Hate Us (Oxford: Oneworld Publications, 2005).

6 Siehe Alexander L. Macfie, hg., Orientalism: A Reader (Cairo: American University in Cairo Press, 2000); Maxime Rodinson, Europe and the Mystique of Islam (London: I. B. Tauris, 2002).

Region durchgesetzt werden sollen. Lokale Initiatoren eines politischen Wandels, wie beispielsweise Interessensgruppen, soziale Bewegungen und politische Ökonomien, werden meist außer Acht gelassen.

Der arabische Frühling erschütterte zwar die Grundlagen solcher Perspektiven, ohne dass sie jedoch dadurch verschwunden wären. Besonders in den Mainstream-Medien sind sie nach wie vor verbreitet und werden durch die Erfolge religiöser Parteien bei den nachrevolutionären Parlamentswahlen in der Region noch verstärkt. Jedoch ergibt eine historische Betrachtungsweise ein anderes Bild.

Der Nahe Osten hat in der Vergangenheit viele Aufstände, nationale Revolutionen, soziale Bewegungen (wie den Islamismus) und weitreichende Veränderungen erlebt. Darüber hinaus haben sich in der Region spezifische und unkonventionelle Formen von Handlungsfähigkeit und Aktivismus herausgebildet, die kaum beachtet werden, weil sie von unseren vorherrschenden Kategorien und Begrifflichkeiten nicht erfasst werden. Durch die genauere Analyse und Hervorhebung eben dieser Formen, die ich »soziale Nicht-Bewegungen« nenne, möchte ich zugleich eine Reihe theoretischer und methodischer Fragen aufwerfen hinsichtlich der Art, wie Handlungsfähigkeit und Veränderung im muslimischen Nahen Osten betrachtet werden können. Viele der von einer exzeptionalistischen Betrachtungsweise geprägten sozialwissenschaftlichen BeobachterInnen neigen dazu, den Nahen Osten auszuklammern. So wird der Islamismus häufig nur im Sinne einer religiösen Erweckungsbewegung untersucht oder als Ausdruck primordialer Loyalitäten, irrationaler Gruppenhandlungen oder schlicht als etwas Eigentümliches und Einzigartiges, als ein Phänomen, das nicht mit den herkömmlichen sozialwissenschaftlichen Kategorien analysiert werden kann. Der Islamismus war tatsächlich in den Untersuchungen westlicher Theoretiker zu den sozialen Bewegungen so gut wie gar nicht präsent, bis sich vor Kurzem einige wenige bemüht haben, den islamistischen Aktivismus in die Theorie sozialer Bewegungen einzubeziehen.[7] Das ist eine begrüßenswerte Entwicklung, allerdings neigen diese Wissenschaftler meist dazu, Anleihen bei den Theorien sozialer Bewegungen zu

7 Siehe die informative Veröffentlichung Quintan Wiktorowicz, Islamic Activism: A Social Movement Theory Approach (Bloomington: Indiana University Press, 2004). Siehe auch Roel Meijer, »Taking the Islamist Social Movement Seriously: Social Movement Theory and the Islamist Movement«, International Journal of Social History 50, Nr. 2 (August 2005), S. 279-92.

machen, statt sich produktiv mit diesen auseinanderzusetzen und Neues beizutragen. In diesem Zusammenhang fragt es sich, inwieweit die herrschende Theorie der sozialen Bewegungen fähig ist, dem komplexen Sachverhalt sozial-religiöser Bewegungen in den heutigen muslimischen Gesellschaften Rechnung zu tragen. Besonders dann, wenn ihre Herangehensweisen in partikularen Genealogien, in den höchst ausdifferenzierten und politisch offenen Gesellschaften des Westens verwurzelt sind, Gesellschaften, in denen sich soziale Bewegungen häufig zu stark strukturierten und zum Großteil homogenen Gebilden entwickeln – Möglichkeiten, die in der nichtwestlichen Welt sehr begrenzt sind. Charles Tilly erinnert uns zu Recht daran, die historische Besonderheit der sozialen Bewegungen zu berücksichtigen, die nach 1750 in Westeuropa und Nordamerika auf der politischen Bühne aufgetaucht sind. Historisch brachten die sozialen Bewegungen, wie sie dann genannt wurden, drei Elemente zusammen: eine Forderung, die in organisierter und ausdauernder Form gestellt und gezielt an die Machthaber gerichtet wurde; ein Handlungsrepertoire, das Vereine, öffentliche Versammlungen, in den Medien lancierte Botschaften und Demonstrationen auf der Straße umfasste; und schließlich »öffentliche Bekundungen des Werts, der Einheit, der Anhänger und des Engagements für die Sache«.[8] Jedes dieser Elemente allein würde keine soziale Bewegung bilden, sondern andersgeartete politische Aktionen darstellen. Angesichts der Tatsache, dass sich die vorherrschenden Theorien zu den sozialen Bewegungen auf die westliche Erfahrung stützen, stellt sich die Frage, inwieweit sie uns dabei helfen können, den Prozess der Solidarisierung oder die Kollektivitäten nicht zusammenhängender, aber paralleler Praktiken nichtkollektiver Akteure in nichtwestlichen, politisch geschlossenen und technologisch beschränkten Settings zu verstehen.[9]

Im Gegensatz zu dieser exzeptionalistischen Tendenz neigen andere, häufig »lokale« WissenschaftlerInnen im Nahen Osten dazu, konventionelle Modelle und Begriffe unkritisch auf die sozialen Realitäten ihrer Gesellschaften anzuwenden, ohne ausreichend zu berücksichtigen, dass diese Modelle andere historische Genealogien ausweisen und daher wenig hilfreich für die Erklärung der komplexen Textur und Dynamik von

8 Charles Tilly, Social Movements, 1768-2004 (Boulder, Colo.: Paradigm, 2004), S. 7.

9 Für eine ausführlichere Diskussion siehe Asef Bayat, »Islamism and Social Movement Theory«, Third World Quarterly 26, Nr. 6 (Juli 2000), S. 891-908.

Veränderung und Widerstand in diesem Teil der Welt sind. Betrachtet man beispielsweise die Slums aus der konventionellen Perspektive der Stadtsoziologie, so werden die informellen Gemeinden im Nahen Osten (*ashwaiyyat*) fälschlicherweise als Brutstätten der Gewalt, des Verbrechens, der Anomie, des Extremismus und folglich des radikalen Islam identifiziert. In diesen Erzählungen kommen sie als bedeutende Orte des Kampfes für (städtische) Bürgerschaft und einen Wandel urbaner Strukturen so gut wie gar nicht vor. Es wird kaum beachtet, wie die Entrechteten in den Städten durch ihre stillen und bescheidenen alltäglichen Kämpfe neue Lebensweisen und Gemeinschaften für sich ausformen und andersartige urbane Realitäten in den Städten des Nahen Ostens schaffen. Die dominierende Wissenschaft ignoriert die Tatsache, dass diese urbanen Subalternen die Bedeutung städtischer Verwaltung neu definieren und de facto deren Geschicke bestimmen; und sie tun dies nicht durch formale institutionelle Kanäle, von denen sie größtenteils ausgeschlossen sind, sondern durch direkte Aktionen gerade in den Zonen des Ausschlusses. Ich möchte ein anderes Beispiel hierfür geben: Anfang 2000 betrachteten iranische Analysten den Aktivismus muslimischer Frauen unkritisch durch die Brille der, hauptsächlich in den USA entwickelten, Theorie sozialer Bewegungen und kamen zu dem Schluss, dass es so etwas wie ein Frauenbewegung im Iran gar nicht gegeben habe, denn eine Reihe von Merkmalen dieser Aktivitäten iranischer Frauen stimmten nicht mit dem relevanten Modell überein. Womöglich in diesem Geiste warnt Olivier Roy vor derartigen Vergleichen, die »eines der Elemente zur Norm machen« ohne jemals die »ursprüngliche Konfiguration« zu hinterfragen.[10] Eine produktive Herangehensweise benötigt eine analytische Erneuerung, die nicht nur den nahöstlichen Exzeptionalismus und eine unkritische Anwendung konventioneller sozialwissenschaftlicher Begriffe ablehnt, sondern auch neue Beobachtungsperspektiven einführt – ein neuartiges Vokabular, wenn man so will – ebenso neue analytische Werkzeuge, um die spezifischen Realitäten der Region zu verstehen. In diesem theoretischen Rahmen untersuche ich sowohl Formen widerständigen politischen Handelns wie soziale Nicht-Bewegungen als zentrale Hebel zur Herbeiführung von bedeutsamen Veränderungen im Nahen Osten.

10 Olivier Roy, The Failure of Political Islam (Cambridge: Harvard University Press, 1994), S. 8-9.

Widerständiges politisches Handeln und soziale Veränderung

Viele bemerkenswerte soziale und politische Veränderungen in der Region waren das Resultat organisierter widerständiger Bemühungen unterschiedlichster Ausformung, von endemischen Protestaktionen über länger währende soziale Bewegungen bis zu den großen revolutionären Mobilisierungen. Im Iran leitete die konstitutionelle Revolution von 1905/06 das Ende der Qajar-Despotie ein und markierte den Anfang der Ära des Konstitutionalismus.

Die jeweils von Bewegungen »Freier Offiziere« angeführte ägyptische Revolution von 1952 sowie die irakische Revolution des Jahres 1958 beendeten eine langjährige Monarchie bzw. das britische Mandat und etablierten sowohl eine republikanische Ordnung als auch eine sozialistische Wirtschaftsweise. Mit einem bedeutenden sozialen und politischen Aufstand beendeten die AlgerierInnen 1962 die französische Kolonialherrschaft und errichteten eine Republik.

Die islamische Revolution von 1979 ließ Millionen IranerInnen in einer Bewegung aktiv werden, die die Monarchie stürzte und ein neues Zeitalter nicht nur im Iran, sondern in vielen Ländern der muslimischen Welt einläutete. Fünfundzwanzig Jahre zuvor hatte eine nationalistische und säkular-demokratische Bewegung unter Premierminister Muhammad Mossadegh den Konstitutionalismus eingeführt, bis dieser 1953 durch einen von der CIA und dem britischen Secret Service eingefädelten Staatsstreich abgeschafft und die Diktatur des Schahs wieder hergestellt wurde. Im Sudan zwang 1985 der gewaltlose Aufstand einer Koalition aus Studierenden, ArbeiterInnen und professionellen Gewerkschaften (National Alliance for National Salvation) das autoritär-populistische Regime von Präsident Jaafar Numeiri (das aus einem Militärputsch hervorgegangen war) zum Rücktritt. An dessen Stelle trat eine nationale Übergangsregierung, die den Weg für freie Wahlen und eine demokratische Regierung freimachte. Die erste palästinensische Intifada (1987-93) war eine der am stärksten aus einer Graswurzelbewegung hervorgegangenen Mobilisierungen im Nahen Osten im letzten Jahrhundert. Ausgelöst durch einen tödlichen Unfall, der von einem israelischen LKW-Fahrer verursacht worden war, und vor dem Hintergrund der langjährigen Besatzung wurde der Aufstand von beinahe der gesamten palästinensischen Bevölkerung getragen, insbesondere von Frauen und Kindern, die auf gewaltfreie Formen des Widerstands gegen die Besatzung zurückgriffen – auf zivilen Ungehorsam, Streiks, Demonstrationen, die Weigerung, Steuern zu zahlen, sowie den Boykott von Waren. Meist von lokalen (und nicht im Exil lebenden) Führungsfiguren gelenkt, setzte die Bewegung auf Volkskomitees (z. B. von Frauen, für gemeinnützige Arbeit und medizinische Versorgung), um sich zu etablieren. Sie sollten gleichzeitig als Keimzellen eines zukünftigen unabhängigen palästinensischen Staates dienen.[11] In jüngerer Zeit führte die Zedernrevolution, eine Basisbewegung von 1,5 Millionen LibanesInnen aus allen gesellschaftlicher Gruppen, die echte Souveränität, Demokratie und das Ende ausländischer Einmischung forderten, zum Rückzug der syrischen Truppen im Jahre 2005. Diese Bewegung wurde zum Symbol eines Modells friedlicher Mobilisierung von unten, durch die entscheidende Veränderungen in der Region ausgelöst werden könnten. Fast zur gleichen Zeit mobilisierte eine aufkeimende Demokratiebewegung in Ägypten – ausgehend von der Kifaya-Bewegung – Tausende qualifizierte Berufstätige, Studierende, LehrerInnen, RichterInnen und JournalistInnen der Mittelschicht, die die Freilassung politischer Gefangener und das Ende des Ausnahmezustands, der Folter und der Präsidentschaft von Husni Mubarak forderten. Aus einer neuen, veränderten Perspektive heraus entschied sich diese Bewegung dafür, mit »Kräften aus der Bevölkerung« statt mit den traditionellen Oppositionsparteien zusammenzuarbeiten, und brachte auf diese Weise die Kampagne auf die Straße, anstelle sie von einer »Zentrale« aus in den Medien zu verkünden. Sie konzentrierte sich auf innenpolitische Themen und nicht darauf, internationale Forderungen zu stellen. Als eine postnationale und postideologische Bewegung umfasste die Kifaya AktivistInnen beiderlei Geschlechts mit unterschiedlichen ideologischen Orientierungen und aus verschiedenen religiösen und sozialen Gruppen. Diese neuartige Mobilisierung schaffte es nach Jahren der islamistischen Hegemonie, des Nationalismus und der autoritären Herrschaft, das Tabu der gesetzeswidrigen Straßendemonstrationen zu brechen und einer neuen, postnationalen, säkularen und nichtsektiere-

11 Joost Hiltermann, Behind the Intifada: Labor and Women's Movements in the Occupied Territories (Princeton, N.J.: Princeton University Press, 1991); Zachary Lockman und Joel Beinin (Hrsg.), Intifada: The Palestinian Uprising Against Israeli Occupation (London: South End Press, 1989).

rischen (demokratischen) Politik in Ägypten Vorschub zu leisten. Sie erfuhr internationale Unterstützung und zwang die ägyptische Regierung, durch eine Verfassungsänderung freie Präsidentschaftswahlen zu ermöglichen. Die gewaltfreie »Grüne Welle«, die noch mehr Aufsehen erregt hatte, mobilisierte Millionen Iraner gegen die kompromisslose Regierung Ahmadinedschads, (dem Wahlfälschung bei den Wahlen am 12. Juni 2009 vorgeworfen wurde), und für demokratische Reformen. Die »grüne Bewegung« sollte den Auftakt der spektakulären arabischen Aufstände des Jahres 2011 bilden, die an die revolutionären Wellen 1848 und 1989 in Europa erinnerten. Die großen Revolten in Tunesien, Ägypten, im Jemen und in Libyen stürzten die langjährigen Diktatoren und jene in Syrien, Bahrain, Marokko, Jordanien und Algerien erschütterten die Grundfesten der autokratischen Regime oder erzwangen politische Reformen. Bewegungen wie die »Grüne Welle«, Kifaya und besonders die arabischen Revolutionen entstanden vor dem Hintergrund außerordentlich starker islamistischer Tendenzen im muslimischen Nahen Osten und als Alternative zu diesen. Der Islamismus wiederum konnte auf den Trümmern des säkularen arabischen Sozialismus gedeihen – dieser war eine Mischung aus Panarabismus und (nicht-marxistischem) Sozialismus, der in den 1950er und 60er Jahren einen großen Einfluss auf die politischen Vorstellungen und Schauplätze sozialer Entwicklung hatte, in Folge der arabischen Niederlage im Sechstagekrieg gegen Israel aber rasch an Bedeutung verlor. Es sind die islamistischen Bewegungen, die womöglich die größte Herausforderung für die autoritären Regime in der Region darstellten, auch wenn deren Vision einer politischen Ordnung weitestgehend ausschließend und autoritär geblieben ist. Sie haben vornehmlich den Leistungsträgern der Mittelschicht – hervorgegangen aus den arabischen sozialistischen Programmen – eine Stimme verliehen. Denn in den 1980ern fühlten sich diese durch die vorherrschenden ökonomischen und politischen Prozesse in ihren Gesellschaften an den Rand gedrängt und sahen weder das im Schwinden begriffene sozialistische Projekt noch die umsichgreifende neoliberale Moderne als Perspektive. Daher sahen sie ihren Traum von Gerechtigkeit und Macht in einer religiösen Politik aufgehoben. Der Einfluss des nahöstlichen Islamismus reicht inzwischen weit über die Länder, in denen er entstanden ist, hinaus. Durch den Aufbau transnationaler Netzwerke wirkt er in noch nie da gewesenem Ausmaß auf die weltweite Politik ein. Doch die Unfähigkeit des

Islamismus, Zeichen für eine demokratische und inkludierende Ordnung zu setzen, hat zum Entstehen weitreichender neuer Bewegungen geführt, die ich als postislamistisch bezeichnet habe. Im Falle ihres Erfolges könnten sie zu einer politischen Neuordnung der Region führen. Weder antiislamisch noch säkular geprägt, angeführt von gläubigen Muslimen, versucht der Postislamismus den Islamismus als politisches Projekt dadurch zurückzudrängen, dass er Glaube und Freiheit, einen säkularen demokratischen Staat und eine religiöse Gesellschaft zu vereinen sucht. Er möchte den Islam mit individuellen Wahlmöglichkeiten und Freiheiten, mit Demokratie und der Moderne versöhnen, um eine – wie es bisweilen genannt wird – alternative Moderne herzustellen.

Der Postislamismus entstand zuerst im islamistischen Iran der späten 1990er Jahre (und manifestierte sich in Mohammad Khatamis Reformregierung von 1997–2004). Inzwischen gibt es zahlreiche postislamistisch orientierte politische Bewegungen und Parteien in der muslimischen Welt, darunter Ägyptens Al-Wasat, die gegenwärtige libanesische Hisbollah, die marokkanische Partei für Gerechtigkeit und Entwicklung, die regierende AKP (Partei für Gerechtigkeit und Aufschwung) in der Türkei und die tunesische Al-Nahda-Partei. Es ist wahrscheinlich, dass sich dieser Trend als Alternative zu den undemokratischen islamistischen Bewegungen fortsetzen wird.[12]

Parallel zur gegenwärtigen postislamistischen Wende dient der Islam weiterhin als eine entscheidende Mobilisierungsideologie und als Rahmen für soziale Bewegungen. Doch wie ich in diesem Buch zeige, ist der Islam nicht nur das Subjekt politischer Auseinandersetzungen, sondern auch deren Objekt. Mit anderen Worten, während religiöse Militante weiterhin den Islam als ideologisches Rahmenwerk für die Durchsetzung ihrer ausschließenden moralischen und sozialpolitischen Ordnung verwenden, engagieren sich säkulare Muslime, MenschenrechtsaktivistInnen und vor allem Frauen der Mittelschicht gegen eine Auslegung des Islam im Sinne einer Billigung des Patriarchats und der Rechtfertigung ihrer Unterwerfung. In der Tat ist die Geschichte der Frauenkämpfe im Nahen Osten eng mit dem Kampf gegen konservative Lesarten des Islam verbunden gewesen. Im gesamten 20. Jahrhundert haben sich Teile der weiblichen Bevölkerung im Nahen Osten gegen

12 Siehe Asef Bayat (Hrsg.), Post-Islamism: The Changing Face of Political Islam (New York, Oxford University Press, 2012).

eine konservative Moral und die politischen Autoritäten mobilisiert und für die Gleichstellung der Geschlechter in Ehe, Familie und Wirtschaft stark gemacht, mit dem Ziel, ihre Rolle in der Gesellschaft und ihre Handlungsfähigkeit als öffentliche Akteurinnen durchzusetzen.[13] Während sich der Aktivismus der Frauen im späten 19. und frühen 20. Jahrhundert in erster Linie auf Wohltätigkeitsarbeit konzentriert hatte, engagierten sie sich in den 1940er Jahren kollektiv in antikolonialen Kämpfen, protestierten gegen Polygamie und traten für höhere Bildung von Frauen ein. Die Kampagnen der Frauen formierten sich in aktivistischen Verbänden, die zu dieser Zeit in Ägypten, Tunesien, im Libanon, Sudan und Irak stark verbreitet waren.[14] Gleichzeitig bemühten sich auch die nationalistischen und linken politischen Parteien und Bewegungen um die Stärkung von Frauenrechten; allerdings blieb die Gleichstellung der Geschlechter zweitrangig, denn die politischen Prioritäten lagen zuallererst in dem übergeordneten Ziel der nationalen Befreiung. Erst in der postkolonialen Ära, als die Präsenz von Frauen in Bildungseinrichtungen, im öffentlichen Leben, in Politik und Wirtschaft beträchtlich verbessert worden war, widmeten sich Frauenorganisationen verstärkt den Rechten von Frauen. Doch seit den 1980er Jahren stellt die Welle des konservativen Islamismus und der salafistischen Tendenzen alle Versuche, die Kluft zwischen den Geschlechtern in nahöstlichen Gesellschaften zu verringern, vor neue Herausforderungen.[15] Inzwischen stecken viele Frauen in einem Kampf fest, der darauf gerichtet ist, das zu bewahren, was frühere Generationen in jahrelangen Auseinandersetzungen erkämpft haben. Der Wunsch, eine aktive Rolle in Gesellschaft und Wirtschaft zu spielen und einen Grad an Individualität zu behaupten, ist nach wie vor eine wesentliche Forderung von Frauen.

Nutzten in der Vergangenheit Frauen Wohltätigkeitsorganisationen zur Behauptung ihrer Rolle in der Öffentlichkeit und zur Durchsetzung weiterer Forderungen, so setzen in den vergangenen Jahren die gut ausgebildeten Mittelschichten (LehrerInnen, AnwältInnen, ApothekerInnen, IngenieurInnen und ÄrztInnen) ihre einigermaßen un-

13 Siehe Nikki Keddie, Women in the Middle East: Past and Present (Princeton, N.J.: Princeton University Press, 2007), S. 215-16.

14 United Nations Development Program, Arab Human Development Report, vol. 4, Toward the Rise of Women in the Arab World (New York: UNDP, 2006), S. 123-39.

15 Ebenda.

abhängigen Verbände dazu ein, sowohl ihre berufliche Interessen zu wahren als auch politisch tätig zu werden, da die traditionelle Parteipolitik im Allgemeinen korrupt und ineffektiv gewesen ist. Daher ist es nicht unüblich, dass Berufsverbände im Dienste nationalistischer oder islamistischer Politik stehen – ein Phänomen, dass diese ganz eindeutig von den Gewerkschaften unterscheidet. Im Unterschied zu den Berufsverbänden widmen sich die konventionellen Gewerkschaften in erster Linie ökonomischen und sozialen Belangen. Trotz des herrschenden Korporatismus und dem Druck der Regierungen stehen im Nahen Osten die Gewerkschaften an vorderster Front bei der Verteidigung von Arbeiterrechten und ihres traditionellen Gesellschaftsvertrags. Während es in Jordanien, im Libanon, in Marokko und der Türkei mehr oder weniger pluralistische und relativ unabhängige Gewerkschaften gibt, sind diese in den vormals populistisch regierten Ländern wie Algerien, Ägypten, dem Irak, Libyen, Tunesien und Syrien korporatistisch verfasst. Doch selbst solche korporatistischen Gewerkschaften wurden von den ArbeiterInnen im öffentlichen Sektor benutzt, um gegen Entlassungen und Preiserhöhungen und für bestehende Sozialleistungen zu kämpfen. Die Kader und die Basis des Gewerkschaftsdachverbands, der *Union Générale Tunisienne du Travail* (UGTT), brachen mit dem Regime und spielten eine Schlüsselrolle bei der Revolution. Auf ähnliche Weise unterminierten die landesweiten ArbeiterInnenstreiks zur Unterstützung der Revolution in Ägypten die Widerstandsfähigkeit des Mubarak-Regimes. Die Gewerkschaften erfassen natürlich nur einen kleinen Prozentsatz der arbeitenden Bevölkerung, der im formalen und öffentlichen Sektor organisiert ist. Dort, wo es den Gewerkschaften nicht gelungen ist, die Interessen der Mehrheit der arbeitenden Armen zu vertreten, greifen diese häufig zu illegalen Streiks und Massenprotesten auf der Straße.[16] Seit den 1980er Jahren wurde das Economic Reform and Structural Adjustment Program (ERSAP) daher in vielen Städten der Region von Protesten gegen gestiegene Lebenshaltungskos-

---

16 Es gibt inzwischen einige informative Studien zu den kollektiven Kämpfen der Subalternen im Nahen Osten, etwa zu denen der GelegenheitsarbeiterInnen, der Arbeitslosen und der Marginalisierten, sowie zu Strategien des Überlebens und des individuellen Widerstands. Siehe beispielsweise Stephanie Cronin (hg.), Subaltern and Social Protest (London: Routledge, 2008); Edmund Burke III und David Yaghoubian, (hrgs.), Struggle and Survival in the Modern Middle East (Berkeley: University of California Press, 1993).

ten begleitet, die kaum oder gar nicht religiös geprägt waren. Die Serie von massenhaften Arbeiterstreiks in den Jahren 2006 und 2007 und im März-April 2008 im öffentlichen und privaten Sektor in Ägypten, besonders die der TextilarbeiterInnen in Mahalla al-Kubra, sind als der wirkungsvollste organisierte Aktivismus in der Geschichte des Landes seit dem Zweiten Weltkrieg beschrieben worden – und sie waren so gut wie gar nicht vom Islamismus beeinflusst.[17]

Es ist offensichtlich, dass widerständige kollektive Aktionen eine Schlüsselrolle in der politischen Entwicklung des Nahen Ostens gespielt haben. Diese Kollektive repräsentieren halbwegs gut organisierte, selbstbewusste und relativ langfristige Mobilisierungen mit einer identifizierbaren Führung und häufig einer bestimmten (nationalistischen oder sozialistischen) Ideologie oder einem bestimmten Diskurs. Dieser Typus des organisierten Aktivismus entsteht allerdings nicht an irgendeinem Ort und zu irgendeiner Zeit. Er muss politisch ermöglicht werden – etwa wenn die politische Führung und ihre Kontrollmechanismen durch eine politische oder wirtschaftliche Krise, durch internationalen Druck oder interne Machtkämpfe der herrschenden Eliten geschwächt werden. So war die Zedernrevolution im Libanon das Resultat der Ermordung von Premierminister Hariri, wodurch sich die politische und psychologische Möglichkeit bot, eine breite antisyrische Bewegung zu formieren. Eine solche Gelegenheit kann sich auch dann ergeben, wenn eine sympathisierende Regierung oder eine sympathisierende Fraktion innerhalb der Regierung an die Macht gelangt (z. B. nach Wahlen) und das Risiko der Unterdrückung einer kollektiven und organisierten Mobilisierung geringer oder diese sogar begünstigt wird. Im Iran war dies unter der Reformregierung von Präsident Khatami (1997–2004) der Fall. Ansonsten haben die autoritären Regime in der Region unter normalen Umständen sehr wenig Toleranz gegenüber eines länger währenden, kollektiven Dissens gezeigt. 2003 berichtete das Freedom House, dass lediglich fünf Staaten im Nahen Osten und in Nordafrika beschränkte politische Rechte und bürgerliche Freiheiten gestatteten, die anderen zwölf hingegen überhaupt keine.[18] Im Iran wurden allei-

17 Siehe Joel Beinin und Hossam el-Hamalawy, »Strikes in Egypt Spread from Center of Gravity«, Middle East Report Online, 9. Mai 2007, und Joel Beinin, »Underbelly of Egypt's Neoliberal Agenda«, Middle East Report Online, 5. April 2008, www.merip.org/mero/mero040508.html

18 Siehe Freedom House, Freedom in the Middle East and North Africa (New York: Rowman & Littlefield, 2005), S. 4.

ne im Jahr 2007 Tausende AktivistInnen – JournalistInnen, LehrerInnen, Studierende, Frauen und Mitglieder von Arbeiterorganisationen, zivilgesellschaftlichen und kulturellen Organisationen – verhaftet und angeklagt oder entlassen.[19] Dutzende Tages- und Wochenzeitungen und Hunderte NGOs wurden geschlossen. Ein Bericht von Amnesty International über die Lage in Ägypten spricht von Polizeigewalt gegen friedliche DemonstrantInnen, die politische Reformen fordern, von der Verhaftung Hunderter Mitglieder der Muslimbrüderschaft und Tausender inhaftierter Menschen ohne Gerichtsverfahren, denen vorgeworfen wurde, verbotene islamische Gruppen zu unterstützen. Folter und Misshandlungen in der Haft seien systematisch.[20] Die Unterdrückung der politischen Meinungsfreiheit war in Saudi Arabien und Tunesien weitaus schlimmer gewesen. Der folgende Bericht einer Gruppe junger ÄgypterInnen, die eine friedliche Kampagne starteten, vermittelt, wie stark kollektive AkteurInnen beschränkt werden:

> **23. Juli 2008**. An einem Strand unter der gleißenden Sonne im ägyptischen Alexandria schießen einige Dutzend politische AktivistInnen digitale Fotos und unterhalten sich nervös. Viele tragen die gleichen weißen T-Shirts, auf denen eine erhobene Faust und die Worte »Jugend des 6. April« auf dem Rücken zu sehen sind. Einige beginnen, einen riesigen Drachen aus Bambusstäben und einer Plastikplane in den Farben der ägyptischen Fahne zu bauen. Die meisten sind Mitte zwanzig, einige jünger; eine Teenagerin trägt einen Teddy-Rucksack. Ehe sie den Drachen steigen lassen können, und lange bevor sie die Chance haben, ihre Pro-Demokratie-Flugblätter zu verteilen, tauchen staatliche Sicherheitskräfte am Strand auf. Die Polizisten stoßen Drohungen aus, um eine – nach westlichen Maßstäben – winzige Demonstration aufzulösen. Die AktivistInnen, aufgeregt und frustriert, verlassen den Strand in alle Richtungen; sie hatten nicht einmal die Gelegenheit, ihren Drachen fliegen zu lassen. Sie treffen sich mit anderen Freunden, laufen in Richtung des Stadtteils Loran und singen patriotische Lieder. Als sie in eine

19 Siehe Human Rights Situation in Iran (Berichte der International Campaign for Human Rights in Iran, www.iranhumanrights.org).

20 Siehe Amnesty International, Report 2007: The State of the World's Human Rights, http://thereport.amnesty.org/eng/Regions/Middle-East-and-North-Africa/Egypt.

Straße einbiegen, springt plötzlich eine Gruppe von Sicherheitskräften aus dem Nichts auf sie zu. Es ist ein koordinierter Angriff, der sich in brutalen Schlägen und Stößen entlädt. Man hört Schreie und Stöhnen, als etwa ein Dutzend Jugendliche zu Fall kommen oder umgestoßen werden. Die etwa 30 anderen laufen auseinander und fliehen in alle Richtungen; als sie wieder Luft holen können, schicken sie sich schnell gegenseitig SMS-Nachrichten: *Wo bist du? Was ist passiert?* Diejenigen, die nicht entkommen konnten, werden in einen Transporter und zwei PKW geschubst. Die Sicherheitskräfte schreien sie an: »Wo ist [der Anführer] Ahmed Maher?«[21]

Weil es keine Möglichkeit gibt, sich frei zu betätigen, fühlt sich die politische Klasse gezwungen, entweder die politische Bühne – zumindest zeitweise – zu verlassen oder in den Untergrund zu gehen. Sämtliche Guerillabewegungen in der Region, von den marxistischen Fedaian im vorrevolutionären Iran und dem nationalistischen algerischen Widerstand gegen den französischen Kolonialismus bis zur islamistischen al-Dschama'a al-islamiyya in Ägypten und der Islamischen Heilsfront (FIS) in Algerien, griffen vor allem deswegen auf eine revolutionäre Politik zurück, weil die Möglichkeiten offener und legaler politischer Arbeit beschränkt waren. Die traurige Wahrheit ist, dass solche widerständigen Bewegungen dazu neigen, undemokratischen Praktiken Vorschub zu leisten. Überwachung und Heimlichtuerei unterminieren die freie Kommunikation und offene Debatten innerhalb einer Bewegung und führen entweder zu einer Zersplitterung der Ziele und Erwartungen – geradezu ein Rezept für Uneinigkeit und Hetze – oder zu unverhohlen autoritären Tendenzen und Führerkult. Allerdings haben es nur wenige revolutionäre AktivistInnen gewagt, an gefährlichen subversiven Operationen teilzunehmen. Die meisten wendeten sich der »Straßenpolitik« zu, trugen ihre Beschwerden und Forderungen in den öffentlichen Raum und beteiligten sich an zivilgesellschaftlichen Kampagnen. Oder aber sie engagierten sich in einer Form von sozialer Nicht-Bewegung, die den Aktivismus mit Praktiken des Alltags verschränkt.

21 David Wolman, »Cairo Activists Use Facebook to Rattle the Regime«, Wired Magazine 16 (20. Oktober 2008), S. 11; www.wired.com/print/techbiz/startups/magazine/16-11/ff_facebookegypt .

Straßenpolitik und die politische Straße

Die bisher skizzierten widerständigen Politikformen entstehen und entfalten sich primär im städtischen Raum. Der urbane öffentliche Raum ist nach wie vor die zentrale Bühne für politische Auseinandersetzungen. Wenn den Menschen die Macht, durch Wahlen Veränderungen herbeizuführen, verwehrt wird, greifen sie häufig auf ihre eigenen institutionellen Kräfte zurück (etwa als Studierende oder ArbeiterInnen, die in den Streik treten), um kollektiven Druck auf die Machthaber auszuüben und sie zu Veränderungen zu bewegen. Doch für die StadtbewohnerInnen, denen aus strukturellen Gründen diese institutionelle Schlagkraft fehlt (z. B. Arbeitslose, Hausfrauen und die Informellen, die nicht streiken können), wird die Straße zum eigentlichen Handlungsort, um ihre Unzufriedenheit kundzutun. Diese Art *Straßenpolitik* entsteht aus den vielfältigen Konflikten zwischen vereinzelten oder kollektiven Teilen der Bevölkerung und der Obrigkeit und wird geprägt durch den physischen und sozialen Raum der Stadt – von den abgelegenen Gassen bis zu den prominenten Straßen und Plätzen.[22] Viele dieser Konflikte werden durch den *aktiven* Gebrauch des öffentlichen Raums, der in modernen Staaten eigentlich nur *passiv* benutzt werden darf, verursacht. Sich zu Fuß oder mit dem Auto zu bewegen, ein unbeteiligter Passant zu sein, ist gestattet; doch sämtliche *aktiven* oder *partizipativen* Benutzungsweisen des öffentlichen Raums erzürnen die Behörden, denn nur sie haben über die Herstellung und Kontrolle der öffentlichen Ordnung zu bestimmen. Aus diesem Grund gilt es als eine Herausforderung staatlicher Vorrechte, wenn Straßenhändler eigeninitiativ ihre Geschäfte auf größere Straßen ausweiten, wenn Menschen öffentliche Parks, Freiflächen oder Gehwege besetzen, Jugendliche Straßenecken kontrollieren, Straßenkinder Gemeinschaften bilden, verarmte Hausfrauen ihre täglichen Arbeiten auf die Straße verlagern oder Menschen in den Straßen demonstrieren. Sie alle müssen mit Repressalien rechnen.

Die Politik der Straße gewinnt vor allem in den neoliberalen Metropolen, die von der Logik des Marktes bestimmt sind, an Bedeutung. Geht man an einem Werktag durch die Straßen von Kairo, Teheran, Dakar oder Jakarta, wundert man sich über die Vielzahl von Menschen,

22 Asef Bayat, Street Politics: Poor People's Movements in Iran (New York: Columbia University Press, 1997), S. 15.

die in den Straßen einer Arbeit nachgehen, herumlaufen und stehen, sitzen und diskutieren, oder in PKW, Bussen oder Straßenbahnen unterwegs sind. Sie sind eine relativ neue Form der Subalternen in der neoliberalen Stadt, einer »nach außen gestülpten Stadt« in dem Sinne, dass viele ihrer Bewohner sich aufgrund von Armut und Enteignung gezwungen sehen, in diesen öffentlichen Räumen zu arbeiten, sich zu ernähren, gesellschaftlich zu verkehren und schlicht zu leben. Hier dienen Räume im Freien (kleine Gassen, öffentliche Parks, Plätze, Hauptstraßen) weiten Teilen der städtischen Bevölkerung als unentbehrliches Kapital, mit dem sie ihren Lebensunterhalt bestreiten und sich sozial und kulturell reproduzieren können. Diese Räume bilden daher den fruchtbaren Boden für die Praxis der Straßenpolitik.[23]

Straßenpolitik besitzt aber auch eine weitere Dimension, die über den Konflikt zwischen der Obrigkeit und institutionslosen oder informellen Gruppen hinsichtlich der Kontrolle des öffentlichen Raums und der öffentlichen Ordnung hinausgeht. Als Räume, in denen sich Menschen in großer Zahl bewegen, werden in den Straßen nicht nur Beschwerden und Forderungen kundgetan, sondern auch Identitäten gebildet, Solidaritäten erweitert und Proteste über die jeweilige Gruppe hinaus ausgeweitet, um auf diese Weise Unbekannte und Fremde mit einzubeziehen. Die Straßen fungieren hier als ein Medium, in dem Unbekannte und zufällige Passanten eine latente Kommunikation herstellen, indem sie ihre wechselseitigen Interessen und gemeinsamen Ansinnen erkennen. So kann aus einer kleinen Demonstration eine starke Solidaritätskundgebung werden. Das ist der Grund, warum fast alle widerständigen Politikformen, große Revolutionen und Protestbewegungen in den Straßen stattfinden. Es ist dieses epidemische Potential der Straßenpolitik, das die Machthaber zu scharfer Überwachung und umfassenden Repressionen veranlasst. Der Staat kann zwar Universitäten schließen und politische Parteien verbieten, doch den normalen Fluss des städtischen Lebens kann er nicht einfach stoppen, es sei denn, der Einsatz von Gewalt und die Errichtung von Mauern und Kontrollpunkten werden zum Normalzustand, zu strategischen Elementen des Alltags.

Der urbane Raum dient daher nicht nur als Hauptbühne sozialpolitischer Auseinandersetzungen, sondern bestimmt zugleich die Dyna-

23 Asef Bayat, »Neoliberal City and Its Discontent«, Berkeley Journal of Sociology, im Erscheinen.

miken und Muster der Konflikte und ihrer Lösungen. Städte drücken unweigerlich ihren räumlichen Stempel auf die Beschaffenheit der sozialen Kämpfe und ihrer Akteure; sie erzeugen spezielle Formen von Mikro- und Makropolitik. Revolutionen im Sinne von Aufständen sind nicht nur das Resultat bestimmter historischer Entwicklungen, sie werden ebenso von spezifischen Geografien geprägt und begünstigt. Wir sollten also nicht nur fragen, warum und zu welchem Zeitpunkt eine Revolution stattgefunden hat, sondern auch, *wo* sie ihren Ausgang nahm und warum gerade hier. Warum waren zum Beispiel der Tahrir-Platz in Kairo oder die Straße der Revolution in Teheran jahrelang Orte revolutionärer Auseinandersetzungen? Wie hat Teheran als Hauptstadt der islamischen Revolution mehr als drei Jahrzehnte lang dem Druck, »islamisiert« zu werden, standgehalten? Was besitzen diese Orte, das sie befähigt, totalitäre Ideologien und eine autoritäre Gouvernementalität zu untergraben? Als Orte, an denen sich Reichtum, Macht und Privilegien ballen, sind Städte ebenso Quellen von epidemischen Konflikten, sozialen Kämpfen und Massenerhebungen wie sie Quellen der Kooperation, des Teilens und des, wie ich es nennen möchte, kosmopolitischen Handelns im Alltag sind – Orte, an denen Menschen aus unterschiedlichen ethnischen, rassifizierten und religiösen Gruppen gewohnt sind, miteinander umzugehen, sich täglich zu treffen und gegenseitiges Vertrauen zu erleben. Kosmopolitische Erfahrungen in den Metropolen können wiederum als ein räumlicher Katalysator fungieren, um sektiererische Zwistigkeiten und Gewalt abzuwenden und einzudämmen. So untersuche ich beispielsweise, wie Muslime und koptische Christen in Kairo die Erfahrung einer miteinander verwobenen Kultur, eines Miteinanderlebens und untrennbarer Geschichten machen – gesellschaftliche Beziehungen, die die Sprache des Zusammenpralls und der Unvereinbarkeit, wie sie gegenwärtig die interreligiösen Beziehungen weltweit beherrscht, unterminieren. Dennoch, auch wenn moderne Metropolen die Möglichkeit des Miteinanders verschiedener ethnischer und religiöser Gruppen bieten, so können sie aufgrund der Bevölkerungsdichte, des hohen Grads an Alphabetisierung und der modernen Medien und Kommunikationstechnologien auch die rasche Bildung und Ausbreitung sektiererischer, wenn auch »distanzierter« Gemeinschaften entlang ethnischer oder religiöser Grenzziehungen begünstigen. Nirgends kommen diese kollektiven Emotionen, Klagen und Zusammengehörigkeitsgefühle besser zum Ausdruck als in den

Straßen der Stadt. Sie bilden also nicht nur einen physischen Raum, in dem Konflikte Gestalt annehmen und zum Ausdruck kommen, in dem sich Kollektive formen, Solidarität sich ausweitet und Straßenpolitik stattfindet, sie bezeichnen auch eine wesentliche symbolische Aussage, die über das Physische der Straße hinausgeht und die kollektiven Anliegen einer Nation oder einer Gemeinschaft vermitteln können. Dies nenne ich die *politische Straße*, wie sie in den Begriffen der »arabischen Straße« oder »muslimischen Straße« exemplifiziert wird. Die *politische Straße* bezeichnet die kollektiven Anliegen, die geteilten Gefühle und die öffentlichen Meinungen ganz normaler Menschen in ihren täglichen Aussagen und Handlungen, die vornehmlich im öffentlichen Raum stattfinden – in Taxis und Bussen, in Geschäften und am Straßenrand oder bei Massenkundgebungen.

Die Kämpfe, die die Gesellschaften des Nahen Osten kennzeichnen, sind weder einzigartig und auf diese Region beschränkt, noch sind sie neuartig in ihrem Entstehen. Ähnliche Prozesse finden auch in anderen Teilen der Welt statt. Die Integration des Nahen Ostens in das globale Wirtschaftssystem hat sozialpolitische Strukturen und Prozesse hervorgebracht, die denjenigen in anderen Gesellschaften des Globalen Südens ähneln. Doch die ungebrochene autoritäre Herrschaft, die strategische Lage der Region (hinsichtlich der Ölvorkommen und der Nähe zu Israel) und die Vorherrschaft des Islam prägen die dissidente Politik im muslimischen Teil des Nahen Osten auf ganz besondere Weise. Auch wenn die arabische Straße als passiv und tot oder aber als chaotisch und gefährlich bezeichnet wird, zeugte sie nach den Ereignissen des 11. September 2001 und der Besetzung des Iraks von einer grundlegenden Vitalität und Dynamik, trotz der permanenten Überwachung politischer Dissidenten durch die Regime des Nahen Ostens. Allerdings wurde viel Mobilisierungsenergie für nationalistische und antiimperialistische Anliegen aufgewendet – zulasten des Kampfes für Demokratie im eigenen Land. Obwohl die Straßenpolitik in der arabischen Welt einige Erneuerungen hinsichtlich der Strategie, der Methoden und der Anhängerschaft erfahren hat, blieb sie stark vom raschen Anstieg religiös-nationalistischer Politik geprägt. Es wäre aber naiv, den voreiligen Schluss zu ziehen, der islamistischen Politik gehöre die Zukunft. Der Islamismus selbst erfährt gegenwärtig eine dramatische Verschiebung seiner grundlegenden Ideale und Strategien. Während der Islam weiterhin eine große Rolle bei der Mobilisierung spielt, scheinen die Bedingungen für eine islamische Revolution wie der iranischen zu schwinden. Ich behaupte, dass die entstehenden innenpolitischen und globalen Bedingungen, nämlich die Krise des Islamismus, die Tendenz zu legalistischer und reformorientierter Politik, die Individualisierung des Glaubens und die Internationalisierung (sowohl der Ziele als auch der AkteurInnen) radikaler Bewegungen nicht eine islamische Revolution begünstigen, sondern eine Art »postislamistische Refo-lution« – eine einheimische politische Reform, die durch eine Mischung aus demokratischen Idealen und möglicherweise religiösen Empfindsamkeiten gekennzeichnet ist. Die grüne Bewegung im Iran und der arabische Frühling spiegeln ein solches politisches Projekt wider. Wenn die autoritäre Herrschaft weiterhin die organisierte und legale Oppositionsbewegungen behindert, könnten die sozialen Nicht-Bewegungen fragmentierter und leise agierender Kollektive eine wesentliche Rolle bei der Initiierung eines solchen Wandels spielen.

Soziale Nicht-Bewegungen

Was sind soziale Nicht-Bewegungen? Allgemein gesprochen bezeichnet der Begriff *Nicht-Bewegung* kollektive Handlungen von nichtkollektiven AkteurInnen; Praktiken, die von einer größeren Zahl ganz normaler Menschen ausgeübt werden. Sie sind zwar nicht miteinander verbunden, ähneln sich aber und tragen in erheblichem Maße zu einem gesellschaftlichen Wandel bei. Selten sind sie ideologiegeleitet oder folgen erkennbaren Anführern und Organisationen. Der Begriff *Bewegung* weist daraufhin, dass soziale Nicht-Bewegungen wesentliche, wirkungsmächtige Elemente mit sozialen Bewegungen gemein haben, allerdings sind beide verschiedenartig ausgeformt.

Im Nahen Osten repräsentieren Nicht-Bewegungen die Mobilisierung von Millionen Subalterner, vor allem der städtischen Armen, der muslimischen Frauen und der Jugend. Die Nicht-Bewegung dieser urbanen Enteigneten, das »stille Vordringen des Alltäglichen«, wie ich es genannt habe, meint die unaufdringliche und ausdauernde Art und Weise, wie Arme ums Überleben kämpfen und ihre Lebensverhältnisse dadurch zu verändern suchen, unbemerkt in die Bereiche der Besitzenden und Mächtigen – und der Gesellschaft im Allgemeinen – einzudringen. Es handelt sich um die langwierige Mobilisierung von

Millionen voneinander getrennt und verteilt lebender Individuen und Familien, die versuchen, ihre Lage durch lebenslange gemeinschaftliche Anstrengungen, die nur selten einer zentralen Führung, Ideologie oder strukturierten Organisation folgen, zu verbessern. Hiermit ist in erster Linie die Massenbewegung ländlicher MigrantInnen gemeint. Sie kämpfen permanent für bessere Lebenschancen, von der illegalen Besitznahme von Land und Wohnraum bis hin zur Aneignung von städtischen Errungenschaften wie Strom, fließendem Wasser, Telefonleitungen, gepflasterten Straßen usw. Zur Sicherung ihres Einkommens nutzen sie Bürgersteige und andere für sie günstige öffentliche Areale, um Handel zu treiben, bei dem z. B. populäre Waren unter Umgehung des Markenschutzes verkauft werden. Viele Menschen leben davon, auf öffentlichen Straßen Parkplätze einzurichten oder ihre Werkstätten und andere Geschäfte zu betreiben. Diese vielen, größtenteils atomisierten Individuen haben durch ihre parallel stattfindenden Praktiken des alltäglichen Vordringens die großen Städte des Nahen Ostens und vieler Entwicklungsländer transformiert und dabei eine beträchtliche Ökonomie unter freiem Himmel, neue Gemeinschaften und Orte der Selbstentfaltung in den urbanen Landschaften hervorgebracht. Ihre aktive Präsenz schreibt sich in die Konfiguration und Governance des städtischen Lebens ein, und auf diese Weise setzen sie ihr »Recht auf Stadt« durch.

Diese Form der Ausbreitung und des Vordringens findet eine Entsprechung in den Nicht-Bewegungen der internationalen illegalen MigrantInnen. Trotz der heutigen Grenzkontrollen, Barrieren, Zäune, Mauern und patrouillierenden Polizeistreifen, dringen viele illegale MigrantInnen vor – auf dem Luft- und Seeweg, über Straßen in LKW versteckt, in Zügen oder schlicht zu Fuß. Sie breiten sich aus, und ihre Zahl nimmt in den Städten des Globalen Nordens zu: Sie werden sesshaft, finden Arbeit und Unterkunft, gründen Familien und bemühen sich um rechtsstaatlichen Schutz. Sie bilden Gemeinden, Kirchengruppen, Moscheevereine und kulturelle Kollektive und zeigen ihre Präsenz im öffentlichen Raum. Je sicherer und geborgener sie sich fühlen, umso mehr behauptet sich diese physische, soziale und kulturelle Präsenz in den Gastgesellschaften. Die Ängste der Eliten vor sowohl nationalen wie internationalen MigrantInnen ähneln sich auf verblüffende Weise. Die Elite in Kairo beschwert sich über die »Invasion der Fellahin« (Bauern) aus den ländlichen Regionen Oberägyptens, während die

Istanbuler Oberschicht vor dem Eindringen der »schwarzen Türken« warnt, womit die armen ländlichen MigrantInnen aus Anatolien gemeint sind. Diese hätten die soziale Konfiguration unserer modernen Städte völlig verländlicht und transformiert. Die weißen europäischen Eliten sprechen ganz ähnlich über ihre tiefe Angst vor einer ›Invasion von Ausländern‹ – Afrikanern, Asiaten und insbesondere Muslimen –, von denen sie behaupten, sie hätten den gesellschaftlichen Lebensraum Europas überschwemmt und dabei den europäischen Lebensstil durch ihre physische Anwesenheit und Kultur – Verschleierung, Moscheen und Minarette – entstellt. Trotz aller Rhetorik ist dieses Vordringen real und wird sich aller Voraussicht nach fortsetzen. Die Kämpfe der migrantischen Armen im Nahen Osten ebenso wie die der internationalen MigrantInnen stellen weder eine organisierte und selbstbewusste soziale Bewegung dar, noch sind sie einfach Mechanismen zur Bewältigung ihrer Lebensumstände, denn ihr Überlebenskampf geht nicht nur auf eigene Kosten, sondern auch auf Kosten anderer Gruppen oder Klassen. Diese Praktiken reichen auch weit über die einfachen Handlungen eines alltäglichen Widerstands hinaus, denn sie dringen insgeheim und schrittweise vor, um Forderungen durchzusetzen. Sie sind das Beispiel einer Nicht-Bewegung armer Menschen.

Oft wird behauptet, der radikale Islam im Nahen Osten sei Ausdruck der Interessen der Armen als Opfer der urbanen Ökologie überbevölkerter Slums, in denen Armut, Anomie und Gesetzlosigkeit die Gewalt und den Extremismus, von dem der militante Islamismus eine Variante sei, förderten. Weniger plausibel wird diese Sichtweise jedoch, hält man den allgemeinen Unwillen der städtischen Armen, die eine oder andere politische Bewegung ideologisch zu unterstützen, dagegen. Die pragmatische Politik dieser Menschen, denen es um die Bewältigung konkreter und unmittelbarer Aufgaben geht, ist ein Anzeichen dafür, dass der politische Islam kaum eine Rolle im Habitus der urbanen Enteigneten spielt. Die zugrunde liegende Politik der Armen drückt sich nicht im politischen Islam aus, sondern in ihrer Nicht-Bewegung – eine fließende, flexible und sich selbst produzierende Strategie, die nicht nur von den städtischen Armen, sondern auch von anderen subalternen Gruppen wie etwa den Frauen der Mittelschicht verfolgt wird.

In autoritären, patriarchalischen Staaten, seien sie säkular oder religiös geprägt, tendiert der Aktivismus von Frauen für die Gleichberechtigung der Geschlechter dazu, Formen einer Nicht-Bewegung anzunehmen. Frauen, die sich nachhaltig für diese Anliegen einsetzen – indem sie unabhängige Organisationen gründen und publizieren, Lobbyarbeit leisten, öffentlichen Protest organisieren, ganz normale Frauen mobilisieren, Gelder und Ressourcen akquirieren oder Verbindungen zu internationalen Solidaritätsgruppen herstellen –, werden von autoritären Regimen und konservativen Männern extrem eingeschränkt. So sahen sich Anfang 2007 Aktivistinnen im Iran, die eine »Millionen-Unterschriften-Kampagne« starteten, um landesweit Frauen aller Bevölkerungsgruppen in den Kampf gegen frauenfeindliche Gesetze einzubeziehen, mit ständigen Schikanen, Repressalien und Verhaftungen konfrontiert. Viele junge Aktivistinnen wurden zusammengeschlagen, nicht nur von der Moralpolizei, sondern auch von ihren eigenen männlichen »Beschützern«. In Anbetracht dieser Behinderungen organisierter Kampagnen begannen viele Frauen, eine andere Strategie zu verfolgen, die sich auf alltägliche Praktiken wie Ausbildung, Sport, Kunst, Musik oder auf eine Beschäftigung außer Hauses richtete. Sie ließen sich nicht davon abbringen, einer – üblicherweise männlichen – Arbeit als Verwaltungsbeamtinnen, Fachkräfte und öffentlichen Akteurinnen nachzugehen und weiterhin Bankgeschäfte zu tätigen, Autos in die Werkstatt zu bringen oder mit Baufirmen zu verhandeln. Sie joggten nach wie vor in öffentlichen Parks, erklommen den Mount Everest oder beteiligten sich an (und gewannen) von Männern dominierten Autorennen, trotz der dafür ungeeigneten Kleiderordnung. Die Frauen haben sich also als öffentliche Akteurinnen etabliert und dabei die übliche Geschlechterkluft zwischen öffentlich und privat überwunden. Diejenigen, die den Schleier nicht tragen wollten, haben sich in einem Zermürbungskrieg mit der öffentlichen Moralpolizei mehr als zwei Jahrzehnte lang dem Schleierzwang in der Öffentlichkeit widersetzt und machten es zur Normalität, einige Zentimeter Haar unter dem Schleier sichtbar zu lassen, was von den Behörden als schlechter Hidschab angeprangert wurde. In ihren juristischen Auseinandersetzungen haben Frauen Gerichte und Gerichtsentscheidungen bezüglich des Sorgerechts, der Scheidung und anderer Regelungen zum Personenstand angefochten.

Diese »einfachen« Aktivitäten besaßen vielleicht wenig Ähnlichkeit mit außergewöhnlichen widerständigen Handlungen und waren stattdessen eng mit den ganz normalen Tätigkeiten des Alltags verbunden, doch sie hatten bedeutende soziale, ideologische und gesetzliche Konsequenzen. Sie forderten nicht nur die vorherrschenden Annahmen bezüglich der Rolle der Frau heraus, sie führten auch zu weitreichenden, strukturellen, rechtlichen Veränderungen. Jede durchgesetzte Forderung wurde zu einem Sprungbrett für weitere Forderungen, und es ergaben sich vielfältige Chancen, die Rechte der Frauen zu verbessern. Ihr Streben nach Schul- und Hochschulbildung machte es ihnen möglich, alleine und außerhalb der Kontrolle ihrer »Beschützer« zu leben oder eine Karriere einzuschlagen, bei der sie womöglich unbegleitet reisen mussten, als Vorgesetzte von Männern arbeiteten und der männlichen Dominanz trotzten. Die beabsichtigten oder unbeabsichtigten Folgen dieser unterschiedlichen, aber weitverbreiteten individuellen Praktiken stellten zwangsläufig die Fundamente der rechtlichen und moralischen Codes infrage und erleichterten die Forderung nach Gleichheit der Geschlechter. In manchen Fällen unterminierten sie die effektive Gouvernementalität des Staatsapparats und der staatlichen Ideologie und zwangen diese, sich in Richtung Pragmatismus und Kompromissbereitschaft zu bewegen, wobei auch Uneinigkeiten im Staatsapparat zutage traten. Den Aktivistinnen (und den Behörden) waren die sukzessiven Folgen eines solchen strukturellen Vordringens sehr wohl bewusst und sie versuchten, die sich bietenden Gelegenheiten sowohl für ihre konkreten Kämpfe als auch für eine begriffliche/diskursive Artikulation zu nutzen.

Wie verhält es sich mit der Nicht-Bewegung der Jugend? Der Aktivismus muslimischer Jugendlicher ist tatsächlich durch ähnliche Prozesse gekennzeichnet. Jugendbewegungen werden sehr häufig und fälschlicherweise unter dem Begriff Studentenbewegung oder Jugendverband dieser oder jener Partei subsumiert oder mit diesen verwechselt. So wurde im Irak unter Saddam Hussein der Jugendverband der Baath-Partei als Jugendbewegung beschrieben. Ich schlage daher vor, diese Kategorien begrifflich zu trennen, denn sie bezeichnen verschiedene Realitäten. Allgemein gesprochen geht es einer Jugendbewegung darum, Jugendlichkeit (zurück) zu fordern. Sie verkörpert eine kollektive Herausforderung, der es um die Verteidigung und Ausweitung des jugendlichen Habitus geht, d. h. um die Bedingungen, unter denen junge Menschen ihre Individualität, Kreativität und Leichtigkeit behaupten und sich von ihren Zukunftsängsten befreien können. Eine Zügelung und Kontrolle von Jugendlichkeit führt leicht zu Dissens, doch es hängt von der Art und Weise ab, wie sich jugendlicher Dissens ausdrückt und wie Forderungen gestellt werden, ob die Jugendlichen Teil einer regelrechten Jugendbewegung oder einer Nicht-Bewegung sind.

Ein flüchtiger Blick auf den muslimischen Nahen Osten zeigt, dass Forderungen nach Jugendlichkeit nach wie vor ein zentraler Ausdruck jugendlicher Unzufriedenheit sind. Wie intensiv dieser jugendliche Aktivismus ist, hat erstens mit dem Ausmaß der von den moralischen und politischen Autoritäten ausgeübten Kontrolle und zweitens mit dem Grad des sozialen Zusammenhalts unter den Jugendlichen zu tun. Im postrevolutionären Iran formten junge Menschen eine bemerkenswerte Nicht-Bewegung, um ihren jugendlichen Habitus zu wahren – hinsichtlich ihrer Behandlung als vollwertige Staatsbürger, der Art, wie sie sich kleideten, der Musik, die sie hörten, ihres Auftretens in der Öffentlichkeit und ganz allgemein der Wahl ihres Lebensstils und ihres Verlangens nach Spaß. Mehr als andere Bevölkerungsgruppen ist die globalisierte Jugend ins Visier puritanischer Regime geraten und zum Objekt moralischer Empfindsamkeiten geworden. Dabei wird versucht, die Ethik des Spaßes und Vergnügens, die den Kern des jugendlichen Ausdrucks ausmacht, zu unterdrücken. Spaß – eine Metapher für die Bekundung von Individualität, Spontaneität und Leichtigkeit – steht daher im Fokus einer langen politischen Auseinandersetzung zwischen doktrinären Regimen und der muslimischen Jugend, und vor allem in der Islamischen Republik Iran ist sie zu einem grundlegenden Element des jugendlichen Dissens geworden. Dieser bemerkenswerte Dissens resultiert zum Teil aus der widersprüchlichen Positionalität der Jugend. Einerseits wurde sie wegen ihrer Rolle während der Revolution und des Krieges (gegen den Irak) stark aufgewertet, andererseits blieb sie der strengen sozialen Kontrolle und moralischen Disziplin des islamischen Regimes unterworfen. Und dies zu einer Zeit, als junge Menschen eine riesige Wählerschaft bildeten – zwei Drittel der Gesamtbevölkerung waren jünger als dreißig Jahre. Allerdings äußerte sich dieser Dissens nicht in einer strukturierten Bewegung mit umfassenden Kommunikationsnetzwerken, Organisationen oder kollektiven Protestaktionen. Wie in vielen nahöstlichen Regionen waren die Jugendlichen im Allgemeinen verteilt, atomisiert und gespalten. Ihr organisierter Aktivismus beschränkte sich auf einige jugendliche NGOs und Publikationen. Kollektive Identitäten bildeten sie stattdessen in Schulen und Hochschulen, auf öffentlichen Plätzen, in Parks, Cafés und Sportzentren, oder sie vernetzten sich mit anderen in den virtuellen Welten verschiedener

Medien. Sie verfügten nicht über ein bewusst hergestelltes Netzwerk der Solidarität, durch das sie sich hätten treffen, interagieren, ihre Anliegen formulieren oder ihren kollektiven Dissens ausdrücken können. Sie haben sich untereinander auf eher passive und spontane Weise verbunden, in »passiven Netzwerken«, die zur Erkennung von Gemeinsamkeiten anhand ähnlicher Frisuren, des Tragens von Bluejeans, gemeinsamer Treffpunkte, Essen, Mode und Spaß in der Öffentlichkeit dienten. Kurzum, es ging ihnen – wie auch den Frauen und Armen – nicht um eine Politik des Protests, sondern um eine Praxis, eine Politik des sich Behelfens durch direkte Aktionen.

Während durch den Kampf um Spaß die globalisierte Jugend in den Mittelpunkt der politischen Kämpfe gegen fundamentalistische Bewegungen und Regime gerückt wird, sollten jugendliche Nicht-Bewegungen als solche – diejenigen, denen es um die Durchsetzung eines jugendlichen Habitus geht –, nicht unbedingt als Vorboten eines demokratischen Wandels, wie häufig gehofft wird, betrachtet werden. Jugendliche können nur dann zu aktiven Trägern eines demokratischen Wandels werden, wenn sie politisch agieren und reflektieren; anderenfalls gehen von ihrer Beschäftigung mit den eigenen begrenzten Forderungen kaum Impulse aus, sich für breiter gefasste gesellschaftliche Anliegen zu engagieren. Mit anderen Worten, die transformierende bzw. demokratisierende Wirkung von jugendlichen Nicht-Bewegungen hängt zum Teil davon ab, ob die ihnen feindlich gesinnten Regime oder Staaten fähig sind, ihren Forderungen nachzukommen. Ebenso wie die Nicht-Bewegungen der Frauen haben jugendliche Nicht-Bewegungen nur dann eine demokratisierende Wirkung, wenn sie die engen doktrinären Grundfesten der ausgrenzenden fundamentalistischen Regime infrage stellen.

Die Logik der Praxis in Nicht-Bewegungen

Wie kann die Logik der Praxis in Nicht-Bewegungen erklärt werden? Soziale Bewegungen, vor allem diejenigen, die in politisch offenen und technologisch fortgeschrittenen westlichen Gesellschaften tätig sind, werden definiert als eine »organisierte, nachhaltige und selbstbewusste Herausforderung bestehender Autoritäten«.[24] In vielen Fällen sind sie

24 Siehe Charles Tilly, »Social Movements and National Politics«, in State-Making and

in bestimmte Organisationen eingebettet und folgen bestimmten Ideologien; sie finden innerhalb eines definierbaren Rahmens statt, folgen erkennbaren Anführern und eignen sich ein spezielles Repertoire an Mitteln und Methoden an, mit denen sie ihre Forderungen geltend machen.[25] Was sind die besonderen Merkmale von Nicht-Bewegungen?

Erstens neigen Nicht-Bewegungen oder kollektive Aktionen nichtkollektiver AkteurInnen dazu, eher handlungs- als ideologieorientiert zu sein. Sie agieren ganz überwiegend im Stillen, statt sich Gehör verschaffen zu wollen, da ihre Forderungen größtenteils individuelle sind und nicht von geschlossenen Gruppen vorgebracht werden. Zweitens mobilisieren in sozialen Bewegungen üblicherweise Führungspersönlichkeiten ihre Anhänger, um Druck auf die Obrigkeit auszuüben und sie zum Einlenken zu bewegen. Die AkteurInnen von Nicht-Bewegungen handeln hingegen ganz unmittelbar, um ihre Forderungen durchzusetzen, auch wenn Sanktionen seitens der Regierung drohen. Es geht ihnen also nicht um eine Politik des Protests, sondern um eine Politik der Praxis, des sich Behelfens mittels direkter und disparater Aktionen. Drittens, im Unterschied zu sozialen Bewegungen, bei denen die AkteurInnen sich meist an ungewöhnlichen Mobilisierungs- und Protesthandlungen beteiligen, die über die Routinen des Alltags hinausgehen (z. B. an Versammlungen teilnehmen, Petitionen unterschreiben, Lobbyarbeit betreiben, demonstrieren usw.), setzen sich Nicht-Bewegungen aus Praktiken zusammen, die in Zusammenhang mit den Alltagstätigkeiten stehen und tatsächlich zu einem wesentlichen Bestandteil des Alltags werden. Wenn also arme Menschen Unterkünfte bauen, sich Zugang zu fließendem Wasser und Telefonleitungen verschaffen oder Waren zum Verkauf auf den Gehwegen der Stadt ausbreiten; wenn internationale MigrantInnen Grenzen überqueren, um ihren Lebensunterhalt zu bestreiten; wenn Frauen danach streben, die Universität zu besuchen, Sport zu treiben, öffentlich zu arbeiten, »Männerarbeit« zu verrichten oder ihre Ehepartner selbst auszusuchen; und wenn Jugendliche sich so kleiden, wie sie wollen, die Musik hören, die sie wollen, und sich dort aufhalten, wo sie wollen, dann sind dies alles Kernpraktiken einer Nicht-Bewegung, wie sie im Nahen Osten und

Social Movements: Essays in History and Theory, C. Bright und S. Harding (Hrsg.), Ann Arbor: University of Michigan Press, S. 304.

25 Tilly, Social Movements, 1768-2004.

ähnlichen Regionen der Welt zu finden sind. Der vierte und wesentliche Punkt besteht darin, dass diese Handlungen nicht von kleinen, politisch marginalen Gruppen ausgehen. Es sind alltägliche Praktiken, die von Millionen Menschen geteilt werden, auch wenn sie fragmentiert bleiben. Die Macht der Nicht-Bewegungen besteht also nicht in der Geschlossenheit der AkteurInnen, die ihren Kontrahenten mit Zersetzung, Ungewissheit und Druck drohen könnten, sondern in der Macht der großen Zahlen, d.h. in den Auswirkungen, die die Gleichzeitigkeit ähnlich widerständiger Handlungen von vielen Menschen auf die Normen und Regeln einer Gesellschaft hat.

Eben weil sie integraler Bestandteil des Alltagslebens sind, erweisen sich Nicht-Bewegungen als weitaus widerstandsfähiger gegen Unterdrückung als konventionelle Formen des Aktivismus. Denn Nicht-Bewegungen zu unterdrücken, würde bedeuten, bestimmte Abläufe im Alltagsleben einzuschränken – eine Maßnahme, die ausgedehnte Kameraüberwachung, Kontrollpunkte und häufige Festnahmen nötig machen würde. Wie unterscheiden sich also Nicht-Bewegungen in begrifflicher Hinsicht vom eigentlichen Fluss des Lebens, wie z.B. tägliche Erledigungen machen? Der Unterschied liegt darin, dass es sich bei Nicht-Bewegungen im Grunde um widerständige und oft illegale Praktiken handelt, die die herrschenden Normen und Gesetze untergraben und in die Bereiche der Macht, des Eigentums und der Öffentlichkeit vordringen.

Worin besteht die Wirkung der »großen Zahlen«? Erstens führt das gemeinsame Handeln vieler Menschen zur Normalisierung und Legitimierung von Aktivitäten, die eigentlich als unzulässig gelten. Die Praktiken einer großen Zahl von Menschen können zur Eroberung und Aneignung gesellschaftlicher Räume der Macht führen, in denen es den Subalternen dann möglich wird, eine Gegenmacht zu entwickeln, zu konsolidieren und zu reproduzieren. Je größer die Zahl der Frauen, die ihre Präsenz im öffentlichen Raum durchsetzen, desto mehr patriarchale Bastionen können unterminiert werden. Und je größer die Zahl der Armen, die ihre selbst gebauten städtischen Gemeinden festigen, desto schwieriger wird die Kontrolle der Elite über die städtische Governance. Zweitens, obwohl sie individuell und voneinander getrennt handeln, bleibt das, was sie tun, nicht zwangsläufig wirkungslos; schließen sie sich zusammen, entsteht eine Dynamik, die stärker ist, als es die einzelnen Handlungen zusammengenommen sein können. Eine einzelne Handlung kann – wie ein einzelner Regentropfen – eine individuelle Wirkung haben; in großer Zahl können diese Handlungen umfangreichere Räume alternativer Praktiken und Normen schaffen – so, wie Regentropfen in großer Zahl zu reißenden Bächen und Flüssen, zu Fluten und Wellen werden können. Was schließlich die Macht der Nicht-Bewegungen definiert, sind die (beabsichtigten oder unbeabsichtigten) Folgen ähnlicher Praktiken, die eine große Zahl von Subjekten gleichzeitig ausführt.

Wenn wir Nicht-Bewegungen auf diese Weise betrachten, beschwören wir dann nicht Hardt und Negris Begriff der Multitude herauf? Darunter verstehen sie Singularitäten [sozialer Subjekte], die gemeinsam handeln. Auf den ersten Blick erinnern die Vielzahl und die Fragmentierung der sozialen Subjekte, die mit der Multitude in Verbindung gebracht werden, an Nicht-Bewegungen und an die Macht der großen Zahlen. Doch da hören die Ähnlichkeiten bereits auf. Im Unterschied zu Kategorien wie Arbeiterklasse, Volk oder Masse, die durch Gleichheit und gemeinsame Identitäten gekennzeichnet sind, setzt sich die Multitude aus Singularitäten, d. h. aus unähnlichen bzw. nichtidentischen sozialen Subjekten zusammen. Was Multitude meint, ist eine Mischung aus unterschiedlichen sozialen Gruppen, Gender-Cluster oder sexuellen Orientierungen, die sich ontologisch unterscheiden. Die offensichtliche Ähnlichkeit dieser Singularitäten, so Hardt und Negri, liege darin, dass sie »immaterielle Arbeit« leisten und dem »Empire« gegenüberstehen.[26] Während also angenommen wird, die Multitude bringe singuläre und ontologisch verschiedenartige soziale Subjekte zusammen (Männer, Frauen, Schwarze, Weiße, unterschiedliche Ethnien usw.), führen Nicht-Bewegungen Mitglieder der selben, wenn auch intern zersplitterten Gruppen (z. B. die globalisierte Jugend, muslimische Frauen, illegale MigrantInnen oder die städtischen Armen) zusammen, die gemeinsam, aber häufig individuell handeln. Bei Nicht-Bewegungen ist kollektives Handeln eine Funktion geteilter Interessen und Identitäten innerhalb einer einzelnen Gruppe, besonders dann, wenn sie sich bedroht fühlt. Im Falle der Multitude bleibt es unklar, wie die singulären Teile genau zusammenkommen und gemeinsam aktiv werden sollen und wie die verschiedenen Gruppen (z. B. Männer und Frauen, einheimische Arbei-

26 Michael Hardt und Antonio Negri, Multitude. Krieg und Demokratie im Empire, Campus Verlag München, 2004.

terklasse und ArbeitsmigrantInnen, ethnische Mehrheit und ethnische Minderheiten) Interessenkonflikte verhindern, geschweige denn ein gemeinsames Handeln entwickeln können.

Wenn also, im Unterschied zu einer Multitude, gemeinsame Identitäten für das kollektive Agieren der Akteure von Nicht-Bewegungen wesentlich sind, stellt sich die Frage, wie zwischen den fragmentierten und atomisierten Subjekten überhaupt Identitäten gebildet werden können. Aus welchen Gründen handeln sie gemeinsam, da sie ja nicht von einer Organisation oder einem Anführer bewusst mobilisiert werden? Kollektive Identitäten werden nicht in offenen und legalen Institutionen oder Solidaritätsnetzwerken gestiftet, zu denen die Betroffenen generell aufgrund von Überwachung keinen Zugang haben. Solidaritäten entstehen primär im öffentlichen Raum – in Nachbarschaften, an Straßenecken, in Moscheen, am Arbeitsplatz, an Bushaltestellen, bei der Lebensmittelverteilung, in Haftanstalten, MigrantInnenlagern, öffentlichen Parks, Hochschulen und Sportstadien – durch passive Netzwerke, wie ich sie genannte habe. Diese passiven Netzwerke spielen eine wesentliche Rolle bei der Formierung von Nicht-Bewegungen. Sie entstehen durch die direkte Kommunikation zwischen atomisierten Individuen, durch das stille Erkennen von Gemeinsamkeiten, sei es direkt in öffentlichen Räumen oder durch Massenmedien vermittelt.[27] Straßenhändler erkennen ihre gemeinsame Zwangslage dadurch, dass sie sich täglich in den Straßen wahrnehmen, auch wenn sie sich nicht kennen oder miteinander sprechen. Einander unbekannte Frauen, die in der Öffentlichkeit die Kleiderordnung missachten, verinnerlichen ihre gemeinsame Identität schlicht dadurch, dass sie sich in den Straßen gegenseitig beobachten, und diejenigen, die in Gerichtssälen mit Männern und Richtern konfrontiert sind, spüren sofort den untergeordneten Status, der ihnen gemein ist. An Straßenecken, in Einkaufszentren oder an Universitäten identifizieren junge Menschen ihre kollektive Position spontan anhand ähnlicher Mode, Frisuren und des sozialen Geschmacks. Für diese Gruppen bietet der öffentliche Raum eindeutig die Möglichkeit des gegenseitigen Erkennens. Dieser Faktor unterscheidet sie von Gruppen wie z. B. der der illegalen MigrantInnen, denn diesen fehlt das Medium des öffentlichen Raums, das Solidarität erleichtert – es sei denn, sie treffen sich am selben Arbeitsplatz, in

27 Siehe Bayat, Street Politics, S. 16.

Haftanstalten oder Wohnkomplexen. Sie verlassen sich häufig auf die Massenmedien, auf Gerüchte und entfernte Netzwerke – d. h. jemand zu kennen, der jemand kennt, der jemand kennt, der in einer ähnlichen Lage ist. Dadurch entsteht ein Prozess, der die Bildung »imaginierter Solidaritäten« begünstigt.[28]

Mit den neuen Informationstechnologien, insbesondere den gegenwärtigen sozialen Netzwerken wie Facebook, kann das Medium des physischen Raums umgangen werden. Atomisierte Individuen können sich in der Welt des Internets verbinden, und dabei entstehen enorme Möglichkeiten für die Bildung einer Mischung aus passiven und aktiven Netzwerken. Die ägyptische Jugendbewegung des 6. April setzte auf diese Medien, um etwa 70.000 zumeist junge Leute miteinander in Verbindung zu bringen, die daraufhin dazu aufriefen, den Streik der TextilarbeiterInnen im April 2008 zu unterstützen und gegen den israelischen Angriff auf Gaza 2008/09 zu protestieren.[29] Später benutzten die jungen AktivistInnen der grünen Bewegung und die ProtagonistInnen der arabischen Revolten dieses Medium auf konsequente Weise, um Hunderttausende zu mobilisieren. Medien wie Facebook ermöglichen ein aktivpassives Netzwerk, in dem die TeilnehmerInnen sich zwar nicht direkt kennen, aber indirekt miteinander in Verbindung stehen. Diese mobilisierende Plattform hat den Vorteil, eine große Zahl von Menschen zu verbinden und gleichzeitig die Kosten der politischen Arbeit (Sicherheit, Ressourcen) wesentlich zu reduzieren. Doch bevor der Nutzerkreis nicht erweitert wird, bleiben die sozialen Medien größtenteils den jungen, gebildeten und wohlhabenden Gruppen vorbehalten, deren Mobilisierung auf diese Weise zu einer Art »schicken Politik« bestehend aus spontanen und kurzlebigen Interventionen verflachen kann.

Noch wichtiger ist, dass diese Informationskanäle zu sehr der Polizeiüberwachung ausgesetzt sind und durch sie kontrolliert und angegriffen werden können. Die passiven Netzwerken befinden sich ständig im Fluss und sind daher widerstandsfähiger.[30] In einem Krieg zwischen

28 Zum Begriff der »imaginierten Solidaritäten« siehe Bayat, »Islamism and Social Movement Theory«.

29 Siehe Samantha Shapiro, »Revolution, Facebook-Style«, New York Times, 25. Januar 2009, New York ed., MM34.

30 Zu den Risiken der neuen Medien für AktivistInnen siehe Evgeny Morozov, The Net Delusion: The Dark Side of Internet Freedom, New York, Public Affairs, 2011; für Iran siehe Narges Bajoghli, »Iranian Cyber-Struggles«, Middle East Report Online,

Ungleichen werden die Schwachen garantiert dann verlieren, wenn sie sich an die Spielregeln der Mächtigen halten. Um einen ungleichen Kampf zu gewinnen, hat der Schwächere keine andere Wahl, als auf kreative Weise anders und flexibler zu spielen und das Spiel selbst ständig zu verändern.

Was auf jeden Fall eine wesentliche Rolle beim Übergang von passiven Netzwerken in mögliche kollektive Aktionen spielt, ist die gemeinsame Gefahr. Das heißt, während Fortschritte durch individuelle Handlungen erreicht werden, findet die Verteidigung dieser Fortschritte oft kollektiv statt, nämlich dann, wenn eine gemeinsame Gefahr besteht und das passive Netzwerk der Subjekte in aktive Kommunikation und organisierten Widerstand verwandelt wird. So ist es wahrscheinlich, dass Frauen, die sich individuell den Behörden durch Missachtung der Kleiderordnung widersetzen, sich dann zusammenschließen, wenn sie der Moralpolizei auf der Straße begegnen. Die städtischen Armen, die meist unbemerkt illegale Behausungen bauen, widersetzen sich oft kollektiv den Abrissplänen der Regierung. Die massiven öffentlichen Demonstrationen illegaler MigrantInnen in Los Angeles am 26. März 2006 für eine Gesetzgebung, die sie schützten soll, stellt vielleicht ein augenfälligeres Potenzial eines sporadischen kollektiven Protests von sonst atomisiert Handelnden einer Nicht-Bewegung dar. Es ist natürlich immer möglich, dass die Subjekte, statt eine direkte Konfrontation zu suchen, sich rational für einen »Zermürbungskrieg« entscheiden – zeitweilige Anpassung in Zeiten des Zwangs, aber Fortsetzung des stillen Vordringens, wenn die Zeit dafür günstig ist. Im Unterschied zu den Frauen, Jugendlichen und städtischen Armen, können sich illegale ImmigrantInnen staatlichen Maßnahmen nicht widersetzen, es sei denn, sie organisieren sich auf bewusste Weise, denn die Merkmale, nach denen sie ihre gemeinsame Lage in der Öffentlichkeit erkennen können, sind begrenzt. Menschen mit nur wenigen sichtbaren Attributen können sich aber trotzdem akustisch (z. B. durch Allahu Akbar-Rufe auf den Hausdächern Teherans oder Feuerwerkskörpern in der Nacht) oder symbolisch (z. B. mit den gleichen Farben, Armbändern oder T-Shirts) zusammenschließen. Diese Dynamiken deuten bereits auf die Frage hin, wie und zu welchem Zeitpunkt Nicht-Bewegungen in widerstän-

3. Mai 2012. Doch sie bleiben weitaus widerstandsfähiger gegen staatliche Razzien als konventionelle Organisationen.

dige Politikformen und soziale Bewegungen übergehen. Die faktische (wenn auch stille und individualisierte) Missachtung seitens einer großen Zahl von Menschen bedeutet, dass eine massive gesellschaftliche Mobilisierung bereits im Gang ist. Sie kann dann zu einer widerständigen kollektiven Politik führen, wenn sich die Gelegenheit eines organisierten, nachhaltigen und institutionellen Aktivismus bietet – wenn z. B. Staaten/Regime durch interne Machtkämpfe, Krisen, internationalen Druck oder Krieg geschwächt werden oder eine tolerante Regierung die Macht übernimmt. Doch die transformierende Wirkung einer Nicht-Bewegung sollte nicht nur danach beurteilt werden, ob sie schließlich zu einer organisierten sozialen Bewegung führt. Operieren diese Nicht-Bewegungen kontinuierlich in einer Gesellschaft, können sie von sich aus eine enorm verändernde Wirkung entfalten. Sie können die Gouvernementalität eines Staates einschränken oder beeinträchtigen. Denn Staaten beherrschen die Gesellschaft nicht allein durch Überwachung von außen; sie weben ihre Logik in das Gefüge der Gesellschaft, in die Normen, Regeln, Institutionen und Machtverhältnisse hinein. Nicht-Bewegungen fordern durch ihre Aktivitäten und die Etablierung anderer Normen die Logik der Macht heraus. Staaten können durchaus versuchen, die subversiven Praktiken von Nicht-Bewegungen aufzuheben, indem sie diese beispielsweise in ihre Machtlogik einbinden. Doch das gestaltet sich schwierig, denn die Tendenz von Nicht-Bewegungen, ihre Ansprüche schrittweise einzufordern, kann die Fähigkeit des Staates, ihre Wirkungen zu neutralisieren, schwächen. Käme ein Staat den Forderungen einer Nicht-Bewegung nach, würde dies in Wirklichkeit eine signifikante Reform des Staates selbst bedeuten.[31]

Der Kampf dieser Nicht-Bewegungen kann als Kampf um Bürgerschaft betrachtet werden. Es handelt sich um De-facto-Bürgerschaft, wenn die Nicht-Bewegungen Fortschritte trotz staatlichen Widerstands

31 Die Natur der nahöstlichen »weichen« Staaten – ihre Beschränkungen und Chancen – unterscheidet sich klarerweise von der liberaler, demokratischer, kapitalistischer Staaten des Westens, wo nach Slavoj Žižek die von Simon Critchley vorgebrachte Strategie der »unendlichen Forderung«, d.h. den Staat mit ständig neuen Forderungen zu bombardieren, (da es genauso wenig möglich ist, den Staat zu »bekämpfen«, wie es ist, ihn zu erobern), nichts verändern kann; stattdessen können solche reformistischen Forderungen den Staat tatsächlich legitimieren (Slavoj Žižek, Auf verlorenem Posten, Suhrkamp Verlag, Frankfurt am Main, 2009). In Nicht-Bewegungen beschränken sich die Subjekte nicht darauf, Forderungen zu stellen, sondern beteiligen sich oft an Aktionen/Praktiken.

erzielen; De-jure-Bürgerschaft tritt dann ein, wenn diese Fortschritte formal durch die staatliche Gesetzgebung anerkannt werden. Die Interessensgruppen, sozialen Bewegungen und RechtsaktivistInnen können auf produktive Weise vermittelnd bei der Verwandlung der Bürgerschaft der Subalternen von de facto in de jure tätig werden.[32]

Es sollte bis hierhin klar geworden sein, dass der Begriff Nicht-Bewegung sich qualitativ vom Typus der »alltäglichen Widerstandsformen« unterscheidet, die James Scott in seiner wegweisenden Studie *Weapons of the Weak (Die Waffen der Schwachen)* beschrieben hat; ähneln tun sie sich hinsichtlich der individuellen (statt kollektiven) Natur der Praktiken. Aber kommt nicht das individuelle Vordringen dieser subalternen Gruppen einer Politik rationaler Entscheidungen und individuellen Selbstinteresses gleich? Tatsächlich stellen Nicht-Bewegungen häufig rechtliche Forderungen, wobei der Fortschritt jedes Individuums – weit entfernt davon, anderen subalternen Individuen zu schaden – faktisch die kollektiven Fortschritte der Gruppe konsolidiert. Der Erfolg einer einzelnen Frau vor Gericht über das Sorgerecht ihres Kindes trägt zum Kampf der Frauen für Geschlechtergleichheit bei und gefährdet ihn nicht. Das »Individuelle« beim individuellen Vordringen ist kein Wert an sich, sondern eine Taktik zur Umgehung des feindlich gesinnten oder nicht reagierenden Staats. Wenn ihre Fortschritte gefährdet sind, greifen die Subalternen zu kollektiven Formen des Widerstands, ein Zeichen ihrer Wertschätzung von Solidarität.

Warum bilden Nicht-Bewegungen die vorherrschende Form des Aktivismus unter bestimmten gesellschaftlichen und politischen Bedingungen wie denen im muslimischen Nahen Osten? Zum einen dulden autoritäre Staaten keinen unabhängigen und organisierten Dissens. Folglich neigen sie dazu, die Subalternen – besonders die politische Klasse – entweder zu spalten oder sie unter ihren eigenen populistischen Institutionen zu subsumieren. Es ist allerdings auch so, dass die subalternen Klassen mit neuen Bedingungen konfrontiert sind. Die zunehmende Fragmentierung von Arbeit, das Informell-Werden, der schrumpfende öffentliche Sektor und die NGOifizierung – Folgen der neoliberalen Umstrukturierung – schränken die Möglichkeiten großer Bevölkerungsteile, auf organisierte Weise aktiv zu werden, etwa in

32 Partha Chatterjee zeigt, wie dies in Indien geschieht, siehe The Politics of the Governed, New York, Columbia University Press, 2006.

Form von traditionellen Gewerkschaften, noch weiter ein. Diese Subalternen sind mit Staaten konfrontiert, die unfähig oder unwillig sind, ihre sozialen und materiellen Bedürfnisse und Erwartungen, die durch zunehmende Urbanisierung, Bildung, die Ausbreitung der Medien und eines Bürgerbewusstseins gesteigert werden, zu erfüllen. Daher ist die Bevölkerung gezwungen, selbst aktiv zu werden. Wenn Staaten nicht in der Lage sind, für die Armen angemessenen Wohnraum zur Verfügung zu stellen oder Arbeitsplätze zu schaffen (und wenn es kein Vertrauen in die möglichen konventionellen rechtlichen Wege, diese Ziele zu erreichen, wie etwa Lobbyarbeit, gibt oder sie durch die staatliche Bürokratie behindert werden), verlegen sich die Armen darauf, Land oder Unterkünfte direkt zu besetzen oder ihren Straßenhandel illegal auszubreiten. Wenn die Behörden die Rechte der Frauen oder die Forderungen der Jugend nicht anerkennen, widersetzen diese sich den offiziellen Autoritäten, indem sie ihre Anliegen direkt in Bereichen oder Institutionen mit der geringsten Überwachung durchsetzen oder sich offiziell sanktionierte Bereiche aneignen und diese umfunktionieren. Dies erklärt vielleicht auch, warum Nicht-Bewegungen (vornehmlich die der städtischen Armen) nicht nur unter autoritärer Herrschaft, sondern auch in Mehrparteiendemokratien wie der Türkei, Indien oder Brasilien operieren, wo die AkteurInnen erleben, wie die staatliche Bürokratie ihre kollektiven Bemühungen vereitelt, oder merken, dass ein individuelles Vordringen zur Durchsetzung ihrer Forderungen weniger kostspielig ist als der Aufbau einer sozialen Bewegung.

Auf jeden Fall werden diese Formen des Vordringens dadurch ermöglicht, dass autoritäre Regime, die trotz ihres Rufs, allgegenwärtig zu sein, in Staaten – in sogenannten weichen Staaten – herrschen, denen die Fähigkeit, Konsequenz und Mechanismen zur gewünschten vollständigen Kontrolle fehlen. Folglich existieren viele Auswege, Freiräume und unkontrollierbare Schlupflöcher – Zonen relativer Freiheit –, die von ganz normalen AkteurInnen besetzt und angeeignet werden können. Der Erfindungsreichtum der subalternen Subjekte, der Nicht-Bewegungen, besteht genau darin, solche Auswege zu finden oder herzustellen. Es geht also um die Handlungsfähigkeit und Ausdauer von Millionen von Frauen, jungen Menschen und Enteigneten, die, trotz aller Unterschiede, die Beschränkungen und Zwänge erkennen und Möglichkeiten entdecken, die vorhandenen Freiräume zur Verbesserung ihrer Lebenschancen zu nutzen. Die Entschlossenheit einer kleinen zierlichen iranischen Frau, an Autorennen – einer reinen Männerdomäne – teilzunehmen und zu gewinnen, ist nur ein Beispiel dafür, wie Frauen Bereiche finden können, in denen sie die herrschende Ideologie, nach der sie nur Bürger zweiter Klasse sind, entscheidend unterminieren. Das Beispiel veranschaulicht das, was ich die Kunst der Präsenz genannt habe – den Mut und die Kreativität, einen kollektiven Willen durchzusetzen gegen alle Erwartungen, Zwänge zu umgehen, das, was zur Verfügung steht, zu nutzen und neue Räume aufzutun, in denen man gehört, gesehen, gespürt und wahrgenommen wird. Die Kunst der Präsenz ist das grundlegende Moment im Leben der Nicht-Bewegungen, im Leben als Politik.

Die Geschichte der Nicht-Bewegungen ist die Geschichte von Handlungsfähigkeit in Zeiten des Zwangs. Der Begriff ist sowohl deskriptiv wie normativ. So öffnen sich durch die Vermeidung der starren Dichotomien von ›aktiv‹/›passiv‹, ›individuell‹/›kollektiv‹ oder ›zivilem‹/›politischem‹ Widerstand, die unseren begrifflichen Horizont eingeschränkt haben, ganz neue Möglichkeiten, bisher unbeachtete gesellschaftliche Praktiken zu untersuchen, die durchaus Vorboten weitreichender sozialer Veränderungen sein können. Dabei wird die Logik einer Praxis zwischen verstreuten und voneinander entfernten Kollektiven meist unter den Bedingungen autoritärer Herrschaft, die die freie Assoziation und aktive Kommunikation unterdrückt, zum Vorschein gebracht. Wir erfahren, wie Menschen mithilfe von weitverbreiteten, kollektiven (wenn auch fragmentierten) Praktiken mit der Herrschaft umgehen, Widerstand leisten und sie unterminieren. Andererseits ist der Begriff normativ, denn er stellt die Ansichten und Ausflüchte infrage, die das Hinnehmen und die Untätigkeit unter den Bedingungen der Überwachung rechtfertigen. Er führt zu der Erkenntnis, und vermittelt die Hoffnung, dass es trotz autoritärer Herrschaft immer wieder Möglichkeiten gibt, Widerstand zu leisten, Handlungsfähigkeit auszudrücken und Veränderungen zu initiieren – statt auf einen Messias zu warten oder die Zuflucht in Gewalt zu suchen.

2

DAS STILLE VORDRINGEN DES ALLTÄGLICHEN

Trotz der Überbewertung einiger Thesen der Globalisierungstheorie (die schwindende Rolle des Nationalstaats, der Zusammenbruch der Grenzen, die Vereinheitlichung von Lebensstilen, Kulturen, politischen Systemen usw.),[1] besteht ein allgemeiner Konsens darüber, dass die Ökonomie der Globalisierung, die eine weltweite Markt-»Disziplin«, flexible Akkumulation und »finanzielle Vertiefung« umfasst, sich tiefgreifend auf postkoloniale Gesellschaften ausgewirkt hat.[2] Eine wesentliche Folge dieser neuen globalen Restrukturierung in den Entwicklungsländern ist der Prozess von Integration auf der einen Seite und sozialer Ausgrenzung und Informalisierung auf der anderen.

Die in der Peripherie erfolgte historische Verschiebung von sozialistischen und populistischen Regimen hin zu einer wirtschaftsliberalen Politik, die durch das Economic Reform and Structural Adjustment Program ausgelöst wurde, hat zu einer weitreichenden Erosion der Gesellschaftsverträge, der kollektiven Verantwortung und der wohlfahrtsstaatlichen Strukturen geführt. Millionen von Menschen im Globalen Süden, die bis dahin auf staatliche Leistungen angewiesen waren, sind sich im Überlebenskampf nun selbst überlassen. Die Deregulierung der Preise für Wohnraum, Miete und Versorgungsgüter gefährdet den Kündigungsschutz Millionen armer Menschen, die dadurch von Obdachlosigkeit bedroht sind. Die Ausgabenkürzungen für soziale Programme schränken den Zugang zu angemessener Bildung, Gesundheitsfürsorge, Stadtentwicklung und Sozialwohnungen erheblich ein. Der Lebensstandard zahlreicher schutzloser Gruppen wurde

1 Für Kritiken der überzogenen Globalisierungsthese siehe Chris Harman, »Globalisation: A Critique of a New Orthodoxy«, International Socialism, Nr. 73 (1997), S. 3-33; Marxism Today, special issue, November/Dezember 1998; David Gordon, »The Global Economy«, New Left Review, Nr. 168 (März/April 1988), S. 24-64.

2 Siehe Ankie Hoogvelt, Globalization and the Postcolonial World (Baltimore: Johns Hopkins University Press, 1997), S. 121-31.

durch die schrittweise Aufhebung der Subventionen für Brot, Preise des öffentlichen Nahverkehrs und Treibstoff radikal gesenkt. Im Zuge der Privatisierungen ist der öffentliche Sektor verkauft oder »reformiert« worden, was in beiden Fällen zu massiven Entlassungen geführt hat, ohne dass dadurch die Wirtschaft angekurbelt wurde oder dauerhaft Arbeitsplätze geschaffen wurden. In den frühen 1990er Jahren, während des Übergangs zur Marktwirtschaft in den postsozialistischen Ländern Lateinamerikas und des Nahen Ostens, sind nach Angaben der Weltbank die formalen Beschäftigungsverhältnisse um 5 bis 15 Prozent zurückgegangen.[3] In Afrika stieg die Zahl der Arbeitslosen in den gesamten 1980er Jahren um jährlich 10 Prozent an, während die Einstellung von Arbeitskräften im formalen Lohnsektor kontinuierlich sank.[4] Ende der 1990er Jahre war schließlich die enorme Zahl von einer Milliarde ArbeiterInnen, ein Drittel aller Arbeitskräfte weltweit, ohne Arbeit oder unterbeschäftigt.[5] Zahlreiche gut ausgebildete, einst wohlhabende Mitglieder der Mittelschichten (Fachkräfte, Regierungsangestellte und Studierende), Angestellte im öffentlichen Dienst sowie große Teile der Bauernschaft wurden auf dem Arbeits- und Wohnungsmarkt in die Reihen der städtischen Armen gedrängt.

Parallel zur Herausbildung sehr reicher Bevölkerungsgruppen hat die Restrukturierung zu einer Zunahme von marginalisierten und entinstitutionalisierten Subalternen in den Städten der Dritten Welt geführt. Heute wächst die Zahl der Arbeitslosen, Teilzeitbeschäftigten und GelegenheitsarbeiterInnen, der Menschen, die sich ihren Lebensunterhalt auf der Straße verdienen müssen, der Straßenkinder und Mitglieder der Unterwelt stetig – Gruppen, die wahlweise als »städtische Marginale«, »städtische Enteignete« oder »städtische Arme« bezeichnet worden sind. Diese gesellschaftlich ausgegrenzten und informellen Gruppen sind keineswegs ein historisch neues Phänomen. Allerdings scheint die jüngste globale Restrukturierung die Aktivitäten dieser Gruppen intensiviert und ausgeweitet zu haben. Während der Finanzkrise 1998 verloren in Südkorea mindestens zwei Millionen Menschen

3 World Bank, World Development Report 1995 (Oxford: Oxford University Press, 1995), S. 108.

4 Vandemoortele, »The African Employment Crisis of the 1990s«, in The Economic Crisis in Africa, C. Grey-Johnson (Hrsg.), (Harare: African Association for Public Administration and Management, 1990), S. 34-36.

5 Siehe Central Intelligence Agency, The 1992 CIA World Factbook (1992).

ihren Arbeitsplatz, in Thailand waren es drei Millionen und erschreckende zehn Millionen in Indonesien.[6] Das Neuartige dieser Zeit ist die Marginalisierung breiter Teile der Mittelschichten. In Slums wohnen, Gelegenheits- oder Schwarzarbeit nachgehen und Straßenhandel betreiben, sind nicht mehr nur Charakteristika traditionell armer Bevölkerungsgruppen; inzwischen findet man das ebenso bei gut ausgebildeten jungen Menschen mit einem höheren Status, mit höheren Zielen und größeren sozialen Kompetenzen, bei Regierungsangestellten, LehrerInnen und Fachkräften. Diese relativ neue gesellschaftliche Formation, die ich die »Armen der Mittelschicht« nenne, tendiert dazu, eine Schlüsselrolle in der Politik des Streits zu spielen, sowohl im globalen Süden wie auch im Norden.

Wie reagiert diese wachsende städtische Basis in der Dritten Welt – wenn sie es denn tut –, auf diese sozialen und wirtschaftlichen Prozesse, die ihr Leben einschneidend verändern? Befürworter der Globalisierung behaupten, langfristig werde der Trickle-down-Effekt des später einsetzenden nationalen Wirtschaftswachstums die unvermeidlichen Opfer, die die Armen in der Übergangsphase bringen müssen, ausgleichen. In der Zwischenzeit werden Sozialfonds, NGOs und Organisationen, die Soforthilfen leisten, ermutigt, Arbeitsplätze zu schaffen und Sozialprogramme zu unterstützen, um Härten zu lindern und mögliche soziale Unruhen abzuwenden. Manche sehen in der Zunahme von NGOs im Süden seit den 1980er Jahren einen organisierten Aktivismus und die Etablierung von Basisorganisationen, die der gesellschaftlichen Entwicklung dienen. Auch wenn es große Unterschiede bei den Entwicklungs-NGOs gibt, so wird ihr Potenzial, die Entwicklung der Armen unabhängig und demokratisch zu organisieren, allgemein überschätzt. Wie Neil Webster in seinem Bericht über Indien festgestellt hat, erwarten die Befürworter schlicht zu viel von diesen NGOs[7] und unterschätzen dabei ihre strukturellen Grenzen hinsichtlich einer sinnvollen Entwicklungsstrategie (z. B. ihre organisatorischen Grundprinzipien, die Tatsache, dass sie kaum Rechenschaft ablegen müssen, und dass die

6 Für Zahlen siehe International Labour Office, World Employment Report, 1998-99 (Genf: ILO, 1999); David McNally, »Globalization on Trial: Crisis and Class Struggle in East Asia«, Monthly Review 50, Nr. 4 (September 1998), S. 7.

7 Neil Webster, »The Role of NGDOs in Indian Rural Development: Some Lessons from West Bengal and Karnataka«, European Journal of Development Research 7, Nr. 2 (Dezember 1995), S. 407-33.

Führungskräfte aus den gutausgebildeten Mittelschichten stammen). Meine eigenen Studien zu Entwicklungs-NGOs im Nahen Osten bestätigen diese Schlussfolgerung. Die Professionalisierung der NGOs führt tendenziell dazu, die Mobilisierungsfähigkeit der Graswurzelinitiativen zu mindern und dabei einer neuen Form des Klientelismus Vorschub zu leisten (siehe Kapitel 3).

Viele Linke verweisen auf eine Reihe von »reaktiven Bewegungen« (Identitätspolitik), die ihrer Meinung nach die Globalisierung dadurch herausfordern, dass sie sich deren Technologien aneignen. Während bei Alberto Mellucis »neuen sozialen Bewegungen« der Fokus ausschließlich auf »hoch differenzierte« westliche Gesellschaften gerichtet ist, sehen andere, die die Perspektive des Südens einnehmen, wie etwa Manuel Castells und Ankie Hoogvelt, in den religiösen, ethnischen und feministischen Bewegungen und den lateinamerikanischen Ideen des Post-Development das Rückgrat der Antiglobalisierungskräfte. Identitätsbewegungen greifen zwar einige Herausforderungen der Globalisierung in den postkolonialen Gesellschaften auf, allerdings spiegeln sie eher die Ansichten von Intellektuellen der Mittelschicht als die alltäglichen Praktiken ganz normaler Menschen wider. Wie denken und was tun die Menschen an der Basis? Welche Politikformen, falls sie überhaupt ausgebildet werden, machen sich marginalisierte städtische Bevölkerungsgruppen zu eigen?

Mit einem kritischen Blick auf die vorherrschenden Modelle, darunter das der Kultur der Armut, der Überlebensstrategien, der urbanen sozialen Bewegungen und des alltäglichen Widerstands, ist meine These, dass durch die neue globale Restrukturierung Subjektivitäten (marginalisierte und entinstitutionalisierte Gruppen wie z. B. die verarmten Mittelschichten, die Arbeitslosen, GelegenheitsarbeiterInnen, Menschen, die ihren Lebensunterhalt auf der Straße verdienen, und Straßenkinder) und gesellschaftliche Räume – und damit Terrains politischer Auseinandersetzungen – reproduziert werden, die die gegenwärtigen theoretischen Sichtweisen mit ihren Begrifflichkeiten nicht erklären können. Ich schlage vor, diese Phänomene mit dem Begriff des »stillen Vordringens« (quiet encroachment) zu bezeichnen, der meiner Meinung nach besser geeignet ist, den Aktivismus marginalisierter Gruppen in den Städten postkolonialer Gesellschaften begreiflich zu machen. Mit stillem Vordringen meine ich die nichtkollektiven, ausdauernden und direkten Handlungen einzelner Individuen und Familien mit dem Ziel, sich auf leise und bescheidene Weise das Notwendigste zum Leben anzueignen (Land zur Bebauung, den städtischen Kollektivkonsum und städtische Dienstleistungen, informelle Arbeit, Geschäftsmöglichkeiten und den öffentlichen Raum). Diese Perspektive ist das Resultat meiner Beobachtungen urbaner Prozesse im muslimischen Nahen Osten – mit seinen spezifischen gesellschaftlichen und politischen Strukturen. Sie könnte aber auch für andere Städte der Dritten Welt relevant sein.

Die vorherrschenden Sichtweisen

In Europa begann die soziologische Untersuchung städtischer »Marginalität« bereits im 19. Jahrhundert. Probleme, die mit der Urbanisierung zu tun hatten (Kriminalität, die Zustände in den Stadtzentren, Arbeitslosigkeit, Migration, kulturelle Dualität usw.), wurden zum Gegenstand wissenschaftlichen Interesses. Georg Simmel benutzte den Begriff des »Fremden«, um sich mit den sozialpsychologischen Eigenschaften der neuen StadtbewohnerInnen zu befassen, und Durkheim richtete sein Augenmerk auf deren »Anomie«. Diese Begrifflichkeiten beeinflussten dann die Arbeit der Chicago School of Sociology and Urban Study in den Vereinigten Staaten in den 1920er und 1930er Jahren, in einer Zeit als Chicago als eine Art Labor für die Untersuchung des sozialen Verhaltens seiner zahlreichen ethnischen ImmigrantInnen diente. Für Everett Stonequist und Robert Park waren viele ImmigrantInnen »Marginale« (*marginals*) – eine Eigenschaft, die ihre soziale Struktur hervorbrachte. Die marginale Persönlichkeit war eine Erscheinung kultureller Hybridität, des Lebens entlang der Grenzen zweier Kulturen, ohne ein vollwertiges Mitglied einer der beiden zu sein.

Im Gegensatz zu den Funktionalisten der Chicago School nahmen die orthodoxen Marxisten dieses Thema nicht sonderlich ernst. Hinsichtlich der zentralen Rolle der Arbeiterklasse als Akteur gesellschaftlicher Veränderung ignorierte die marxistische Theorie die städtischen Armen oder beschrieb sie als »Lumpenproletariat«, als »nichtproletarische« städtische Gruppen, wie Marx selbst sagte. Allerdings führte dies, wie Hal Draper festgestellt hat, zu »endlosen Missverständnissen und falschen Übersetzungen.«[8] Für Marx war das Lumpenproletariat

8 Hal Draper, Karl Marx's Theory of Revolution (New York: Monthly Review Press, 1978), vol. 2, S. 453.

eine politökonomische Kategorie und umfasste besitzlose Menschen, die nicht produzierten – das »nicht arbeitende Proletariat«, obsolete gesellschaftliche Elemente wie Bettler, Diebe, Schläger und Kriminelle, die meist arm waren, aber von der Arbeit anderer lebten. Wegen der Art und Weise, wie sie ökonomisch lebten, wurde ihnen eine Politik der Unverbindlichkeit nachgesagt, die sich letztendlich gegen die Interessen der produzierenden Klassen richten könnte.[9] Es ist diese unsichere politische Haltung, die für Marx und Engels das Lumpenproletariat zum »sozialen Abschaum«, zum »Abfall aller Klassen« und zur »gefährlichen Klasse« machte. Obwohl Marx sie später theoretisch als »industrielle Reservearmee« bezeichnete und folglich als Teil der Arbeiterklasse, setzten sich die Debatten über die Relevanz dieses Begriffs für die gegenwärtige kapitalistische Strukturierung trotzdem fort, da sich kaum Chancen abzeichneten, diese Menschen wieder in Arbeit zu setzen. Einige behaupteten, die städtischen Enteigneten bildeten nicht eine »Reserve«, sondern seien in die kapitalistischen Verhältnisse integriert worden.[10] Selbst nach Frantz Fanons leidenschaftlicher Verteidigung des Lumpenproletariats als »revolutionäre Kraft in den Kolonien«[11] sahen die kommunistischen Parteien der Dritten Welt in den städtischen Randständigen nichts weiter als die »sich plagenden Massen«, die allenfalls das Potenzial besäßen, eine Allianz mit der Arbeiterklasse einzugehen.

Die andauernde Präsenz der »Informellen« (deren Zahl in vielen Entwicklungsländern eindeutig größer ist als die der industriellen Arbeiterklasse), und die Gefahr, die sie angeblich für die politische Stabilität in diesen Ländern darstellen, hat nun zu neuerlichen wissenschaftlichen Analysen geführt. Statt sie deskriptiv als »Informelle« oder abwertend als »Lumpenproletariat« zu bezeichnen, verwenden T. G. McGee und Robin Cohen den Begriff des »Protoproletariats« und Peter Worsley spricht von den »städtischen Armen« – Begriffe, die diesen Gruppen einen gewissen Grad an Handlungsmacht zugestehen.

Eingehendere Untersuchungen zu den gesellschaftlichen Verhältnissen und Politikformen der städtischen Subalternen in der Dritten Welt wurden in den 1960er Jahren von US-amerikanischen Sozialwis-

9 Ebenda, Kapitel 15.

10 Peter Worsley, The Three Worlds (London: Weidenfeld and Nicholson, 1984).

11 Frantz Fanon, Die Verdammten dieser Erde, Suhrkamp, Frankfurt am Main 2001.

senschaftlern durchgeführt. Modernisierung und urbane Migration hatten in den Entwicklungsländern zu einer dramatischen Ausweitung verarmter städtischer Siedlungen geführt, und die wachsende urbane »Unterklasse« wurde als Nährboden für die Ausbreitung radikaler Guerillabewegungen betrachtet, die – mitten im Kalten Krieg – als Gefahr für die politischen Interessen der USA und der lokalen Eliten galten. Für manche politische Beobachter waren die chinesische Revolution 1949, die kubanische Revolution 1958 und die wachsenden Guerillabewegungen in Teilen der Dritten Welt überzeugende Beweise hierfür. Im Gegensatz dazu fungierte Lateinamerika als eine Art Labor für vieldiskutierte Theorien über das soziale und politische Verhalten der urbanen Unterklasse. Untersuchungen von Samuel Huntington, Joan Nelson und anderen spiegelten die Besorgnisse jener Zeit wider.[12] Führende Wissenschaftler richteten ihr Augenmerk auf die »politische Gefahr«, die die Armen für die bestehende Ordnung darstellten. Es waren in erster Linie Sozialwissenschaftler, die sich mit der Frage beschäftigten, ob die migrantischen Armen eine destabilisierende Kraft seien. Joan Nelson argumentierte, es gebe »keinen Beweis dafür, dass die neuen Migranten radikal oder gewaltbereit sind.«[13] Die Auseinandersetzungen mit diesen Fragen ließ die Dynamik des alltäglichen Lebens der Armen außer Acht. Viele betrachteten die Politik der Armen mit den binären Begrifflichkeiten einer Dichotomie von revolutionär/passiv und schränkten so den Blick ein. In dieser Kontroverse waren beide Seiten von einem Essentialismus beeinflusst. Die folgenden Debatten wurden aus vier identifizierbaren Perspektiven geführt: die Modelle der »passiven Armen«, der »Überlebensstrategie«, der »urbanen territorialen Bewegung« und des »alltäglichen Widerstands«.

Die passiven Armen

Während einige, mit dem funktionalistischen Paradigma arbeitende Beobachter die städtischen Armen nach wie vor als im Wesentlichen störend und von anomischen Einstellungen bestimmt betrachteten, sa-

12 Samuel P. Huntington, Political Order in Changing Societies (New Haven, Conn.: Yale University Press, 1968); Joan Nelson, »The Urban Poor: Disruption or Political Integration in Third World Cities«, World Politics 22 (April 1970), S. 393-414; Samuel P. Huntington und J. Nelson, No Easy Choice: Political Participation in Developing Countries (Cambridge: Harvard University Press, 1976).

13 Nelson, »Urban Poor«.

hen andere sie als eine politisch passive Gruppe, die schlicht ums Überleben kämpfte. Oscar Lewis' Theorie einer »Kultur der Armut«, die auf ethnografischen Studien der städtischen Armen in Puerto Rico und Mexiko beruhte, lieferte eine wissenschaftliche Legitimation dieser Vorstellung.[14] Indem er bestimmte kulturelle/psychologische Grundzüge als Bestandteile einer Kultur der Armut herausarbeitete – Fatalismus, Traditionalismus, Wurzellosigkeit, mangelnde Anpassungsfähigkeit, Kriminalität, Ambitionslosigkeit, Hoffnungslosigkeit usw. –, trug Lewis ungewollt zur Verbreitung des Bildes der »passiven Armen« bei. Mit der zugrunde liegenden Betonung darauf, den »marginalen Menschen« als einen kulturellen Typus zu definieren, blieb die »Kultur der Armut« viele Jahre lang die vorherrschende Betrachtungsweise und hatte einen starken Einfluss auf den Diskurs und die Politik der Armutsbekämpfung in den USA und auf die Art und Weise, wie die Eliten in der Dritten Welt die Armen wahrnahmen.

Trotz Lewis' Empathie für die Armen wurde schnell die begriffliche Schwäche der »Kultur der Armut« erkennbar. Lewis essentialisierte schlicht die Kultur der Armen, da sie nur ein kultureller Typus unter vielen war.[15] Seine Verallgemeinerung ignorierte, wie die Armen auf unterschiedliche Weise in unterschiedlichen Kulturen mit Armut umgehen. Kritiker wie Worsley warfen Lewis vor, er sei ein Wissenschaftler der Mittelschicht, der die Armen für ihre Armut und Passivität verantwortlich mache.[16] Interessanterweise hatten die Begriffe, mit denen Lewis arbeitete, einiges mit denen der Stadtsoziologen der Chicago School, wie Stonequist und Robert Park, und sogar mit Theoretikern einer früheren Generation wie Simmel gemein. Janice Perlmans heftige Kritik am Mythos der Marginalität, die sie 1976 äußerte, und Manuel Castells' kritischen Beiträge unterminierten diese Perspektive nicht nur

14 Siehe Oscar Lewis, Five Families: Mexican Case Studies in the Culture of Poverty (New York: Basic Books, 1959); The Children of Sanchez: Autobiography of a Mexican Family (New York: Random House, 1961); La Vida: A Puerto Rican Family in the Culture of Poverty (New York: Random House, 1966).

15 Worsley, Three Worlds, S. 190-94.

16 Siehe Anthony Leeds, »The Concept of the ›Culture of Poverty‹: Conceptual, Logical and Empirical Problems with Perspectives from Brazil and Peru«, in The Culture of Poverty: A Critique, E. B. Leacock (Hrsg.), (New York: Simon and Schuster, 1971); Charles Valentine, Culture and Poverty: Critique and Counter Proposals (Chicago: University of Chicago Press, 1968.

in der akademischen Welt, sondern auch in der staatlichen Verwaltung. Sie zeigten, dass der Mythos der Marginalität ein Werkzeug zur sozialen Kontrolle der Armen war und die marginalisierten Armen ein Produkt der kapitalistischen Gesellschaftsstruktur.[17]

Arme, die ums Überleben kämpfen

Theoretiker, die von der Perspektive einer »Überlebensstrategie« ausgehen, beschäftigen sich nicht mit der Politik der Armen. Sie gehen einen Schritt weiter in der Annahme, dass die Armen, obwohl sie machtlos sind, nicht einfach passiv darauf warten, dass ihr Leben vom Schicksal bestimmt wird, vielmehr sichern sie ihr Überleben auf eigene Weise. Auf Arbeitslosigkeit oder Preiserhöhungen reagieren sie zum Beispiel, indem sie stehlen, betteln, sich prostituieren oder ihr Konsumverhalten verändern. Bei Hungersnöten und Kriegen verlassen sie auch dann ihre Heimat, wenn die Obrigkeit versucht, Auswanderung zu verhindern. Die Armen kämpfen zwar um ihr Überleben, doch geht dieser Kampf auf eigene Kosten oder auf Kosten ihrer Mitmenschen.[18] Das Zurückgreifen auf Mechanismen des Zurechtkommens im realen Leben mag zwar in vielen Kulturen weit verbreitet sein, doch könnte eine Überbetonung dieser Überlebensstrategien – wie Escobar gezeigt hat – dazu beitragen, das Bild der Armen als Opfer ohne jegliche Handlungsmacht zu festigen.[19] Natürlich können arme Menschen auch Widerstand leisten und ihre Lebensbedingungen verbessern, wenn sich die Gelegenheit bietet. Vielerorts schaffen sie sich Möglichkeiten des Vorankommens – sie organisieren sich und beteiligen sich an widerständigen Politikformen. John Friedmanns Begriff der »Ermächtigung« benennt genau diese Selbstorganisation armer Menschen mit dem Ziel des kollektiven Überlebens, wobei die Institution des Haushalts eine zentrale Rolle bei der Sicherung des Lebensunterhalts, dem Prinzip der moralischen Ökonomie (Vertrauen, Gegenseitigkeit, Voluntarismus) und der Nutzung ihrer »gesellschaftlichen Macht« (Freizeit, soziale Kompetenzen,

17 Janice Perlman, Myth of Marginality (Berkeley: University of California Press, 1976); Manuel Castells, The City and the Grassroots (Berkeley: University of California Press, 1983).

18 Mein Verständnis der Auffassung von Überlebensstrategie beruht aus James Scott, »Everyday Form of Peasant Resistance«, Journal of Peasant Studies 13, Nr. 2 (1986).

19 Arturo Escobar, Encountering Development (Princeton, N.J.: Princeton University Press, 1995).

die Herstellung von Netzwerken und Vereinigungen, Produktionsinstrumente) spielt.[20]

Die politischen Armen

Die Kritik an den Modellen der »passiven Armen« und der »Kultur der Armut« bereitete den Weg für die Entwicklung einer Perspektive, in der die städtischen Subalternen als politische AkteurInnen gesehen werden – die Perspektive der »urbanen territorialen Bewegung«. Perlman, Castells und andere lateinamerikanische Theoretiker insistierten darauf, dass die Armen nicht marginal, sondern in die städtische Gesellschaft integriert sind. Sie würden eher »marginal*isiert*« – ökonomisch ausgebeutet, politisch unterdrückt, gesellschaftlich stigmatisiert und kulturell von einem geschlossenen gesellschaftlichen System ausgegrenzt.[21] Die Armen würden sich nicht nur in politischen Parteien betätigen, an Wahlen teilnehmen und wirtschaftliche Aktivitäten im Mainstream entfalten, sondern auch eigene territoriale, soziale Bewegungen bilden. Daher sah man in den Nachbarschaftsvereinigungen, Barrios, Verbraucherorganisationen, Suppenküchen, Unterstützergruppen für Besetzer, kirchlichen Aktivitäten usw. die Manifestation organisierter und territorial verankerter Bewegungen der Armen, mit dem Ziel einer »gesellschaftlichen Transformation« (Castells), einer »Emanzipation« (Schuurman und van Naerssen) oder, mit John Friedmanns Worten, eine Alternative zur Tyrannei der Moderne.[22] In ihren direkten, alltäglichen Aktivitäten kämpfen die Armen um die Teilhabe an den städtischen Dienstleistungen bzw. den »Kollektivkonsum«.

Der territoriale Charakter dieser Bewegungen resultiert aus der Lebensweise der Handelnden – der städtischen Basis. Obgleich diese Basis höchst differenziert ist (in Bezug auf Einkommen, Status, Beschäftigung und Produktionsverhältnissen), leben sie am selben Ort, in einer

20 Siehe John Friedmann, Empowerment: The Politics of Alternative Development (London: Blackwell, 1992); John Friedmann, »Rethinking Poverty: Empowerment and Citizen Rights«, International Social Science Journal 48, Nr. 2 (Juni 1996), S. 161-172.

21 Perlman, Myth of Marginality; Castells, The City and the Grassroots.

22 Castells, City and the Grassroots; Frans Schuurman und Ton van Naerssen (Hrsg.), Urban Social Movements in the Third World (London: Croom Helm, 1989); John Friedmann, »The Dialectic of Reason«, International Journal of Urban and Regional Research 13, Nr. 2 (1989), S. 217-236.

Gemeinde. Ein gemeinsamer Raum und die Bedürfnisse, die mit gemeinsamem Eigentum zu tun haben, bieten diesen Menschen also die Möglichkeit einer »räumlichen Solidarität«.[23] Die Herausstellung von sowohl widerständigen Politikformen als auch nichtkämpferischen Kooperationen unter den städtischen Armen widerlegt auf eindringliche Weise die Argumente der »Kultur der Armut« und der »Überlebensstrategie« und spricht den städtischen Subalternen eine beträchtliche Handlungsmacht zu. Allerdings scheint die Perspektive der »urbanen Bewegung« weitestgehend ein lateinamerikanisches Modell zu sein, das in den sozialpolitischen Verhältnissen dieser Region wurzelt. Es überrascht also nicht, dass dies meist die Perspektive von in Lateinamerika arbeitenden WissenschaftlerInnen war.[24] Örtliche Suppenküchen, Nachbarschaftsvereine, Kirchengruppen oder die gewerkschaftliche Orientierung von StraßenhändlerInnen sind Phänomene, die im Nahen Osten, Asien oder Afrika (mit Ausnahme von Ländern wie Indien und Südafrika) kaum zu finden sind. Im Nahen Osten beispielsweise betrachten die größtenteils autoritären Staaten (seien sie despotisch, populistisch oder diktatorisch) zivile Vereinigungen mit Argwohn. Hinzu kommt die starke Bedeutung von Familien- und Verwandtschaftsbanden, so dass in diesen Ländern primäre Solidaritäten relevanter sind als sekundäre Vereinigungen und soziale Bewegungen. Während es durchaus kollektive Zusammenschlüsse wie Wohltätigkeitsorganisationen und Moscheevereine gibt, führen sie selten zur politischen Mobilisierung breiter Bevölkerungsschichten. Und obwohl Vereine, die auf nachbarschaftlichen Beziehungen, Verwandtschaft oder ethnischer Herkunft beruhen, und traditionelle Kreditsysteme weitverbreitet sind, bleiben soziale Netzwerke, die über Verwandtschaft und ethnische Zugehörigkeit hinausgehen, meist flüchtig, unstrukturiert und paternalistisch (siehe Kapitel 3).

23 Der Begriff stammt aus Bernard Hourcades Text »Conseillisme, classe sociale et space urbain: les squatteurs du sud de Tehran, 1978-1981«, in Urban Crises and Social Movements in the Middle East, Kenneth Brown et al. (Hrsg.), (Paris: Editions L'Harmattan, 1989).

24 Siehe z.B. Matthias Stiefel und Marshall Wolfe, A Voice for the Excluded: Popular Participation in Development (London: Zed Books, 1994). Das Buch, das vom United Nations Research Institute for Social Development in Auftrag gegeben wurde, enthält einen Abschnitt, in dem es um städtische soziale Bewegungen ausschließlich in lateinamerikanischen Ländern geht.

Manche WissenschaftlerInnen sehen in den islamistischen Bewegungen der Region ein nahöstliches Modell städtischer sozialer Bewegungen. Trotz einiger funktionaler Ähnlichkeiten, speist sich die Identität des Islamismus nicht aus seiner besonderen Sorge um die städtischen Enteigneten. Der Islamismus hat generell weitergehende Ziele und Ambitionen. Im Unterschied zur katholischen Kirche, besonders zur Bewegung der Befreiungstheologie, mobilisieren die islamistischen Bewegungen weniger die Armen als die gebildeten Mittelschichten, die als die zentralen Handlungsträger eines politischen Wandels betrachtet werden.[25] Nur unter außergewöhnlichen Umständen (etwa in krisenhaften oder revolutionären Situationen) wird ein gewisser Grad an Mobilisierung und widerständiger Politik ermutigt, wie im revolutionären Iran oder dem krisengeplagten Algerien. Die islamistische Rifah-Partei in der Türkei hat zwar SlumbewohnerInnen mobilisiert, doch in erster Linie nur deswegen, weil das freie Wahlrechtsystem der Türkei es der urbanen Basis gestattete, zu wählen, und sie damit ein Druckmittel für Verhandlungen war, das die Islamisten als legale politische Partei ausnutzen konnten. Eine sehr ähnliche Dynamik zeigt sich bei der Mobilisierung der Armen durch die Hamas im Gazastreifen in Konkurrenz zur Fatah und zur Palästinensischen Autonomiebehörde in der Westbank.

Weiter ist zu berücksichtigen, dass die in Lateinamerika verbreiteten urbanen Bewegungen sehr unterschiedlich sind. Wie Leeds und Leeds gezeigt haben, hat die Basis in Peru aufgrund der Vielzahl konkurrierender Interessensgruppen (Regierung, private Interessen usw.) größere Möglichkeiten zur kollektiven Aktion als in Brasilien, wo extreme Beschränkungen die Armen gezwungen haben, »die Verbesserung ihrer Lage durch die paternalistischen und individuellen Kanäle von Gefälligkeiten und Interessenstausch zu suchen.«[26] In Chile haben sich die Armen in Phasen politischer Öffnung und der Bildung radikaler Gruppierungen breiter organisiert.

25 Asef Bayat, »Islamism and Empire: The Incongruous Nature of Islamist Anti-Imperialism«, in Socialist Register 2008, Colin Leys und Leo Panitch (Hrsg.), (London: Merlin Press, 2008).

26 Anthony Leeds und Elizabeth Leeds, »Accounting for Behavioral Differences: Three Political Systems and the Responses of Squatters in Brazil, Peru, and Chile«, in The City in Comparative Perspective, J. Walton und L. Magotti (Hrsg.), (London: John Wiley, 1976), S. 211.

Die widerständigen Armen

Der Mangel an konventionellen kollektiven Aktionen – vor allem an streitbaren Protesten subalterner Gruppen (der Armen, Bauern und Frauen) in den Entwicklungsländern – sowie die Desillusionierung angesichts der vorherrschenden sozialistischen Parteien ließen viele radikale BeobachterInnen andere Arten des Aktivismus, ungeachtet wie begrenzt, lokal oder gar individualistisch sie waren, »entdecken« und hervorheben. Diese Bemühungen bereicherten die – und profitieren ihrerseits von den – in den 1980er Jahren aufkommenden theoretischen Perspektiven, die mit dem Poststrukturalismus in Zusammenhang standen und Vorstellungen von Mikropolitik und »alltäglichem Widerstand« popularisierten. In dieser Zeit verabschiedete sich James Scott bei seiner Untersuchung des Verhaltens der asiatischen Bauernschaft von einer strukturalistischen Position und wendete sich einer eher ethnografischen Methode zu, die den Fokus auf die individuellen Reaktionen der Bauern legte, womit er entscheidend zu diesem Paradigmenwechsel beitrug.[27] Foucaults »dezentrierter« Begriff der Macht und ein Wiederaufleben der Neo-Gramsci'schen Politik der Kultur (Hegemonie) dienten als wesentliche theoretische Grundlagen für Mikropolitik und folglich der Perspektive des »Widerstands«.

In diesem Zusammenhang ging es bei der Betonung auf »Widerstand« darum, dass Macht und Gegenmacht nicht in einem binären Gegensatz stehen, sondern sich in einem entkoppelten, komplexen, ambivalenten und permanenten »Tanz der Kontrolle« befinden.[28] Diese Idee basierte auf Foucaults Behauptung, »wo es Macht gibt, gibt es auch Widerstand«, obgleich sich dieser Widerstand größtenteils aus den begrenzten, alltäglichen und winzigen Aktivitäten zusammensetzte, die die Akteure angesichts politischer Beschränkungen artikulieren konnten. Diese Auffassung von Widerstand setzte sich nicht nur in den Studien zur Bauernschaft durch, sondern auch in Forschungen zum Arbeitsmarkt, zur Identitätspolitik, zu Ethnizität, in der Frauenforschung und Pädagogik sowie den Untersuchungen zu den städtischen Subalternen. WissenschaftlerInnen aus den unterschiedlichsten Gebie-

27 James Scott, Weapons of the Weak: Everyday Forms of Peasant Resistance (New Haven, Conn.: Yale University Press, 1985).

28 Siehe Steve Pile, »Opposition, Political Identities and Spaces of Resistance«, in Geographies of Resistance, S. Pile und M. Keith (Hrsg.), (London: Routledge, 1997), S. 2.

ten diskutierten darüber, auf welche Weise Erzählungen über Wunder »dem Widerstand der Bevölkerung eine Stimme verleihen«[29]; wie rechtlose Frauen sich dem Patriarchat widersetzen, indem sie Volksmärchen erzählen, Lieder singen oder so tun, als wären sie besessen oder verrückt[30]; oder wie die Wiederbelebung der Großfamilie bei breiten urbanen Bevölkerungsschichten einen »Weg der politischen Teilhabe« darstellt.[31] Die Beziehungen zwischen philippinischen Barfrauen und westlichen Männern wurden nicht nur in Hinblick auf die totale Dominanz, sondern auf komplexe und kontingente Weise diskutiert[32]; und die Verschleierung muslimischer Arbeiterinnen wurde nicht einfach mit Begriffen der Unterwerfung, sondern ambivalent als Protest und Vereinnahmung - als »angepasster Protest« - dargestellt.[33] Gelegentlich wurden sowohl Verschleierung als auch Nichtverschleierung gleichzeitig als Symbol des Widerstands betrachtet.

Diese Versuche, Subjekten, die bis dahin als »passive Arme«, »unterwürfige Frauen«, »unpolitische Bauern« und »unterdrückte ArbeiterInnen« dargestellt worden waren, Handlungsmacht zuzugestehen, markierten zweifellos eine positive Entwicklung. Das Paradigma des Widerstands trug dazu bei, die Komplexität der Machtverhältnisse in der Gesellschaft im Allgemeinen und der Politik der Subalternen im Besonderen zum Vorschein zu bringen. Sie vermitteln uns, dass wir keine universalisierte Form des Kampfes erwarten können; dass totalisierende Bilder oft dazu führen, Variationen in den Vorstellungen von Veränderung verzerrt wahrzunehmen; dass das Lokale als ein wichtiger Schauplatz der Kämpfe und als eine zu analysierende Einheit betrachtet werden sollte; dass organisierte kollektive Aktionen nicht überall möglich sind und daher alternative Formen der Auseinandersetzung entdeckt und anerkannt werden müssen; dass der organisierte Protest

29 Siehe Reeves, »Power, Resistance and the Cult of Muslim Saints in a Northern Egyptian Town«, American Ethnologist 22, Nr. 2 (1995), S. 306-322.

30 Siehe Lila Abu-Lughod, »The Romance of Resistance: Tracing Transformations of Power Through Bedouin Women«, American Ethnologist 17, Nr. 1 (Februar 1990), S. 41-55.

31 Diane Singerman, Avenues of Participation: Family, Politics, and Networks in Urban Quarters of Cairo (Princeton, N.J.: Princeton University Press, 1995).

32 Pile, »Opposition, Political Identities, and Spaces of Resistance«.

33 Siehe Arlene Macleod, Accommodating Protest: Working Women, the New Veiling, and Change in Cairo (New York: Columbia University Press, 1991).

als solcher in Situationen, in denen Unterdrückung herrscht, nicht unbedingt bevorzugt werden sollte. Der Wert eines eher flexiblen, begrenzten und unbürokratischen Aktivismus sollte aus diesen Gründen Beachtung finden.[34] All dies wird häufig von den Kritikern der poststrukturalistischen »Widerstands«-Befürworter ignoriert.[35]

Doch auch dieses Paradigma führt zu einigen begrifflichen und politischen Problemen. Es stellt sich ganz unmittelbar die Frage, wie Widerstand und dessen Verhältnis zu Macht, Herrschaft und Unterwerfung begrifflich zu fassen sind. Für James Scott scheint dies klar zu sein:

> Klassenwiderstand umfasst *jegliche* Handlung(en) von (einem) Mitglied(ern) einer untergeordneten Klasse, die *zum Ziel hat (haben)*, Ansprüche (z. B. Mieten, Steuern, Prestige) der übergeordneten Klassen (z. B. Grundbesitzer, Großbauern, der Staat) abzuschwächen oder abzulehnen, oder eigene Ansprüche gegenüber diesen übergeordneten Klassen geltend zu machen (z. B. auf Arbeit, Land, Wohltätigkeit, Respekt).[36] [Hervorhebungen A. B.]

Der Ausdruck »jegliche Handlung« verhindert es jedoch, die unterschiedlichen Handlungsformen, die Scott aufzählt, qualitativ darzustellen. Sollten wir nicht zwischen breit angelegten kollektiven Aktionen und individuellen Handlungen wie etwa Steuerhinterziehung unterscheiden? Sind das private Vortragen von Gedichten – wie subversiv es auch klingen mag – und die Teilnahme an einem bewaffneten Kampf gleichwertig? Sollten wir nicht unterschiedliche Affektivitäten und Implikationen von diesen unterschiedlichen Handlungen erwarten? Scott war dies sehr wohl bewusst und er stimmte denen zu, die Unterschiede zwischen verschiedenen Formen des Widerstands machten – so weist beispielsweise »wirklicher Widerstand« auf »organisierte, systematische, geplante und selbstlose Praktiken mit revolutionären Folgen« hin,

34 Piven und Cloward wünschten sich, dass die Bewegungen der armen Leute in den USA in dieser Weise agierten. Siehe Frances Fox Piven und Richard Cloward, Aufstand der Armen (Frankfurt/M.: Suhrkamp, 1986)

35 Siehe z. B. Mike Cole und Dave Hill, »Games of Despair and Rhetorics of Resistance: Postmodernism, Education and Reaction«, British Journal of Sociology of Education 16, Nr. 2 (1995), S. 165-82.

36 Scott, Weapons of the Weak, S. 290.

während »symbolischer Widerstand« jene unorganisierten und zufälligen Handlungen meint, die keine revolutionären Konsequenzen haben und in die Machtstruktur eingebettet sind.[37] Allerdings bestand er darauf, dass der »symbolische Widerstand« nicht weniger real ist als der »wirkliche Widerstand«. Doch Scotts Anhänger arbeiteten weitere Unterschiede heraus. Zum Beispiel definierte Nathan Brown in seinen Untersuchungen zur Politik der ägyptischen Kleinbauern drei Formen von Politik: atomistische (die Politik der Individuen und kleinen Gruppen mit unklarem Inhalt), kommunale (die Anstrengung einer Gruppe, das System durch die Verlangsamung der Produktion u. ä. zu stören) und aufständische (knapp vor einer Revolution, um das System zu negieren).[38]

Darüber hinaus tendieren viele »Widerstands«-Theoretiker dazu, das *Bewusstsein* davon, dass man unterdrückt wird, mit widerständigen *Handlungen* zu verwechseln. Die Tatsache, dass arme Frauen Lieder über ihre Not singen und sich bei privaten Zusammenkünften über Männer lustig machen, deutet zwar auf ihr Verständnis von Geschlechterdynamiken hin, bedeutet aber nicht, dass sie dadurch an widerständigen Handlungen teilnehmen. Ebenso wenig stellen die Wundergeschichten der armen Städter, in denen Heilige erscheinen und die Mächtigen bestrafen, solche Handlungen dar. Diesem Konzept von »Widerstand« gelingt es nicht, das extrem komplexe Zusammenspiel zwischen Konflikt und Zustimmung, Ideen und Taten, das innerhalb eines Machtsystems stattfindet, zu fassen. Tatsächlich ist der Zusammenhang zwischen Bewusstsein und Handeln nach wie vor eines der größten soziologischen Dilemmata.[39]

Scott verdeutlicht, dass Widerstand eine intentionale Handlung ist. In der Tradition Max Webers ist für Scott die Bedeutung von Handlung ein entscheidendes Element. Diese Intentionalität, gleichwohl sie relevant ist, lässt viele Typen individueller und kollektiver Praktiken, deren beabsichtigten und unbeabsichtigten Folgen nicht übereinstimmen, außer Acht. In Kairo oder Teheran beispielsweise zapfen viele arme Familien städtische Strom- und Wasserleitungen an, obwohl ihnen die

37 Ebenda, S. 292.

38 Nathan Brown, Peasant Politics in Modern Egypt: The Struggle Against the State (New Haven, Conn.: Yale University Press, 1990).

39 Siehe Anthony Giddens, Soziologie, übersetzt nach der 3. engl. Aufl. (1997) von Hans Georg Zilian, Nauser und Nauser, Graz und Wien 1999.

Illegalität ihres Verhaltens bewusst ist. Doch sie stehlen diese städtische Dienstleistungen nicht, um ihre Missachtung gegenüber den Behörden auszudrücken, sondern weil sie diese Leistungen benötigen, um ein einigermaßen erträgliches Leben zu führen, und weil sie keinen anderen Weg sehen, an diese heranzukommen. Die Fortführung dieser sehr alltäglichen Handlungen führt zu signifikanten Veränderungen der urbanen Struktur, der Sozialpolitik und des Lebens der AkteurInnen. Das macht die Tragweite der unbeabsichtigten Folgen ihrer alltäglichen Aktivitäten aus. Viele Autoren des Widerstandsparadigmas haben sich schlicht von Absicht und Bedeutung verabschiedet und konzentrieren sich stattdessen eklektisch auf sowohl beabsichtigte wie unbeabsichtigte Praktiken als Manifestationen von »Widerstand«.

Es stellt sich zudem die Frage, ob Widerstand bedeutet, bereits erreichte Fortschritte zu *verteidigen* (mit Scotts Worten, Ansprüche von dominanten Gruppen an untergeordnete Gruppen abzulehnen) oder neue Forderungen zu stellen (»eigene Ansprüche *voranzutreiben*«) – etwas, das ich »Vordringen« nenne. In der »Widerstands«-Literatur wird diese Unterscheidung selten gemacht. Obwohl Momente der Überschneidung vorstellbar sind, haben die beiden Strategien unterschiedliche politische Konsequenzen, vor allem dann, wenn wir sie in Bezug auf die Strategien der dominierenden Macht betrachten. Diese Frage war so zentral, dass Lenin seinen gesamten Text *Was tun?* der Diskussion der Implikationen der beiden Strategien widmete, allerdings unter Verwendung der Begriffe »Ökonomismus/Gewerkschaftsarbeit« kontra »sozialdemokratische Politik/Parteipolitik«.

Ungeachtet dessen, was man von einem leninistischen/avantgardistischen Paradigma hält, es war eines, das mit einer bestimmten Staats- und Machttheorie übereinstimmte (ein kapitalistischer Staat, der von einer Massenbewegung, angeführt von der Partei der Arbeiterklasse, übernommen werden muss); darüber hinaus war klar, wohin diese Strategie die Arbeiterklasse führen wollte (zur Errichtung eines sozialistischen Staats). Worin besteht nun die Staatsauffassung im Paradigma des »Widerstands«? Was ist aus dieser Perspektive gesehen das strategische Ziel? Welches Ziel bietet das Widerstandsparadigma seinen AkteurInnen/Subjekten, abgesehen davon, »das Schlimmste zu verhindern und etwas besseres zu versprechen«?[40]

40 Scott, Weapons of the Weak, S. 350.

Viele »Widerstands«-Texte basieren auf einer von Foucault artikulierten Vorstellung von Macht. Sie sei überall und »zirkuliert« und sei »niemals hier oder dort lokalisiert, niemals in den Händen einiger weniger.«[41] Eine solche Formulierung ist sicherlich hilfreich bei der Überwindung des Mythos der Machtlosigkeit ganz normaler Menschen und bei der Anerkennung ihrer Handlungsmacht. Doch diese »dezentrierte« Vorstellung von Macht, die von vielen poststrukturalistischen »Widerstands«-Theoretikern geteilt wird, unterschätzt die Macht des Staats, vor allem seine Klassendimension. Es wird nicht erkannt, dass, obwohl die Macht zirkuliert, sie dies ungleichmäßig tut – an manchen Orten ist sie weitaus gewichtiger, konzentrierter und »dichter«, wenn man so will, als an anderen. Ob es einem gefällt oder nicht, der Staat spielt durchaus eine Rolle, und er muss bei der Diskussion über das Potenzial des Aktivismus der städtischen Subalternen berücksichtigt werden. Obwohl Foucault darauf bestand, dass Widerstand auch dann real ist, wenn er außerhalb der Machtsysteme oder unabhängig von ihnen stattfindet, lässt die Vorstellung von Macht, wie sie in der »Widerstands«-Literatur vorkommt, wenig Raum für die Analyse des Staats als einem Machtsystem. Daher ist es kein Zufall, dass in fast allen Beschreibungen des »Widerstands« eine Staatstheorie und folglich eine Analyse der Möglichkeit der Vereinnahmung fehlen. Die so geliebten widerständigen Handlungen schweben daher ziellos in einem unbekannten, ungewissen und ambivalenten Universum von Machtverhältnissen, was schließlich zu ihrer unbeständigen und spannungsreichen Einbettung in die existierenden Machtverhältnisse führt.

Das Fehlen eines klaren Begriffs von Widerstand führt außerdem häufig dazu, dass Autoren dieses Genres die Aktivitäten der AkteurInnen überschätzen und zu viel in sie hineininterpretieren. So kann beinahe jede Handlung eines Subjekts zu einem Akt des »Widerstands« werden. Fest entschlossen, »unvermeidliche« Akte des Widerstands zu finden, neigen poststrukturalistische Autoren dazu, »das Subjekt zu ersetzen«.[42] Doch bei ihren Versuchen, den Essentialismus der Per-

41 Michel Foucault, Dispositive der Macht. Über Sexualität, Wissen und Wahrheit, Merve Verlag, Berlin 1978.

42 Wie Doug McAdam, Sidney Tarrow und Charles Tilly es formulieren: »Towards an Integrated Perspective on Social Movements and Revolution«, in Comparative Politics: Rationality, Culture, and Structure, M. I. Lichbach und A. Zuckerman (Hrsg.), (Cambridge: Cambridge University Press: 1997), S. 150-51.

spektiven der »passiven Armen«, »unterwürfigen muslimischen Frauen« und »inaktiven Massen« infrage zu stellen, gehen sie leicht in die Falle eines umgekehrten Essentialismus – indem sie zu viel in alltägliche Verhaltensweisen hineinlesen, sie als notwendig bewusste oder widerständige Trotzhandlungen interpretieren. Denn sie übersehen die entscheidende Tatsache, dass diese Praktiken meist innerhalb der bestehenden Machtsysteme stattfinden.

So können einige Aktivitäten der unteren Klassen im Nahen Osten, die manche AutorInnen als »Widerstand«, »intime Politik« der Missachtung oder »Wege der Teilhabe« interpretieren, faktisch zur Stabilität und Legitimität des Staats beitragen.[43] Dass Menschen in der Lage sind, sich selbst zu helfen und ihre Netzwerke zu erweitern, ist sicherlich ein Zeichen ihres täglichen Aktivismus und Kampfes. Doch oft ist es so, dass die AkteurInnen dabei kaum Raum vom Staat (oder anderen Quellen der Macht, wie dem Kapital oder dem Patriarchat) erobern – sie fordern die Herrschaft nicht notwendigerweise heraus. Tatsächlich ermutigen Staaten in vielen Fällen Selbsthilfen und lokale Initiativen, solange diese nicht oppositionell werden. Sie tun dies, um die eigenen Lasten der wohlfahrtsstaatlichen Versorgung und Verantwortlichkeit den einzelnen Bürgern aufzubürden. Die Ausbreitung vieler NGOs im Globalen Süden ist ein gutes Indiz hierfür. Kurz gesagt, in den meisten »Widerstands«-Texten wird das, was man als Strategien des Zurechtkommens betrachten könnte (wenn das Überleben der Handelnden auf eigene Kosten oder auf Kosten ihrer Mitmenschen gesichert wird), mit effektiver Partizipation oder der Subversion von Herrschaft verwechselt.

43 Siehe Diane Singerman, Avenues of Participation (Princeton, N.J.: Princeton University Press, 1985); Homa Hoodfar, From Marriage to the Market (Berkeley: University of California Press, 1986). In ihrer interessanten Untersuchung des politischen Verhaltens von Familien der unteren Klassen in Kairo, zeigt Singerman die spezifischen Weisen, auf die ganz normale Menschen in Ägypten an politischen Prozessen teilnehmen und sogar Einfluss auf die Resultate der nationalen Politik haben. Hierfür zeigt sie, wie arme Familien in Kairo danach streben, ihre familiären Bindungen durch Heirat innerhalb der Gemeinden, in denen sie Unterstützung kultivieren können, zu erweitern. Sie schaffen Netzwerke gegenseitiger Hilfe und Kreditvereinigungen und entwickeln vielfältige Strategien, um die staatlichen Erfordernisse für Subventionierung, Pensionen usw. zu umgehen. Nach Singerman führt dies nicht zu Passivität und Fatalismus, sondern zu einer aktiven Teilhabe am öffentlichen Leben und zu einer Herausforderung des Staats.

Es stellt sich eine letzte Frage. Wenn die Armen immer in der Lage sind, sich auf vielfältige Weise den Herrschaftssystemen zu widersetzen (durch Diskurse oder Aktionen, individuell oder kollektiv, offen oder versteckt), warum soll ihnen dann geholfen werden? Wenn sie bereits politisch fähige BürgerInnen sind, warum sollten wir vom Staat oder anderen Instanzen erwarten, dass sie sie ermächtigen? Die Fehlinterpretation des Verhaltens der Armen könnte unsere moralische Verantwortung für die Schutzlosen zunichte machen. Wie Michael Brown zu Recht bemerkte: wenn man »die kleinen Verletzungen in der Kindheit auf denselben moralischen Status wie das Leiden der wirklich Unterdrückten hebt«, betreibt man »eine bedenkliche Einebnung, die unser Gefühl für Unrecht eher schwächt als schärft«.[44]

Das stille Vordringen des Alltäglichen

In Anbetracht der Unzulänglichkeiten der derzeit vorherrschenden Sichtweisen – d. h. der Essenzialisierung der »passiven Armen«, des Reduktionismus der »Überlebensstrategie«, des auf Lateinamerika beschränkten Modells der »städtischen sozialen Bewegungen« und der begrifflichen Perplexität der »Widerstandsliteratur« – schlage ich vor, die Politik der urbanen Marginalen in den Entwicklungsländern aus einem anderen Blinkwinkel zu betrachten, nämlich im Sinne eines »stillen Vordringens des Alltäglichen«. Ich glaube, dass man mit diesem Begriff einige der genannten Mängel überwinden und den wichtigsten Aspekt der Politik der städtischen Subalternen unter den Bedingungen der Globalisierung besser fassen kann.[45]

Der Begriff des »stillen Vordringens« bezeichnet das leise, hartnäckige, weitverbreitete Vorrücken ganz normaler Menschen auf die Besitzenden, Mächtigen und den öffentlichen Raum mit dem Ziel, zu überleben oder ihr Leben zu verbessern. Es handelt sich um eine leise, größtenteils atomisierte und fortwährende Mobilisierung mit sporadischen kollektiven Aktionen – offenen und kurzen Kämpfen ohne eine

44 Michael Brown, »On Resisting Resistance«, American Anthropologist 98, Nr. 4 (1996), S. 730.

45 Ich habe hierüber an anderer Stelle detaillierter geschrieben (siehe Asef Bayat, Street Politics: Poor People's Movements in Iran [New York: Columbia University Press, 1997]). Hier umreiße ich nur einige wesentliche Punkte.

klare Führung, Ideologie oder strukturierte Organisation. Während das stille Vordringen nicht als eine »soziale Bewegung« als solche betrachtet werden kann, unterscheidet es sich von den Überlebensstrategien oder einem »alltäglichen Widerstand«, denn die Kämpfe und Fortschritte der Handelnden gehen nicht auf Kosten anderer Armer oder auf eigene Kosten (wie im Falle der Überlebensstrategien), sondern auf die des Staats, der Reichen und der Mächtigen. Um ihren Lebensstandard zu erhöhen, zapfen die städtischen Armen nicht den Strom ihrer Nachbarn an, sondern holen ihn sich von den städtischen Strommasten; damit ihre Kinder nicht arbeiten müssen und die Schule besuchen können, gehen sie zu Lasten ihres formalen Jobs einer Nebenbeschäftigung im informellen Sektor nach.

Darüber hinaus werden diese Kämpfe nicht zwangsläufig nur als reine Abwehr im Bereich des *Widerstands* gesehen, sondern als ein kumulatives Vordringen, d. h., dass die AkteurInnen häufig ihren Raum durch die Einnahme neuer Positionen erweitern, um voranzukommen. Dabei etablieren sie neue Normen und Praktiken vor Ort. Dieser Typus eines stillen und schrittweise operierenden Aktivismus an der Basis tendiert dazu, fundamentale staatliche Vorrechte anzufechten, darunter den Stellenwert von Ordnung, die Kontrolle des öffentlichen Raums, der öffentlichen und privaten Güter und die Relevanz von Modernität.

Ich beziehe mich hier auf die lebenslangen Kämpfe flottierender gesellschaftlicher Cluster – MigrantInnen, Flüchtlinge, Arbeitslose, Unterbeschäftigte, BesetzerInnen, StraßenhändlerInnen, Straßenkinder und andere marginalisierte Gruppen, deren Anwachsen durch den Prozess der ökonomischen Globalisierung beschleunigt worden ist. Ich denke dabei an die Millionen von Männern und Frauen, die zu lebenslangen migrantischen Reisen aufbrechen, sich in entfernte und oft fremde Umgebungen verstreuen, um dort Arbeit, Wohnraum und Land zu suchen und einen höheren Lebensstandard zu erreichen. Flüchtlinge und internationale MigrantInnen dringen in die Gastländer vor und eignen sich deren Versorgungsleistungen an, ländliche MigrantInnen ziehen in die Städte, um dort an dem kollektiven Konsum, den diese bieten, teilzuhaben. Menschen besetzen öffentliches oder privates Gelände und leerstehende Wohnungen. Arbeitslose nutzen öffentliche Räume und die schon vorhandene, von Ladenbesitzern geschaffene Infrastruktur, um ihren Lebensunterhalt zu verdienen. So besetzen Millionen ländliche MigrantInnen, städtische Arme und verarmte Mitglieder der Mittelschicht leise staatliches/öffentliches Land in den städtischen Randgebieten oder übernehmen Friedhöfe, Hausdächer und andere Räume in der Stadt, wo sie lebendige, spontane Gemeinschaften bilden und ein informelles Leben führen. Sobald sie sich niedergelassen haben, setzt sich das Vordringen in unterschiedliche Richtungen fort. Ungeachtet der gesetzlichen Bestimmungen werden in den Häusern zusätzliche Räume und Balkone gebaut. Diejenigen, die in staatlichen Sozialbauten offiziell Wohnraum erhalten, gestalten die Räume illegal nach ihren Bedürfnissen um – sie ziehen Zwischenwände ein und schaffen so zusätzlichen Raum.[46] Oft entstehen aus diesen intensiven täglichen Kämpfen und Verhandlungen mit den Behörden und Eliten ganze Gemeinden.[47]

In diesen Gemeinden zwingen die BewohnerInnen die Behörden, die städtischen Versorgungsleistungen auf ihre Viertel auszudehnen, indem sie diese illegal und kostenlos nutzen. Doch sobald die Versorgungseinrichtungen installiert sind, weigern sich viele, dafür zu bezahlen. Etwa 40 Prozent der armen Bevölkerungsgruppen in Hayy el-Sellom, eine informelle Gemeinde im Süden von Beirut, weigerten sich in den späten 1990er Jahren, ihre Stromrechnungen zu bezahlen. Ähnliches findet in den urbanen Räumen Chiles und Südafrikas statt, wo die Armen sich immer wieder geweigert haben, für die städtischen Versorgungsleistungen zu bezahlen, nachdem sie diese – häufig gegen den Willen der Behörden – erlangt hatten. Millionen StraßenverkäuferInnen in den Städten des Globalen Südens besetzen Straßen in den zentralen Geschäftsvierteln und nutzen so die günstigen Geschäftsmöglichkeiten, die die Ladenbesitzer dort geschaffen haben. Viele BewohnerInnen leben von dem Geld, das sie für die Hilfe beim Einparken von Autos in Straßen bekommen, die sie kontrollieren und so organisiert haben, dass möglichst viele Parkplätze entstehen. Schließlich hat die Verletzung des Copyrights auf Labels und Marken durch die StraßenhändlerInnen in vielen Städten der Dritten Welt, wie etwa in Südkorea, unweigerlich zu Protesten seitens multinationaler Unternehmen geführt.[48]

---

46 Siehe Asef Bayat, »Cairo's Poor: Dilemmas of Survival and Solidarity«, in Middle East Report, Nr. 202 (Winter 1996), Sonderausgabe zu »Cairo: Power, Poverty and Urban Survival«. Über inneres Vordringen siehe Farha Ghannam, »Relocation and the Use of Urban Space«, Middle East Report, Nr. 202, (Winter 1996), S. 17-20.

47 Siehe insbesondere Petra Kuppinger, »Giza Spaces«, in Middle East Report, Nr. 202 (Winter 1996), S. 14-16.

48 Siehe Bayat, Street Politics.

In dem Maße, wie Staatsbedienstete und Fachkräfte – zuvor die privilegierten Segmente der berufstätigen Bevölkerung – die Härten der neoliberalen Politik zu spüren bekommen, greifen auch sie auf ihr eigenes Repertoire des stillen Vordringens zurück. Um ihren mageren Monatslohn aufzustocken, geben z. B. LehrerInnen in Ägypten ihren eigenen Schülern und Schülerinnen bezahlten Privatunterricht. Dadurch haben sie einen riesigen Sektor der illegalen Beschäftigung geschaffen, der Anfang 2000 »ca. 12 Milliarden EL (3 Milliarden Dollar) jährlich generierte und mindestens 25 Prozent des jährlichen Einkommens ägyptischer Familien ausmachte.«[49] Auf ähnliche Weise dringen »Straßenanwälte« und »nicht registrierte Anwälte« in diesen legalen Beruf vor. Die Straßenanwälte besitzen keinen Juraabschluss, aber als Angestellte in Anwaltskanzleien haben sie juristische Kenntnisse erworben und teilen diese Erfahrungen mit Absolventen der Rechtswissenschaft (die sich die hohen Kosten einer eigenen Kanzlei nicht leisten können), um konkurrenzfähige Dienste anzubieten.[50]

Die AkteurInnen betreiben diese Aktivitäten nicht im Sinne einer bewussten politischen Handlung, sie sind vielmehr aus der Not geboren – aus der Notwendigkeit, das Überleben zu sichern und das Leben zu verbessern. Ihre oft illegalen Handlungen werden als moralische und sogar »natürliche« Wege, ein Leben in Würde zu führen, mit eben dieser Notwendigkeit gerechtfertigt. Doch diese sehr einfachen und scheinbar banalen Praktiken können leicht in den Bereich einer widerständigen Politik übergehen. Sie engagieren sich in kollektiven Aktionen und betrachten sich und ihre Aktivitäten vor allem dann als politisch, wenn das bisher Erreichte gefährdet wird. Ein wesentliches Merkmal des stillen Vordringens besteht also darin, dass Fortschritte zwar still, individuell und graduell erreicht werden, die Verteidigung dieser Fortschritte aber häufig kollektiv und lautstark stattfindet.

Angetrieben von der Kraft der Notwendigkeit (von den Folgen ökonomischer Restrukturierung, landwirtschaftlicher Misserfolge, von Entbehrungen, Krieg und Vertreibung), beginnen die AkteurInnen ihr Unterfangen eher individuell, ohne viel Lärm und in vielen Fällen um Verwandte und Freunde herum organisiert. Sie versuchen sogar, kol-

49 Bericht des Education Committee of the Majlis al-Sha'b, zitiert nach Al-Wafd, 21. Januar 2002, S. 6.

50 Siehe den Bericht in Egyptian Gazette, 29. Januar 2002, S. 7.

lektive Anstrengungen, großangelegte Unternehmungen und öffentliches Aufsehen zu vermeiden. Zuweilen hindern BesetzerInnen andere daran, sich ihnen an bestimmten Orten anzuschließen; und StraßenhändlerInnen versuchen zu verhindern, dass KollegenInnen sich in derselben Gegend niederlassen. Viele zögern sogar, Informationen über ihre Strategien zur Erlangung öffentlicher Versorgungsleistungen anderen Gruppen, die sich in einer ähnlichen Lage befinden, weiterzugeben. Doch dadurch, dass diese scheinbar disparaten Individuen und Familien ähnliche Wege einschlagen, werden sie allein durch ihre kumulative Zahl schließlich zu einer gesellschaftliche Kraft – und das ist ein weiteres Merkmal des stillen Vordringens.

Es fragt sich, warum diese Menschen individuell, still und direkt agieren, statt kollektiv Forderungen zu stellen? Im Unterschied zu FabrikarbeiterInnen, Studierenden und Fachkräften sind es Gruppen, die sich in Bewegung befinden und in struktureller Hinsicht meist außerhalb der institutionellen Mechanismen, durch die sie ihre Beschwerden vorbringen und Forderungen durchsetzen könnten, operieren. Es fehlt ihnen die organisatorische Kraft des Störens, etwa die Möglichkeit, zu streiken. Sie können zwar an Demonstrationen teilnehmen oder sich an Ausschreitungen in den Straßen beteiligen, bei denen sich eine allgemeine Unzufriedenheit der Bevölkerung äußert; sie tun dies aber nur, wenn diese schon im Gange sind und legitim erscheinen (wie etwa im Iran direkt nach der Revolution, in Ägypten und Tunesien, in Beirut während des Bürgerkriegs oder nach dem Sturz Suhartos 1998 in Indonesien) und wenn sie von externen Anführern organisiert werden. Die Besetzung städtischer Areale kann von linken AktivistInnen angeführt werden und Arbeitslose und StraßenhändlerInnen können dazu ermutigt werden, Gewerkschaften zu gründen (wie im Iran und Ägypten nach den Revolutionen, in Lima oder in Indien), doch sind dies eher ungewöhnliche Phänomene, da Mobilisierungen mit dem Ziel, kollektive Forderungen zu stellen, in den Entwicklungsländern – wo diese Kämpfe häufig stattfinden –, meist politisch unterdrückt werden. Statt zu protestieren oder die Öffentlichkeit zu suchen, handeln diese Gruppen direkt, wenn auch individuell und diskret, um ihre Bedürfnisse zu befriedigen. Kurz: Es handelt sich bei ihnen *nicht* um eine Politik des Protests, sondern um eine Politik des Abhilfe-Schaffens, um den Kampf für unmittelbare Ergebnisse mittels individueller und direkter Aktionen.

Diese Männer und Frauen scheinen zwei Ziele zu verfolgen. Erstens die *Umverteilung gesellschaftlicher Güter* und Chancen in Form der (ungesetzlichen und direkten) Aneignung des Kollektivkonsums (Land, Wohnraum, Wasser, Strom, Straßen), des öffentlichen Raums (Bürgersteige, Kreuzungen, Straßenparkplätze), von Möglichkeiten (günstige Geschäftsbedingungen, Standorte, Labels und Lizenzen) sowie anderer wesentlicher Voraussetzungen für das Überleben und die Erlangung eines akzeptablen Lebensstandards.

Das zweite Ziel ist das *Erreichen von Autonomie*, in kultureller wie politischer Hinsicht, gegenüber Vorschriften, Institutionen und der vom Staat und den modernen Institutionen auferlegten Disziplin. In dem Versuch, ein informelles Leben zu führen, neigen die Marginalisierten dazu, soweit wie möglich außerhalb der Grenzen des Staats und der modernen bürokratischen Institutionen zu agieren und ihre Beziehungen auf Gegenseitigkeit, Vertrauen und Verhandlung aufzubauen statt auf modernen Vorstellungen von individuellem Selbstinteresse, fixen Regeln und Verträgen. Sie arbeiten lieber selbstständig als unter der Disziplin des modernen Arbeitsplatzes; sie schlichten Streitigkeiten unter sich, statt Strafanzeigen zu stellen; sie heiraten mittels informeller Verfahren vor Ort (im muslimischen Nahen Osten geregelt durch die örtlichen Scheichs) ohne staatliche Behörden; sie leihen sich Geld von informellen Kreditvereinigungen statt von modernen Banken. Sie tun all dies nicht, weil sie nicht modern oder antimodern wären, sondern weil sie durch ihre Existenzbedingungen dazu gezwungen werden, auf diese Weise zu leben. Weil die moderne Lebensweise eine kostspielige ist, können es sich viele einfach nicht leisten, modern zu sein. Und weil es die Fähigkeit erfordert, sich den Verhaltens- und Lebensweisen anzupassen (der strikten Disziplin der Zeit, des Orts, der Verträge usw.), die die meisten schutzlosen Menschen sich ebenfalls nicht leisten können. Auch wenn die Entrechteten gerne einen Farbfernseher und sauberes Trinkwasser hätten und in sicheren Wohnverhältnissen leben würden, haben sie es satt, Steuern und Rechnungen zu bezahlen und zu festgelegten Zeiten am Arbeitsplatz zu erscheinen.

Doch bis zu welchem Grad können die städtischen Subalternen unter den Bedingungen der Globalisierung und der zunehmenden Integration autonom leben? Die Armen suchen nämlich nicht nur Autonomie, sie brauchen auch Sicherheit, d. h. die Befreiung von staatlicher Überwachung, denn das informelle Leben unter den Bedingungen der

Moderne ist auch ein unsicheres. So mögen sich beispielsweise StraßenhändlerInnen frei von der Disziplin moderner Arbeitsstätten fühlen, doch leiden sie unter den Schikanen der Polizei, weil sie keine Gewerbeerlaubnis haben. Der Kampf der Armen für die Konsolidierung ihrer Gemeinden, für Schulen, Krankenhäuser und Abwassersysteme würde sie unweigerlich in die herrschenden Machtsysteme (d. h. den Staat und die modernen bürokratischen Institutionen) integrieren – was sie lieber vermeiden möchten. Auf der Suche nach Sicherheit befinden sich die städtischen Armen in einem ständigen Lavieren und Schwanken zwischen Autonomie und Integration. Doch sie versuchen weiterhin, ihre Autonomie in allen zur Verfügung stehenden Räumen innerhalb der sie integrierenden Strukturen und Prozesse zu verwirklichen.

Politisch werden

Wenn das Vordringen zunächst kaum politische Bedeutung hat, wenn illegale Handlungen vielfach moralisch begründet werden, wie können sich diese Forderungen zu einem kollektiven/politischen Kampf entwickeln? Solange die AkteurInnen das alltägliche Vordringen fortsetzen, ohne sich ernsthaft mit einer Behörde konfrontiert zu sehen, ist es sehr wahrscheinlich, dass sie dieses Vordringen als ganz normale und alltägliche Handlungen beurteilen. Doch sobald das Erreichte in Gefahr gerät, werden ihnen ihre Handlungen und der Wert des Erreichten bewusst und dann beginnen sie oft, dieses kollektiv und lautstark zu verteidigen. Als Beispiele können die Mobilisierungen der illegalen SiedlerInnen 1976 in Teheran, der StraßenhändlerInnen in den 1980er Jahren und die Straßenkämpfe der BesetzerInnen in mehreren Städten in den frühen 1990er Jahren genannt werden. Ähnliche sporadische, aber lautstarke Proteste fanden in den Kairoer Stadtvierteln Menshiyat, Ezbat Hajjanah und anderswo im Laufe der 2000er Jahre statt. Oder aber die AkteurInnen machen Fortschritte durch stille Zuwiderhandlungen ohne sich notwendigerweise kollektiv zu widersetzen. Statt sich kollektiv für ihr Gewerbe einzusetzen, ziehen sich die mobilen StraßenhändlerInnen in Kairo oder Istanbul einfach in Seitenstraßen zurück, wenn die städtische Polizei auftaucht, und gehen ihrer Arbeit sofort nach, sobald diese wieder verschwunden ist. Auf jeden Fall geht es bei den Kämpfen der AkteurInnen gegen die Behörden *nicht* um weitergehende Forderungen, sondern in erster Linie um die Verteidigung und Festigung des bereits Erreichten. Diese Kämpfe haben unweigerlich mit der Staatsmacht zu tun.

Was die Position des Staats gegenüber dieser Form des Aktivismus bestimmt, ist einerseits, inwieweit er zur Überwachung fähig ist, und andererseits, wie er sich zu den zwei Seiten des stillen Vordringens (das Vorrücken auf Besitz, Macht und Privilegien und gleichzeitig Aktivitäten der Selbsthilfe) verhält. Staaten in der Dritten Welt scheinen dieses stille Vordringen eher zu tolerieren als die industrialisierten Länder wie z. B. die USA, wo ähnliche Aktivitäten stattfinden, wenn auch in weitaus geringerem Maße. Die Industriestaaten sind wesentlich besser ausgestattet mit ideologischen, technologischen und institutionellen Apparaten, um ihre Bevölkerungen zu überwachen. Unter der Herrschaft der schwachen und »weichen« Staaten des Südens verfügen die Menschen also über mehr Raum für Autonomie als in den fortschrittlichen industrialisierten Ländern, in denen Steuerflucht, die Verletzung des Privateigentums und das Vorrücken in staatliche Bereiche als ernste Vergehen gelten.

Auf der anderen Seite ist das stille Vordringen, selbst wenn es gegen öffentliches Recht, Eigentum und die Macht verstößt, den Regierungen in der Dritten Welt in vielerlei Hinsicht von Nutzen, denn es ist ein Mechanismus, mit dem die Armen sich selbst helfen. Es überrascht also nicht, dass diese Regierungen widersprüchlich auf solche Aktivitäten reagieren. Die »weichen« und angreifbaren Staaten tendieren besonders in Krisenzeiten dazu, das Vordringen in der Praxis zu erlauben, solange es als begrenzt wahrgenommen wird. Die vordringenden Menschen versuchen ihrerseits, bestimmte Grenzen nicht zu überschreiten und als tolerierbar zu gelten, auch wenn sie sich in Wirklichkeit so stark ausbreiten, dass ein wirkungsvolles Vorgehen gegen sie von schrecklichem Ausmaß sein müsste. Sie tun dies, indem sie sich taktisch zurückziehen, von der Bildfläche verschwinden, Beamte bestechen oder sich auf bestimmte und weniger strategische Orte konzentrieren (z. B. Besetzungen in entlegenen Gegenden oder Straßenhandel an weniger prominenten Standorten).

Doch sobald ihre reale Ausbreitung und ihr Einfluss offen zu Tage tritt, sobald das kumulative Anwachsen der Zahl der AkteurInnen und ihrer Tätigkeiten einen tolerierbaren Punkt überschreitet, ist mit einem harten Durchgreifen des Staats zu rechnen. In den meisten Fällen bewirkt dieses Durchgreifen jedoch wenig, da es gewöhnlich zu einem Zeitpunkt erfolgt, an dem die Menschen sich bereits so weit ausgebreitet haben und so sichtbar geworden sind, dass es kein Zurück gibt. Die behördliche Bezeichnung dieser Prozesse als »krebsartig« trifft in der Tat die Dynamik solcher Nicht-Bewegungen.

Die Ursachen der Konflikte zwischen den AkteurInnen und dem Staat sind nicht schwer auszumachen. Erstens belastet die oft »informelle« und kostenlose Verteilung öffentlicher Güter die Ressourcen, die unter staatlicher Kontrolle sind. Darüber hinaus büßen die Wohlhabenden – Grundeigentümer, Händler und Geschäftsleute – Grundstücke, Marken und Geschäftschancen ein. Die Allianz zwischen dem Staat und den besitzenden Gruppen verleiht dem Konflikt eine Klassendimension. Auf der anderen Seite verursacht der Drang der AkteurInnen nach Autonomie im Alltag einen ernst zu nehmenden Riss in der Herrschaftsstruktur des modernen Staats. Ein autonomes Leben macht den modernen Staat, besonders den populistischen, irrelevant. Mehr noch, die Autonomie und das Informelle (der Handelnden, der Aktivitäten und der Räume) entwenden dem Staat das zur Überwachung notwendige Wissen. Unregulierte Jobs, unregistrierte Menschen, namenlose Straßen und Gassen und polizeifreie Viertel bedeuten, dass sie nicht staatlich zu erfassen sind. Um sie zu kontrollieren, müsste der Staat sie transparent machen, und so können Programme zur Aufwertung von BesetzerInnen auch als Strategie gesehen werden, das Unbekannte bekannt und somit kontrollierbar zu machen. Der Konflikt zwischen den vordringenden Menschen und dem Staat ist daher vorprogrammiert.

Nirgends ist dieser Konflikt so eindeutig zu erkennen wie in den »Straßen«, dem öffentlichen Raum schlechthin. Denn die »Straße« ist der einzige Ort, an dem auch solche Menschen, denen generell ein institutioneller Rahmen für die Äußerung ihrer Unzufriedenheit fehlt, sich kollektiv ausdrücken können: BesetzerInnen, Arbeitslose, Menschen, die ihren Lebensunterhalt auf der Straße verdienen, Straßenkinder, Mitglieder der Unterwelt und Hausfrauen. Während FabrikarbeiterInnen oder Studierende streiken können, um zu stören und Unruhe hervorzurufen, bleibt den Arbeitslosen und StraßenhändlerInnen nichts anderes übrig, als ihre Beschwerden im öffentlichen Raum vorzubringen. Für viele dieser Entrechteten ist die Straße tatsächlich der wesentliche, möglicherweise sogar der einzige Ort, an dem sie ihren Alltag leben können – sich versammeln, Freundschaften schließen, den Lebensunterhalt verdienen, die Freizeit verbringen und ihre Unzufriedenheit ausdrücken. Die Straßen sind aber auch die öffentlichen Räume, in denen der Staat am offensichtlichsten seine Präsenz zeigt – durch Polizeikontrollen, Verkehrsvorschriften und räumliche Trennungen, kurz: durch die Aufrechterhaltung der öffentlichen Ordnung.

Die Dynamik der Machtverhältnisse zwischen den vordringenden Menschen und den Behörden ist das, was ich »Straßenpolitik« genannt habe. Damit meine ich die Konflikte (und die damit verbundenen Folgen) zwischen der kollektiven Bevölkerung und den Behörden, die geprägt sind vom physischen und sozialen Raum der »Straße« – von den Seitengassen bis zu den Bürgersteigen, öffentlichen Parks und Sportstätten –, und die sich dort sporadisch äußern. Straßenpolitik beschreibt die Artikulation der Unzufriedenheit von Menschen, die gewöhnlich außerhalb der modernen Institutionen tätig sind (z. B. Arbeitslose, GelegenheitsarbeiterInnen, Hausfrauen), oder von Gruppen, die vielleicht in einem institutionellen Rahmen agieren können (z. B. FabrikarbeiterInnen oder Studierende), aber Unterstützung und Solidarität jenseits der Begrenzungen ihrer Institutionen in der breiten Öffentlichkeit suchen.[51]

Zwei zentrale Faktoren machen die Straße zu einem Schauplatz der Politik. Der erste besteht darin, dass der Gebrauch des öffentlichen Raums zwischen den AkteurInnen und den Behörden umstritten ist. Was die Straße in dieser Hinsicht zu einem politischen Ort macht, ist der aktive oder partizipative (im Gegensatz zum passiven) Gebrauch des öffentlichen Raums. Diese Orte (Bürgersteige, öffentliche Parks, Straßenkreuzungen usw.) werden deswegen politisch, weil sie zunehmend in den Bereich der staatlichen Macht fallen, die ihren Gebrauch regelt und sie so »ordnen« will. Sie erwartet, dass diese Räume passiv benutzt werden, während der aktive Gebrauch eine Herausforderung an die Autorität des Staats und an jene Gruppen, die von einer solchen Ordnung profitieren, darstellt.

Der zweite Faktor ist das, was ich die »passiven Netzwerke« genannt habe, wo Menschen öffentliche Räume nutzen und in ihnen agieren. Mit »passivem Netzwerk« meine ich die unmittelbare Kommunikation zwischen atomisierten Individuen, die durch das stillschweigende Erkennen einer gemeinsamen Identität hergestellt wird und sich im

51 Für Details zu Straßenpolitik siehe Bayat, Street Politics, Kapitel 1.

realen und virtuellen Raum verbreitet. Bei Festen mit überwiegend männlichen Gästen nehmen die anwesenden Frauen sich sofort gegenseitig wahr; Straßenverkäufer, die sich nicht kennen oder miteinander reden, wissen sehr wohl um die Beschäftigung des anderen. Droht den Frauen auf diesem Fest oder den VerkäuferInnen auf der Straße Gefahr, schließen sie sich sofort und ohne dies im Voraus geplant zu haben zusammen. Der Begriff »passives Netzwerk« kann dazu dienen, sich eine Mobilisierung atomisierter Individuen, wie etwa die still vordringenden Menschen, denen Organisationen und Netzwerke weitestgehend verwehrt sind, vorzustellen.

Der Begriff impliziert, dass Individuen ohne aktive oder bewusst hergestellte Netzwerke zu kollektivem Handeln mobilisiert werden können, und die Straße als öffentlicher Raum besitzt diese immanente Qualität, Menschen mittels passiver Netzwerke zu mobilisieren. Sobald die individuellen AkteurInnen, die vordringenden Menschen, einer Gefahr ausgesetzt sind, verwandelt sich ihr passives Netzwerk schnell in aktive Kommunikation und Kooperation. Die Gefahr einer Räumung oder einer Polizeirazzia kann BesetzerInnen oder StraßenhändlerInnen, die sich zuvor nicht kannten, sofort zusammenbringen. Natürlich vollzieht sich der Übergang von einem passiven Netzwerk zu kollektivem Widerstand nie automatisch. Die AkteurInnen können zu dem Schluss kommen, ein taktischer Rückzug wäre besser, als eine Konfrontation zu wagen – eine Tendenz, die gegenwärtig in den Straßen Kairos weitverbreitet ist, im Gegensatz zum revolutionären Iran, wo es häufig zu spontanem kollektiven Widerstand kam.[52]

Ich habe zu Beginn die These vertreten, eine wesentliche Folge der neuen globalen Restrukturierung bestehe in einem Prozess der Integration einerseits und einem Prozess gesellschaftlichen Ausgrenzung und Informalisierung andererseits. Beide Prozesse erzeugen Unzufriedenheit in weiten Teilen der städtischen Bevölkerungen des Globalen Südens. Erstens fällt es vielen Menschen der städtischen Basis schwer, sich in ihrer Arbeit und ihrem Leben den modernisierenden ökonomischen und kulturellen Systemen und staatlichen Organisationen anzupassen, die durch Marktdisziplin, Verträge, Tauschwert, Beschleunigung und Bürokratie geprägt sind. Sie versuchen, diesen sozialen und wirtschaftlichen Arrangements zu entkommen, um in alternativen, ihnen

52 Ebd.

vertrauteren, informellen Institutionen und Verhältnissen zu agieren. Zweitens führt die Globalisierung durch Strukturanpassungsprogramme zur Informalisierung, wodurch viele Menschen arbeitslos werden oder gezwungen sind, Zuflucht in den informellen Bereichen der Produktion, des Handels, des Wohnens und des Verkehrs zu suchen. Transnationale Straßenverkäufer (die beispielsweise zwischen den neuen zentralasiatischen Staaten und Istanbul oder zwischen Jamaika und Miami pendeln) sind die neuste Erscheinung dieses Zeitalters. Kurz: Die globale Restrukturierung intensiviert die Herausbildung von Subjektivitäten, sozialen Räumen und Territorien politischer Auseinandersetzungen, die in zunehmendem Maße die Städte in den Entwicklungsländern prägen.

Obwohl die vorherrschenden Perspektiven (Überlebensstrategie, städtische soziale Bewegungen und alltäglicher Widerstand) brauchbare Ansätze zur Untersuchung des Aktivismus der urbanen Subalternen liefern, haben sie doch, wie dargelegt, entscheidende Nachteile. Die Perspektive des »stillen Vordringens« könnte meiner Meinung nach zur Lösung jener begrifflichen Probleme beitragen. Aus dieser Sicht kämpfen die Armen nicht nur ums Überleben, sie versuchen vielmehr in einem lebenslangen Prozess ihr Dasein durch ein oft individualistisches, stilles Vordringen auf öffentliche Güter und die Macht und den Besitz der Eliten zu verbessern. In diesem Prozess versuchen sie nicht, die Auswirkungen der Globalisierung auf direkte Weise abzuwehren. Auf ihrer Suche nach Sicherheit befinden sie sich stattdessen in einem ständigen Verhandlungsprozess mit den Maßgaben der Globalisierung, um Autonomie in den Bereichen, die bislang nicht davon betroffen sind, aufrechtzuerhalten oder zu erlangen. Gleichzeitig führen die unbeabsichtigten Auswirkungen ihres alltäglichen Vordringens und ihrer Aushandlungen zu wesentlichen sozialen Veränderungen der urbanen Strukturen und Verfahren, der Demografie und der öffentlichen Politik. Wir haben bereits gesehen, welche zentrale Rolle diese Strategie im Leben der städtischen Basisbevölkerung spielt. Es fragt sich jetzt, wie weit die AkteurInnen mit diesem stillen Vordringen tatsächlich gelangen können.

Angesichts ihrer existenziellen Beschränkungen (mangelhafte Fertigkeiten und Ausbildung, geringes Einkommen und fehlende Verbindungen und Organisationen) ist das stille Vordringen für marginalisierte Gruppen eine gangbare Befähigungsstrategie zur Sicherung ihres

Überlebens und zur Verbesserung ihrer Lebenschancen. Allerdings kann diese Nicht-Bewegung keine weiterreichenden politischen Veränderungen herbeiführen – und das ist auch nicht ihr Ziel. Größere landesweite Bewegungen sind in der Lage, solche Umwälzungen herbeizuführen.

Doch in Hinblick auf globale oder nationale Mobilisierungen sind die lokal begrenzten Kämpfe für die AkteurInnen sowohl *bedeutend* als auch *handhabbar* – bedeutend, da ihnen der Zweck ihrer Handlungen sinnvoll erscheint und sie eine Vorstellung von den Folgen haben; handhabbar, weil nicht irgendeine entfernte nationale Führungspersönlichkeit, sondern *sie* die Agenda bestimmen, die Ziele festlegen und die Resultate kontrollieren können. Deswegen legen die Armen mehr Wert auf das Lokale als auf das Globale oder Nationale.

Obwohl die Entrechteten, oftmals nach langwierigen Kämpfen, relativ erfolgreich ihre Lebenschancen verbessern können, kontrollieren sie immer noch nicht die maßgeblichen gesellschaftlichen Räume. Die Armen können Land besetzen, um Behausungen zu bauen, illegal Wasser- oder Stromleitungen von der Hauptstraße oder bei Nachbarn anzapfen, sich ein Einkommen sichern, indem sie Waren an der Straßenecke verkaufen, die städtische Polizei hin und wieder bestechen oder ihr ausweichen. Dies alles sind Aspekte des Rechts auf Stadt und der Defacto-Bürgerschaft armer Menschen. Es fragt sich aber, wie kommen sie an Schulen, Gesundheitsversorgung, öffentliche Parks, gepflasterte Straßen und Sicherheit – gesellschaftliche Güter, die in größere Strukturen und Prozesse eingebunden sind, in Nationalstaaten und die globale Ökonomie? Die größtenteils atomistischen und lokalen Strategien der Entrechteten dienen – trotz ihrer Vorteile – also kaum dem Streben nach sozialer Gerechtigkeit in einem breiteren, nationalen Sinne. Die städtische Basisbevölkerung dürfte kaum zu einem einflussreichen Akteur in einem erweiterten Kontext werden, wenn sie sich nicht kollektiv mobilisiert und ihre Kämpfe mit breiteren sozialen Bewegungen und zivilgesellschaftlichen Organisationen verbindet.[53] Solange dies nicht stattfindet und zu nachweisbaren Ergebnissen führt, bleibt das stille Vordringen die gangbarste Befähigungsstrategie, mittels derer die städ-

53 Für ein Beispiel einer breiteren Allianz in Peru siehe Pedro Arévalo, »Huaycan Self-Managing Urban Community: May Hope Be Realized«, in Environment and Urbanization 9, Nr. 1 (April 1997), S. 59-80.

tischen Entrechteten ihr eigenes Leben verändern und einen Wandel in der Sozialpolitik, der städtischen Governance, dem öffentlichen Raum und der öffentlichen Ordnung bewirken können.

Überarbeitete Fassung von: Asef Bayat, »From ›Dangerous Classes‹ to ›Quiet Rebels‹: Politics of the Urban Subaltern in the Global South«, *International Sociology* 15, Nr. 3 (2000), S. 533-557.

3

DIE ARMEN UND DAS FORTWÄHRENDE STREBEN NACH BESSEREN LEBENSCHANCEN

Wie schaffen es die Armen im Nahen Osten in den heutigen neoliberalen Zeiten ihr Überleben zu sichern, und was bedeutet ihr Überlebenskampf für die städtische Politik in der Region? Vor dem Beginn der politisch-ökonomischen Umstrukturierung in den späten 1980er Jahren herrschten in den meisten nahöstlichen Staaten entweder nationalistisch-populistische Regime (wie in Ägypten, Syrien, dem Irak, Libyen, Sudan und der Türkei) oder es waren westlich orientierte Rentierstaaten (der Iran, die arabischen Golfstaaten). Durch Öl oder Rimessen finanziert setzten diese größtenteils autoritären Länder staatliche Entwicklungsprogramme um und erzielten dabei erstaunliche Wachstumsraten (durchschnittlich 21 Prozent jährlich).[1]

Das Öleinkommen erlaubte es den Rentierstaaten, viele ihrer BürgerInnen mit sozialen Leistungen zu versorgen, und die ideologisch ausgerichteten populistischen Staaten sorgten in erheblichem Umfang für Bildung, Gesundheit, Arbeitsplätze, Wohnraum u. ä.[2]

Für diese postkolonialen Regime war die Sozialfürsorge wichtig, um sich die Unterstützung der Bauernschaft, der ArbeiterInnen und der Mittelschichten in einer Zeit zu sichern, in der diese Staaten sowohl gegen die Kolonialmächte als auch gegen die alten, einheimischen herrschenden Klassen kämpften. Somit agierte der Staat als treibende Kraft

1 Das durchschnittliche Bruttoinlandsprodukt ausgewählter Staaten des Nahen Ostens war zwischen 1970 und 1979 wie folgt: Ägypten 7,6 Prozent; Iran 22,2 Prozent; Saudi Arabien 37,2 Prozent; Türkei 15,1 Prozent; Kuwait 22.6 Prozent; Syrien 15,4 Prozent; Irak 28,8 Prozent; Jordanien 19,6 Prozent (»World Tables 1991«, IMF International Financial Statistics Yearbook, 1994, 1996 [Washington, D.C.: IMF Publications, 1996]).

2 Siehe Hazem Beblawi, »Rentier State in the Arab World« in The Arab State, hrsg. von G. Luciani (London: Routledge, 1990).

der ökonomischen und gesellschaftlichen Entwicklung im Interesse der Bevölkerung.

Die autoritäre Natur dieser Staaten behinderte eine sinnvolle politische Partizipation und die Entwicklung zivilgesellschaftlicher Organisationen. Die etatistische Ideologie und patrimonialen Tendenzen dieser Regime machten den Staat zum wesentlichen, wenn nicht einzigen Garanten für die Lebensgrundlage vieler BürgerInnen im Tausch gegen ihre Loyalität. In etatistischen Modellen kontrolliert der Staat die meisten wirtschaftlichen, politischen und gesellschaftlichen Bereiche und lässt wenig Freiraum für eine eigenständige gesellschaftliche Entwicklung und das Entstehen von Interessengruppen, die autonom handeln und miteinander konkurrieren können. Im Nahen Osten hat diese Ideologie häufig zur Demobilisierung – oder bestenfalls zu einer kontrollierten Mobilisierung – bestimmter Bevölkerungsteile geführt, wie beispielsweise durch die korporatistischen Gewerkschaften unter Gamal Abdel Nasser und gegenwärtig in Syrien, durch die staatlichen Syndikate unter dem Schah im Iran, die islamischen Vereinigungen unter Ayatollah Khomeini und die Volksräte in Libyen.[3]

Die in den frühen 1990er Jahren einsetzende »Liberalisierung« und Vermarktlichung durch die vom Internationalen Währungsfonds gesponserten Economic Reform and Structural Adjustment Programme (ERSA) lösten weitreichende sozioökonomische Veränderungen aus. Die Ökonomie der freien Märkte hat zur umfangreichen Verfügbarkeit von Konsumgütern geführt und die oberen sozioökonomischen Gesellschaftsschichten bereichert, dabei aber zunehmende Einkommensunterschiede und problematische Veränderungen auf dem Arbeitsmarkt verursacht. Die Zahl der informellen und marginalisierten Gruppen wie beispielsweise der Arbeitslosen, GelegenheitsarbeiterInnen und der Menschen, die ihren Lebensunterhalt auf der Straße verdienen, ist gestiegen. Viele Bediensteten im öffentlichen Sektor und LandarbeiterInnen, aber auch gut ausgebildete, einst bessergestellte Mitglieder der Mittelschichten (Staatsangestellte und Studierende) sind auf dem Arbeits- und Wohnungsmarkt in die Reihen der städtischen Armen gedrängt worden.

3 Für eine Typologie der Staaten im Nahen Osten siehe: Alan Richards and John Waterbury, A Political Economy of the Middle East (Boulder, Colo.: Westview Press, 1990).

Währenddessen haben sich die Staaten allmählich aus ihrer sozialen Verantwortung zurückgezogen, die ihre frühere populistische Politik kennzeichnete. Viele soziale Leistungen sind gestrichen worden, und die einkommensschwachen Gruppen müssen sich nun selbst um ihr Überleben sorgen. In Ägypten beispielsweise sind die Subventionen für bestimmte Grundnahrungsmittel wie Reis, Zucker und Speiseöl aufgehoben und die für Treibstoff, Strom und öffentliche Verkehrsmittel gekürzt worden. Die Mietpreisbindung steht zur Disposition, ein neues Bodenrecht hat dazu geführt, dass Pachtbauern keine Kontrolle mehr über das Land haben, und die Reformen des öffentlichen Sektors sowie die Privatisierung schreiten voran, was alles mit beträchtlichen sozialen Kosten verbunden ist. Bereits 1993 warnte ein Bericht der United States Agency for International Development vor den »sich verschlechternden sozialen Zuständen in Ägypten«.[4] Obwohl sich bestimmte soziale Indikatoren wie Lebenserwartung und Kindersterblichkeit verbessert haben, kam es Berichten zufolge im Verlauf der 1990er Jahren zu einem Anstieg der Arbeitslosigkeit, Armut und einer Vergrößerung der Einkommensunterschiede.[5] Ähnliche Veränderungen fanden als Folge verschiedener Ereignisse (u. a. der zweite Golfkrieg) in Jordanien statt, die die Krise dort verschärft haben.[6] Im Iran schwankt die Regierung seit 1990 zwischen Etatismus und einer marktwirtschaftlichen Politik. Im Vergleich zu anderen Ländern der Region war die Entwicklung im Iran in Richtung einer ökonomischen Liberalisierung schleppend gewesen, teils wegen des Widerstands der Arbeiterschaft, teils wegen der Kämpfe zwischen den verschiedenen politischen Fraktionen. Obwohl die syrische Wirtschaft weitestgehend unter staatlicher Kontrolle geblieben ist, konnte sich der private Sektor und ein nepotistischer Kapitalismus

4 USAID/Cairo/EAS, Report on Economic Conditions in Egypt, 1991-1992 (Cairo: USAID, 1993), S. 2.

5 Siehe John Westley, »Change in Egyptian Economy, 1977-1997« und Galal Amin, »Major Determinants of Economic Development in Egypt: 1977-1997«, beide in Cairo Papers in Social Science 21 (1998), S. 18-49. Siehe auch Ragui Assaad und Malak Rouchdy, Poverty and Poverty Alleviation Strategies in Egypt (Cairo: Ford Foundation, 1998). Für eine jüngere Einschätzung des Entwicklungsprozesses in Ägypten siehe Richard Adams, »Evaluating the Process of Development in Egypt, 1980-97« International Journal of Middle East Studies 32 (2000), S. 255-75.

6 Siehe Roula Majdalani, »Bridging the Gap between the Development Agendas and the Needs of the Grassroots: The Experience of Jordanian NGOs«, unveröffentlichtes Manuskript, Beirut, 1999.

stark ausdehnen.[7] Parallel zu diesen politisch-ökonomischen Entwicklungen findet eine Globalisierung der Ideen der Menschenrechte und der politischen Teilhabe statt, was dazu geführt hat, dass wirtschaftliche Rechte und Bürgerbeteiligung auf die politische Tagesordnung gesetzt worden sind und folglich dazu beigetragen haben, neue Räume gesellschaftlicher Mobilisierung zu eröffnen. Die Unfähigkeit der populistischen Staaten die von ihnen selbst mit hervorgebrachten neuen gesellschaftlichen Kräfte (wie die unteren Mittelschichten und Mittelschichten) zu integrieren oder zu unterdrücken, hat zu einer Zunahme zivilgesellschaftlicher Institutionen geführt. Wenn es den Staaten nicht gelingt, die Bedürfnisse dieser Klassen zu befriedigen, verlassen sie sich auf zivile Vereinigungen (und ermutigen deren Gründung), um dies zu bewerkstelligen.[8] Untersuchungen über die Zivilgesellschaft im Nahen Osten zeigen, dass trotz der autoritären Natur vieler dieser Staaten MenschenrechtsaktivistInnen, KünstlerInnen, SchriftstellerInnen und religiöse Persönlichkeiten Druck auf diese Regierungen ausgeübt haben, um sie zu einer verantwortlichen und offenen Haltung zu bewegen.[9]

Aus diesen allgemeinen wirtschaftlichen und sozialen Veränderungen – besonders der sich verschlechternden sozialen Lage der Armen auf der einen Seite und der Erweiterung der öffentlichen Sphäre und Zunahme ziviler Institutionen auf der anderen – ergeben sich einige entscheidende Fragen. Wie reagieren die einfachen Menschen im Nahen Osten auf die Veränderungen ihrer sozialen und wirtschaftlichen Realitäten? Und wenn sie sich tatsächlich ihrer veränderten Situation stellen, nach welcher Logik verschieben sich die Forderungen, die Orte des Protests und die Muster der Kämpfe in der Region? Inwieweit ist der »Druck von unten« notwendig, um einen tatsächlichen politischen Wandel und institutionelle Reformen durchzusetzen und eine gesellschaftliche Entwicklung einzuleiten, die die Lebensgrundlage und die Rechte der Menschen verteidigt? In diesem Kapitel stelle ich diese Fragen, um zu untersuchen, wie die städtischen Enteigneten ihre Lebensgrundlage zu

7 Siehe Raymond Hinnebusch, »Democratization in the Middle East: The Evidence from the Syrian Case« in Political and Economic Liberalization, Gred Honneman (Hrsg.), (Boulder, Colo.: Lynne Rienner, 1996).

8 Saad Eddin Ibrahim, »The Troubled Triangle: Populism, Islam, and Civil Society in the Arab World«, International Political Science Review 19 (1998), S. 373-85.

9 Siehe Augustus R. Norton (Hrsg.), Civil Society in the Middle East (Leiden, N.Y.: E. J. Brill, 1995).

verteidigen und ihr Recht auf die Stadt durchzusetzen suchen. Während es in der Vergangenheit den Massenprotesten und der Gewerkschaftsbewegung in der Stadt nicht gelungen ist, die Lebensbedingungen vieler Menschen zu verbessern, ist der Aktivismus in den Stadtteilen schwach geblieben, und auch der soziale Islam und die NGOs greifen die Probleme nur vereinzelt auf. In den Gesellschaften des Nahen Ostens scheint daher das *stille Vordringen* die einzig mögliche Strategie zu sein, mit der die städtischen Armen etwas Macht über ihr eigenes Leben und Einfluss auf die Politik des Staats gewinnen können.

Städtische Massenproteste

Die städtischen Unruhen in den 1980er Jahren ließen schon früh den Unmut über einige Aspekte der neoliberalen Politik im Nahen Osten erkennen, als verschiedene Länder sich darum bemühten, ihre Haushaltsdefizite durch eine Sparpolitik zu verringern, z. B. durch Kürzungen der Subventionierung von Konsumgütern. Diese Kürzungen verletzten den Gesellschaftsvertrag zwischen den Staaten und den Massen und führten zu Empörung und Unzufriedenheit. Auch wenn es schwierig ist, das genaue Profil der Beteiligten zu bestimmen, so gehörten die städtischen Mittelschichten und unteren Mittelschichten zu den Hauptakteuren. Im August 1983 kürzte die marokkanische Regierung die Subventionen für Konsumgüter um 20 Prozent. Obwohl die Gehälter im öffentlichen Sektor entsprechend angehoben wurden, kam es in Nordmarokko und anderen Regionen des Landes zu Ausschreitungen. Ähnliche Unruhen mit 89 Toten fanden 1984 in Tunis statt und 1982 und 1985 in Khartum (mit einer unbekannten Zahl von Toten). Im Sommer 1987 versammelten sich am Bürgerkrieg beteiligte LibanesInnen in Beirut zu einer großen Demonstration gegen die Abwertung des libanesischen Pfunds. Im Herbst 1988 kam es in Algerien zu Ausschreitungen wegen Preiserhöhungen, und 1989 erlebte Jordanien ähnliche Gewaltausbrüche.[10] Diese Liste umfasst nicht die vielen politischen Proteste, bei denen es um persönliche Freiheiten, regionale Autonomie oder berufsspezifische

10 Richards und Waterbury, Political Economy, S. 268. Für eine gründliche Analyse siehe John Walton und David Seddon, Free Markets and Food Riots (London: Blackwell, 1994).

Anliegen ging (z. B. 1986 an der ägyptischen Militärakademie und in den iranischen Städten Tabriz und Qazvin, und später im Jahr 1999, unter Studierenden).

Trotz der Verschärfung der neoliberalen Politik ebbten die Massenproteste in den Städten während der 1990er Jahre spürbar ab. Dabei spielten mehrere Faktoren eine Rolle. Durch die stattgefundenen Unruhen alarmiert, führten die Regierungen strengere Kontrollen ein und schoben unpopuläre Maßnahmen hinaus oder setzten diese nur sukzessive um. Zusätzlich zu den international finanzierten sozialen Absicherungen, wie dem Social Fund for Development in Ägypten und Jordanien, sorgten die Zunahme von Wohlfahrts-NGOs und der Aufstieg des sozialen Islams für eine gewisse Abhilfe.

Die Situation im Iran war wegen der Erfahrung mit der islamischen Revolution und dem Krieg gegen den Irak eine andere. Während viele nahöstliche Regime in den 1980er und 1990er Jahren ihren Populismus abstreiften, erlebte der Iran diesen erst nach der Revolution. Die Rhetorik des islamischen Regimes zugunsten der »Unterdrückten« trug zur Mobilisierung der Basis bei. Während des Krieges wurde der interne Dissens unterdrückt, und nach Kriegsende ergaben sich neue Möglichkeiten kollektiver Aktionen wie städtische Massenproteste. Daher kam es im Unterschied zu den relativ ruhigen 1980er Jahren in den frühen 1990ern zu sechs großen Protestaktionen in Teheran und anderen iranischen Städten. Ausgelöst wurden die Ausschreitungen in Teheran im August 1991 und in Shiraz und Arak 1992 durch BesetzerInnen, die geräumt oder deren Behausungen abgerissen worden waren. Zu noch dramatischeren Unruhen kam es 1992 in der Stadt Mashad und 1995 in Teherans Islamshahr-Gemeinde. Die Proteste in Mashad wurden ausgelöst durch die Weigerung der Stadt, der Forderung der BesetzerInnen nach einer Legalisierung ihrer Gemeinden nachzukommen. Während dieser massiven Unruhen, gegen die die Armee nicht vorging, wurden über hundert Gebäude und Geschäfte zerstört, dreihundert Menschen verhaftet und mehr als ein Dutzend starben. Die drei Tage andauernden Ausschreitungen im April 1995 in Islamshahr, einer großen informellen Gemeinde im Süden Teherans, hatten ihren Ursprung in der Sparpolitik der Nachkriegszeit unter Präsident Hashemi Rafsanjani – vor allem in den Preiserhöhungen für Busfahrkarten und Treibstoff.

Die städtischen Proteste im Nahen Osten haben zu widersprüchlichen Ergebnissen geführt. Nach direkt erfolgten Repressionen nahmen die

Regierungen in vielen Fällen die unpopulären Maßnahmen zurück (wie 1977 in Ägypten, 1984 in Tunesien und Marokko, 1985 im Sudan, 1988 in Algerien, 1989 in Jordanien und mehrmals im Iran). Zuweilen machten sie taktische Zugeständnisse, z. B. erhöhten sie die Löhne, doch profitierten hiervon nur die Lohnabhängigen und nicht die selbstständig arbeitenden Armen und Arbeitslosen.[11] Soweit die Proteste lokal begrenzt und von geringem Ausmaß waren, konnten die Regierungen sie meist gewaltsam beenden. Anfang der 1980er Jahre konnten die ArbeiterInnen im ägyptischen Kafr al-Dawwar nur Teile ihrer Forderungen durchsetzen. 1998 schafften es ägyptische Bauernproteste in abgeschiedenen Dörfern nicht, die neue Politik, die die langfristige Kontrolle der Pachtbauern über das Land beendete, abzuwenden. Doch wenn soziale Proteste landesweite Unterstützung erfahren, weil sie vielfältige Themen aufgreifen und von unterschiedlichen AkteurInnen getragen werden (z. B. Studierenden und Gruppen der Mittelschicht, die sowohl wirtschaftliche als auch politische Forderungen stellen), können sie oft beträchtliche Veränderungen bis hin zu politischen Reformen bewirken (wie in Algerien, Jordanien, Tunesien und der Türkei in den späten 1980er Jahren).

Trotz ihrer Dramatik und ihren zuweilen bemerkenswerten Auswirkungen sind städtische Massenproteste meist spontan, ungeplant und daher eher selten. Häufig führen sie zu Gewalt und lösen Repressionen aus. Städtische Ausschreitungen sind eine Reaktion auf das Fehlen von effektiven, institutionalisierten Mechanismen der Konfliktlösung. Gesellschaftliche Gruppen ohne eine institutionell verankerte Macht und ein damit verbundenes Störpotenzial (wie Arbeitslose, die nicht streiken können), und diejenigen, die zwar über diese Macht verfügen, aber sie für nicht ausreichend halten (wie ArbeiterInnen und Studierende), neigen dazu, bei der Initiierung von Massenprotesten Anführern zu folgen. Das bedeutet jedoch nicht, wie manche behaupten, dass den Massen im Nahen Osten im Grunde genommen ein »wahres kollektives Leben« abgeht und sie deswegen auf »Aktionen des Mobs« zurückgreifen.[12] Denn unter günstigen Bedingungen beteiligen sie sich durchaus auch an modernen Formen kollektiver Handlungen, insbesondere der Gewerkschaftsbewegung.

11 Siehe Walton und Seddon, Free Markets, S. 205-14.

12 Siehe z. B. Ira Lapidus, Muslim Cities in the Later Middle Ages (Cambridge: Cambridge University Press, 1967), S. 107.

Die Gewerkschaftsbewegung

Die Gewerkschaftsbewegung steht für eine traditionelle und beständige Institution, mit der die arbeitende Bevölkerung ihre Rechte verteidigt und Druck auf die wirtschaftlichen Eliten und Regierungen ausübt, um sozialen Wandel herbeizuführen. Die Gewerkschaften besitzen das Potenzial, unmittelbar und gezielt auf ungerechte Arbeitsverhältnisse, Fragen der Verteilung und politische Sachverhalte zu reagieren. Gleichzeitig sind sie am meisten von der gegenwärtigen neoliberalen Wirtschaftspolitik betroffen, von der neuen Arbeitsdisziplin und den Entlassungen, die letztendlich ihre Macht unterminieren.

Die Gewerkschaften im Nahen Osten entstanden ursprünglich im Kontext der europäischen Kolonialherrschaft. Ihre Kämpfe besaßen daher sowohl einen Klassencharakter als auch eine nationalistische Dimension – und waren folglich meist in einer heiklen strategischen Position. Zur Zeit der Unabhängigkeit waren die meisten gewerkschaftlichen Organisationen in die staatliche Struktur oder die herrschenden Parteien eingebunden, so dass heute die Mehrheit der Arbeiterorganisationen aus Einheitsgewerkschaften mit Zwangsmitgliedschaft besteht. Solche Gewerkschaften, in denen ArbeiterInnen im öffentlichen Sektor die Kernmitgliedschaft ausmachen, sind in Ländern mit populistischer Vergangenheit (z.B. in Algerien, Ägypten, im Irak, in Libyen und Syrien) sowie in Kuwait und im Jemen aktiv. Die arabischen Golfstaaten, in denen größtenteils ausländische Arbeitskräfte beschäftigt sind, fahren eine harte Linie – sie verbieten jegliche Arbeiterorganisation und zahlen im Gegenzug dafür relative hohe Löhne. Doch auch die strenge Überwachung konnte ein gelegentliches Aufflammen von Arbeiterunruhen nicht verhindern, etwa den Streik palästinensischer Arbeiter in der saudischen Ölindustrie in den 1980er Jahren oder die gewaltsamen Proteste ägyptischer Arbeiter gegen ihre Diskriminierung in Kuwait im Oktober 1999.[13] Lediglich in Jordanien, Marokko und der Türkei existieren pluralistisch verfasste, vom Staat oder den herrschenden Parteien relativ unabhängige Gewerkschaften.

Die jeweiligen gewerkschaftlichen Strukturen beeinflussen die Fähigkeit der ArbeiterInnen, ihre Fortschritte zu sichern oder weitere zu machen. Unabhängige Gewerkschaften verteidigen die Rechte der Ar-

13 Siehe Al-Ahali, 3. November 3 1999, S. 3.

beiterInnen eher als korporatistische. Dennoch hat sich in der Region gezeigt, dass ArbeiterInnen dazu neigen, die bestehenden korporatistischen Organisationen zu nutzen, um ihre Interessen durchzusetzen – wie etwa in den staatlich kontrollierten Arbeitersyndikaten vor der iranischen Revolution oder den Arbeiter-Schuras und der Gewerkschaft der arbeitslosen Arbeiter nach der Revolution.[14] Dies gilt auch für die von Nasser gegründeten korporatistischen Gewerkschaften in Ägypten nach der liberalen Ära (1928-1952), als Gewerkschaften eine Periode relativer Unabhängigkeit erfuhren.[15]

Heute spüren die organisierten Beschäftigten im öffentlichen Sektor mehr als andere Gruppen die direkten Konsequenzen der wirtschaftlichen Anpassung. Aus diesem Grund konzentrieren sich die Gewerkschaften auf die Kürzungen der Subventionen für Konsumgüter, auf Preiserhöhungen, Senkungen der Löhne und Beihilfen, auf Entlassungen und die staatliche Einmischung in gewerkschaftliche Angelegenheiten. Eine Menschenrechtsorganisation berichtete von siebzig Streiks gegen große Firmen 1998 in Ägypten, bei denen es meistens zum Eingreifen staatlicher Sicherheitskräfte kam. Der wesentliche Grund für diese Streiks war »die Reformpolitik der Regierung«.[16] Unter Berufung auf offizielle Verlautbarungen berichtete die ägyptische Presse Anfang 1999 von mehr als fünf Streiks und Sit-ins pro Woche. Diese Aktionen waren das Resultat der drastischen Kürzung von Beihilfen und Vergünstigungen und der Einführung von Bußgeldern.[17] Arbeiterunruhen fanden besonders in den Jahren vor der Revolution des 25. Januars statt und führten zu einer breiten Unterstützung der ArbeiterInnen für den Sturz von Präsident Mubarak. Im Iran stieg die Zahl der Arbeiterstreiks im Verlauf der 1990er Jahre rapide an. In der ersten Hälfte des Jahres

14 Für Details siehe Asef Bayat, Workers and Revolution in Iran (London: Zed Books, 1987). Über die Arbeitslosenbewegung im Iran siehe mein »Workless Revolutionaries: The Unemployed Movement in Revolutionary Iran«, International Review of Social History 42, Nr. 2 (1997), S. 159-85.

15 Siehe Joel Beinin und Zachary Lockman, Workers on the Nile: Nationalism, Communism, Islam and the Egyptian Working Class, 1882-1954 (Princeton, N.J.: Princeton University Press, 1988).

16 Land Center for Human Rights, »Egypt's Labor Conditions During 1998: The Year of Strikes and Protests«, (Cairo, 1998).

17 Siehe Al-Wafd, 5. Februar 1999, S. 1.

1991 wurden etwa zweitausend Streiks gemeldet.[18] Einem Bericht zufolge fanden Streiks von ArbeiterInnen, denen es lediglich um den Inflationsausgleich ging, so häufig statt, dass die Behörden sie kaum noch registrierten.[19] Neue Arbeitsgesetzgebungen, die sich der neoliberalen Ära und den wirtschaftlichen Realitäten anpassten, waren heiß umkämpft, da sie den ArbeiterInnen viele ihrer traditionellen Rechte, vor allem das Recht auf Arbeitsplatzsicherheit, nahmen. 1994 setzten die Gewerkschaften in Ägypten gegenüber der Regierung und den Unternehmern das Tauschgeschäft »Streikrecht« gegen »Kündigungsrecht« durch.[20] Im Ägypten nach Mubarak verlangten die Gewerkschaften ein neues Arbeitsrecht und einen neuen Gesellschaftsvertrag. Im Iran war das Arbeitsrecht mehr als ein Jahrzehnt lang Gegenstand von Auseinandersetzungen zwischen den herrschenden Klerikern und arbeiterfreundlichen Kräften.

Einige Beobachter neigen dazu, die Fähigkeit der organisierten Arbeiterschaft im Nahen Osten hinsichtlich ihres Einflusses auf gesellschaftliche und politische Entwicklungen zu unterschätzen, und begründen dies damit, dass Streiks, die stärkste Waffe der ArbeiterInnen, illegal sind und oft mit dem Risiko von Inhaftierung und Gefängnisstrafen einhergehen. Darüber hinaus, so ihr Argument, vereinnahmen die Staaten gewöhnlich die Führung dieser größtenteils korporatistisch verfassten Gewerkschaften und machen gewerkschaftlichen Aktivismus infolgedessen ineffektiv.[21] Es stimmt zwar, dass Streiks illegal sind und Gewerkschaftsführer gekauft und oft Teil der herrschenden Parteien und der staatlichen Bürokratie werden. Doch wie Posusney zurecht argumentiert, ist es »den Gewerkschaften gelungen, trotz korporatistischer Kontrollen wirtschaftliche Forderungen zu stellen und dem Staat Konzessionen abzuringen«; ihre Fähigkeit dazu »hängt von dem jeweiligen Anliegen ab und davon, wie die Politik hinsichtlich dieses Anliegens betrieben wird.«[22] Tatsächlich muss selbst die korporatistische Führung auf irgendeine Weise auf die Ansichten und Anliegen ihrer Mitglieder reagieren. Übernimmt die Führung nicht die Initiative und bringt ihren Widerstand gegen eine bestimmte Regierungspolitik

18 Siehe Walton und Seddon, Free Markets, S. 210.

19 Middle East Economic Digest, 21. Februar 1991, Sonderbericht über den Iran.

20 Posusney, Labor and the State, S. 5.

21 Siehe z. B. Richards und Waterbury, Political Economy, S. 267.

22 Posusney, Labor and the State, S. 10.

zum Ausdruck (z. B. die Streichung von Subventionen, Privatisierung, Aspekte des Arbeitsrechts), tritt die Basis in inoffizielle Streiks. So ist in Ägypten der Widerstand seitens der organisierten Gewerkschaften – gegenwärtig und unter früheren Regierungen – der wesentliche Grund für die Verzögerungen bei der Einführung von Anpassungsmaßnahmen oder deren Neuverhandlung mit dem Internationalen Währungsfond.[23] Bezeichnenderweise trennte sich die Basis der tunesischen UGTT von ihren Anführern und stand bei den Protesten, die 2011 schließlich zur Revolution in Tunesien führten, an vorderster Front.

Trotz ihres gesellschaftlichen und politischen Einflusses repräsentieren die organisierten Gewerkschaften nach wie vor nur einen kleinen Teil der berufstätigen Bevölkerung. Die große Mehrheit ist selbstständig erwerbstätig und ein großer Teil der Lohnabhängigen arbeitet in kleinen Werkstätten unter paternalistischen Arbeitsverhältnissen. Auch wenn es hier zu Spannungen zwischen Chefs und Angestellten kommt, neigen die ArbeiterInnen eher dazu, sich ihren Arbeitgebern gegenüber loyal zu verhalten, als sich mit ihren KollegInnen im Betrieb nebenan zusammenzuschließen. Mehr als ein Drittel der berufstätigen, städtischen Bevölkerung arbeitet im informellen Sektor (Ägypten 43%, Iran 35%, Türkei 36%, Jemen 70%) und ist daher nicht organisiert und unterliegt nicht dem Arbeitsrecht.[24] Die wirtschaftliche Umstrukturierung in den 1980er Jahren hat die organisierten Gewerkschaften weiter geschwächt, während der öffentliche Sektor, der den Kern der Gewerkschaftsbewegung bildet, aufgrund von Schließungen, Abbau des Personalbestands und Frühverrentung schrumpft. Zahlreiche Berichte weisen auf die abnehmende Mobilisierungsfähigkeit der Gewerkschaften in der Region hin. Die organisierte Arbeiterschaft in Ägypten, dem Libanon, Marokko, Tunesien und dem Iran wird als »uneinig«, »defensiv«, »kopflos und entproletarisiert« beschrieben.[25] Trotz sporadischer

23 Zitiert nach Walton und Seddon, Free Markets, S. 185.

24 Für detaillierte Zahlen siehe Richards und Waterbury, Political Economy, S. 140.

25 Hier habe ich mich auf die Zahlen der Vorträge beim Workshop on Changing Labour and Restructuring Unionism, First Mediterranean Social and Political Meeting, Florenz, 22.-26. März 2000 verlassen. Siehe die Vorträge von Myriam Catusse, »Les métamorphoses de la question syndicale au Maroc«; Dara Kawthar, »Labor Market in Lebanon: Evolution, Constraints, and the Role of Unionism«; Fathi Rekik, »Mobilité sociale et flexibilité de l'emploi [Tunisia]«; und Françoise Clement, »Changing Labour and Restructuring in Egypt«. Zu Ägypten siehe auch Fatemah Farag,

Unruhen wird die Arbeiterschaft zunehmend informell und fragmentiert, d. h. verteilt über vielfältige Aktivitäten und Räume. Sie verfügt nur über unzureichenden oder gar keinen Schutz und umfasst Arbeitslose, GelegenheitsarbeiterInnen und Menschen, die zuhause, in kleinen Werkstätten oder an Straßenecken arbeiten.[26]

Stadtteilaktivismus

Statt des Arbeitsplatzes kann der Stadtteil oder die Nachbarschaft den städtischen Armen das Gefühl einer gemeinsamen Identität und die Basis für kollektive Aktionen bieten. Denn in den Nachbarschaften sind die meisten Menschen mit denselben Schwierigkeiten konfrontiert: für gesicherten Wohnraum zu sorgen, die Miete bezahlen zu können und Zugang zu städtischen Angeboten wie Schulen, Krankenhäusern oder Kulturzentren zu finden. Die in den Stadtteilen entstehenden kollektiven Kämpfe um diesen »Kollektivkonsum« unter institutionellen Rahmenbedingungen charakterisieren in gewissem Sinne die städtischen sozialen Bewegungen. Diese Art des oft kämpferischen Stadtteilaktivismus sollte von der Vorstellung der »kommunalen Entwicklung« unterschieden werden. Denn Letztere trägt sowohl zur Erhaltung des Staus quo als auch zur gesellschaftlichen Veränderung bei. Tatsächlich dienten die kommunalen Entwicklungsprogramme im Westen ursprünglich als Aufstandsbekämpfung gegen den Kommunismus (in den Kolonien), zur Eindämmung der Unzufriedenheit der schwarzen Unterklasse (in den USA) und zur Verwaltung der Armen durch kommunale Angebote (im Vereinigten Königreich).[27] Kommunale Entwicklung kann allerdings auch Räume für den Widerstand gegen die Eliten öffnen und einen gesellschaftlichen Wandel unterstützen. Dies

»Labour on the Fence«, Al-Ahram Weekly, 11.-17. Mai 2000, S. 7. Deena A. Gamile, »The Working Class of Shubra al-Khaima«, Magisterarbeit, American University in Cairo, 2000.

26 Im Iran ratifizierte das konservative Parlament Anfang 2000 ein Gesetz, das Werkstätten mit weniger als fünf Arbeitern von den Bestimmungen des Arbeitsgesetzes befreit, um die Produktivität und Investitionen zu steigern.

27 Siehe Community Development Journal, Sonderausgabe Nr. 32 (1997), besonders S. 101-198 (Keith Popple und Mae Shaw, »Social Movements: Re-Assessing ›Community‹«).

geschieht häufig dann, wenn die Armen von sich aus Entwicklungen initiieren oder von lokalen Anführern, NGOs, religiösen Gruppen oder Politikern mobilisiert werden (wie in den brasilianischen Barrios oder bei der Self-Employed Women's Association in Indien). Dabei muss die Mobilisierung nicht unbedingt widerständig sein, sie kann auch in einem kooperativen Engagement im Stadtteil bestehen – Menschen, die zusammenarbeiten, um ihr Leben und das der Gemeinde zu verbessern, und dabei einen gewissen Grad an Kontrolle über die Entscheidungen und Resultate beibehalten. Wie verhält es sich mit dem Stadtteilaktivismus im Nahen Osten?

In jüngster Zeit gab es in den nahöstlichen Städten eine Reihe von kommunalen Mobilisierungen, die Ähnlichkeiten mit den städtischen sozialen Bewegungen aufweisen, beispielsweise die Kampagne der Bewohner von Ezbet Mekawy, einer einkommensschwachen Gemeinde in Kairo, gegen die industrielle Umweltverschmutzung in einer Region, in der Schmelzhütten gravierende Gesundheits- und Umweltprobleme verursacht hatten.[28] Die Bewohner benutzten die traditionellen Kommunikationsstrategien innerhalb des Stadtteils, aber auch moderne Taktiken wie Medienpräsenz, Lobbyarbeit und die Anrufung der Gerichte als Wege, ihren Widerstand zum Ausdruck zu bringen. In einem anderen Beispiel reagierten die BewohnerInnen der Kairoer Vorstadt Shubra al-Khaima im August 1994 sehr schnell auf die Pläne des Gouvernements, einen nicht autorisierten Teil der Stadt (mit einer Moschee, einer Klinik und einer Apotheke), den die BewohnerInnen in einem Zeitraum von zehn Jahren mit ihrem eigenen Geld aufgebaut hatten, abzureißen.[29]

In bestimmten Perioden – besonders, wenn Staaten verletzlicher werden –, entwickelt sich eine dauerhaftere und breitere Mobilisierung. Der Zusammenbruch des Staats während des libanesischen Bürgerkriegs führte zu einem stillen Vordringen und einer Mobilisierung innerhalb der Gemeinden im muslimischen Süden. Die damals entstandenen Institutionen existieren heute noch. Tausende zogen aus dem Süden des Landes in die südlichen Vororte von Beirut und bauten dort

28 Siehe Inaz Tawfiq, »Community Participation and Environmental Change: Mobilization in a Cairo Neighborhood«, Magisterarbeit, American University in Cairo, 1995.

29 Jailan Halawi, »Mosque Stairs Spark Shubra Riots«, Al-Ahram Weekly, 18.-24. August 1994.

illegale Siedlungen, die zurzeit 40 Prozent der Wohnungen in dieser Gegend ausmachen. Nach dem Einmarsch des Iraks im August 1990 spielten in Kuwait Netzwerke von freiwilligen Gruppen und Verbänden eine entscheidende Rolle nicht nur bei der Unterstützung des zivilen Ungehorsams, sondern auch dabei, das Vakuum, das durch den Verlust der städtischen Dienstleistungen entstanden war, zu füllen.[30] Die palästinensischen Volksorganisationen fungierten sowohl während als auch nach der Intifada als Hauptorgane der sozialen Versorgung und Entwicklung in den besetzten Gebieten.[31] Unmittelbar nach der iranischen Revolution von 1979 besetzten viele arme Familien Hunderte leer stehende Wohnungen und halb fertige Wohnblöcke, setzten sie als ihr Eigentum instand und gründeten Wohnungsräte, um sie kollektiv zu verwalten. Zur selben Zeit nahmen Landbesetzungen und illegale Bautätigkeiten zu. Mithilfe von Aktivisten vor Ort und von außerhalb schlossen sich BesetzerInnen zusammen und forderten Strom und fließendes Wasser. Wurde ihnen das verweigert oder kam es zu Verzögerungen, beschafften sie es sich illegal. Sie bauten Straßen, eröffneten Kliniken und Geschäfte, errichteten Moscheen und Bibliotheken und organisierten die Müllabfuhr. Darüber hinaus gründeten sie Verbände und kommunale Netzwerke und beteiligten sich an lokalen Verbrauchergenossenschaften. Es entstand eine neue und autonomere Art des Lebens, des Funktionierens und der kommunalen Organisation.

Doch im Vergleich zu Bewegungen in manchen lateinamerikanischen Ländern sind diese, für städtische soziale Bewegungen beispielhafte Erfahrungen äußerst selten. Sie entstehen eher unter außergewöhnlichen sozialen und politischen Umständen – in revolutionären Verhältnissen oder in Zeiten der Krise oder des Kriegs, wenn der Staat unterminiert oder vollkommen abwesend ist, wie in den palästinensischen Gebieten. Nur Wenige dieser Aktivitäten können daher als Modell für nachhaltige gesellschaftliche Mobilisierung und Institutionalisierung in normalen Situationen dienen. Sobald die außergewöhnlichen Umstände beendet sind, beginnen die Experimente zu versanden oder sich zu deformieren. Im Iran hatte der Stadtteilaktivismus keine Chan-

30 Siehe Shafeeq Ghabra, »Voluntary Associations in Kuwait«, Middle East Journal 45 (1991), S. 199-215.

31 Siehe Joost Hiltermann, Behind the Intifada (Princeton, N.J.: Princeton University Press, 1991).

ce, sich zu konsolidieren. Fehlende Erfahrung, Rivalitäten zwischen AktivistInnen von außen und politischen Parteien und besonders die Feindseligkeit seitens der Regierung gefährdeten dieses Experiment ernsthaft. Stattdessen wurden Moscheevereine gegründet, nicht nur um vor Ort bei der Verteilung des Notwendigsten, etwa von Lebensmitteln, während des Kriegs mit dem Irak zu helfen, sondern auch, um die politische Unzufriedenheit in den Vierteln unter Kontrolle zu halten. Diese Aktivitäten ähnelten den etwa dreitausend sogenannten Community Development Associations (CDAs), die zurzeit in ganz Ägypten tätig sind.[32] Obwohl die CDAs zum sozialen Wohlergehen der Armen beitragen, ist ihr mobilisierender Einfluss minimal. Wie ein in einem beliebten Viertel Kairos arbeitender Feldforscher sagte: »Selbst im hoch politisierten Stadtteil Sayyeda Zeinab scheinen organisierte gesellschaftliche Aktionen der örtlichen Bewohner minimal zu sein. Die Rolle der Bürger ist gewöhnlich darauf beschränkt, Empfänger der Dienstleistungen zu sein, die gerade verfügbar sind.«[33]

Städtische Gemeinden sind natürlich keine Leerstellen ohne soziale Interaktion. Zwar sind sie im Vergleich zu kleinen Dörfern weitaus mehr von Individualität, Anonymität und Wettbewerb geprägt, doch es existieren vielfältige Formen von Netzwerken und Institutionen. In der modernen Stadt Teheran sind nachbarschaftliche Beziehungen noch vorherrschend, die Bewohner helfen einander, besuchen sich gegenseitig, geben Rat und nehmen an Hochzeiten und Beerdigungen teil.[34] In ägyptischen Städten haben Migrantenverbände einige dieser Funktionen institutionalisiert; zu ihren Haupttätigkeiten gehören das Organisieren von Beerdigungen und die Pflege der Friedhöfe für Menschen aus ihren »Heimatdörfern«.[35] Einflussreiche Personen können sich zwar der

32 Für eine gute Analyse der CDAs siehe Maha Mahfouz, »Community Development in Egypt: The Case of CDAs«, Magisterarbeit, 1992.

33 Samer El-Karanshawy, »Governance, Local Communities and International Development in Urban Egypt«, unveröffentlichter Bericht, Kairo, 1998.

34 Siehe Rahmatollah Sedigh Sarvestani, Barrasi-ye Jame-shenakhti-ye Ravabet-e Hamsayegui dar Tehran (Teheran: Tehran University, Institute of Social Studies and Research, 1997).

35 1990 gab es 823 solcher Vereine, 80 Prozent von ihnen im Großraum Kairo: siehe Hirofumi Tanada, »Survey of Migrant Associations in Cairo Metropolitan Society (Egypt), 1955-1990: Quantitative and Qualitative Data«, in Social Science Review 42, Nr. 1 (1996).

staatlich kontrollierten Nachbarschaftsräte zu ihren Gunsten bedienen. Doch die informellen Kreditsysteme fungieren in den urbanen Zentren als die vielleicht wichtigste Form eines kommunalen Netzwerks. Soziale Netzwerke, die über Verwandtschaft und ethnische Herkunft hinausgehen, bleiben beiläufig, unstrukturiert und paternalistisch. Die Schwäche der zivilen oder außerverwandtschaftlichen Kooperation auf Stadtteilebene stärkt nur die traditionellen und paternalistischen Beziehungen zwischen den Menschen, die von örtlichen Anführern (*Kibar*, Shaykhs, Anführer der Freitagsgebete), von Personen, die in der Lage sind, Probleme zu lösen, und sogar von örtlichen Tyrannen abhängig sind und nicht von einem breiten sozialen Aktivismus bestimmt werden. Unter solchen Bedingungen sind moderne Institutionen wie die Ortsverbände politischer Parteien, lokale NGOs oder die Polizei anfällig für Klientelismus. Obwohl die unteren Klassen in Ägypten sich beispielsweise der Umweltprobleme bewusst sind, greifen sie selten zu kollektiven Aktionen, sei es durch kommunales Engagement, um die Gemeinde aufzuwerten, oder durch Protestaktionen, um die Behörden zum Handeln aufzufordern.[36]

Warum ist der Stadtteilaktivismus im Sinne eines gesellschaftlichen Engagements für den Kollektivkonsum relativ ungewöhnlich im Nahen Osten? Warum ist die Region ein »leerer Fleck« auf der globalen Landkarte der Stadtteilaktionen, von dem einige Beobachter sprechen?[37] Ein Grund ist das Erbe des Populismus, der weiterhin das politische Verhalten der ganz normalen Leute in den meisten Ländern des Nahen Ostens beeinflusst. Die populistischen Regime etablierten einen Gesellschaftsvertrag zwischen den unteren und mittleren Schichten und dem Staat, nach dem der Staat sich bereit erklärt, das Lebensnotwendigste zu bieten, um im Gegenzug ihre Unterstützung, sozialen Frieden und folglich Demobilisierung oder nur kontrollierte Mobilisierung einzufordern. Es handelte sich nicht um ein Übereinkommen zwischen dem Staat und unabhängigen Klassen, sondern um eine Vereinbarung zwischen dem Staat und einer formlosen Masse, einem Aggregat aus Individuen und korporativen Institutionen, in denen eine unabhängige kollektive Identität und autonomes Handeln ernsthaft untergraben waren. Obwohl der

36 Siehe Nicholas Hopkins u. a., Social Response to Environmental Change and Pollution in Egypt (Kairo: American University in Cairo, Social Research Center, 1998).

37 Alan Durning, »People Power and Development«, Foreign Policy 76 (1989), S. 71.

Umverteilungspopulismus nun im Schwinden begriffen ist und sich die Kräfte des Marktes durchsetzen, neigen viele Menschen immer noch dazu, den Staat als die Hauptquelle für ihren Schutz aber auch ihres Unglücks zu sehen. In Ländern, in denen der autoritäre Populismus noch vorherrschte (wie im Iran der 1980er Jahre, in Syrien und im vorrevolutionäre Libyen), hat die Furcht der Staatsmänner vor der Öffentlichkeit die Regime so strukturiert, dass die gesamte Bevölkerung in gewisser Hinsicht gefangen gehalten wird.

Dieses Erbe hat auch dazu beigetragen, dass normale Menschen eher individualistische Lösungen für ihre Probleme suchen.[38] Wenn Ressourcen knapp werden, geraten die Familien aus unterschiedlichen gesellschaftlichen Schichten in aller Regel in Konkurrenz zueinander. Dies geschieht häufiger in neuen und heterogenen Stadtvierteln (z.B. Dar el-Salam, Madinat al-Nahda und Kafr el-Seif in Kairo oder Islamshahr und Khak Sefid in Teheran) als in alten Stadtvierteln, in denen die relative Homogenität der BewohnerInnen und die lange Zeit, die sie schon dort leben, eine räumliche Identität gestiftet haben. Das Zusammenleben identifizierbarer Schichten in einer Gemeinde – z.B. Alteingesessene und Neuankömmlinge, Menschen mit und ohne Mieterschutz, verschiedene ethnische Gruppen – verschärft oft die bestehende Konkurrenz und führt zu Konflikten.[39] Wo Solidarität zwischen den Menschen nicht greifbar ist, wird die Hinwendung zum allmächtigen Staat – als Ernährer und Strafender – zu einer Alternative, um Ziele zu erreichen. Allerdings wissen viele von ihnen, dass die Bürokratie unfähig oder nicht willens ist, formal auf ihre wachsenden Ansprüche zu reagieren, und so suchen sie nach informellen, individualistischen und sogar opportunistischen Wegen, Beziehungen zu nutzen oder Beamte zu bestechen. »Der beste Weg, das zu bekommen, was man möchte«, sagte ein Bewohner des Sayyeda-Zeinab-Viertels in Kairo, »ist es, irgendeinem Assistenten von irgendeinem wichtigen Politiker in der Ge-

38 Dieser Abschnitt greift auf meinen früheren Text zu Ägypten zurück: Asef Bayat, »Cairo's Poor: Dilemmas of Survival and Solidarity«, Middle East Report 202 (Winter 1996), S. 2-6.

39 Für einen Bericht zu Kafr Seif siehe Nadia Abdel Taher, »Social Identity and Class in a Cairo Neighborhood«, Cairo Papers in Social Science 9 (1986); und für Khak Sefid siehe F. Khosrowkhavar, »Nouvelle banlieue et marginalité: La cité Taleghani a Khak-e Sefid«, in Téhéran: capitale bicentennaire, C. Adle und B. Hourcade (Hrsg.), (Tehran: Institut français de recherche en Iran, 1992).

gend ein Bestechungsgeld zu zahlen, und sie tun, was immer du von ihnen willst.«[40]

Was wesentlich zu derartigen gesellschaftlichen Reaktionen beiträgt, ist das Fehlen einer Struktur, die Mobilisierung ermöglichen könnte. Das Aufkommen der neoliberalen Ökonomien im Nahen Osten ist nicht mit der Formierung eines ausreichend demokratischen Gemeinwesens einhergegangen.[41] Einfach ausgedrückt, fürchten die meisten Regierungen in der Region eine unabhängige kollektive Mobilisierung und neigen dazu, diese einzuschränken, aus Angst, politischen Raum einzubüßen. In vielen Staaten sind öffentliche Demonstrationen und Versammlungen meistens illegal. Wie ein Straßenhändler im Kairoer Madinat-al-Nahda-Viertel in Anspielung auf die Notstandsgesetze in Ägypten sagte: »Wenn ich meinem benachbarten Straßenverkäufer sage, wir sollten uns treffen und etwas gemeinsam tun, würde man das Mobilisierung nennen, und ich könnte dafür verhaftet werden.«[42] Eine Menschenrechtsorganisation berichtete, dass bei Bauernprotesten gegen das neue Bodengesetz in Ägypten in 25 Dörfern innerhalb von acht Monaten 15 Menschen starben, 218 verletzt und 822 verhaftet wurden.[43]

Oder die Regierungen erlauben Initiativen der Bevölkerung, um sie darüber kontrollieren zu können. Wo diese Kontrolle gelingt, verlieren die breiten Schichten schnell das Interesse und ihr Aktivismus verläuft im Sande. Weil eine unterstützende Umgebung fehlt, experimentieren sie nicht und lernen nicht, wie anders vorgegangen werden könnte. Folglich werden die meisten Institutionen, die aus der Bevölkerung heraus entstehen, zum verlängerten Arm des Staats.

Politische Demokratie ist auch in anderer Hinsicht entscheidend. In einer tatsächlichen Konkurrenzdemokratie müssen die politischen Kräfte auf die Forderungen der Armen eingehen und sie mobilisieren, um Wählerstimmen zu gewinnen. So wurden die städtischen Armen

40 Siehe El-Karanshawy, »Governance, Local Communities«, S. 11.

41 Zu diesem Thema siehe den aufschlussreichen Artikel von Mustapha El-Sayyid, »Is There a Civil Society in the Arab World?« in Norton, Civil Society in the Middle East.

42 Nach Manal M. Eid, »Informal Economy in Madinat al-Nahda: Resistance and Accommodation among the Urban Poor«, Magisterarbeit, American University in Cairo, 1998, S. 88.

43 Abdel Moula Ismail, The Liberalization of Egypt's Agriculture Sector and Peasants Movement (Cairo: Land Center for Human Rights, 1998), S. 136, Anhang 7.

im Iran der frühen 1980er Jahre zum Gegenstand eines intensiven Wettbewerbs zwischen dem herrschenden Klerus und verschiedenen Oppositionsgruppen. Auf ähnliche Weise ermöglichte es ein nachhaltiges Wettbewerbssystem in der Türkei der islamistischen Rifah-Partei, die urbanen Massen in den 26 Städten, die sie kontrollierte, zu mobilisieren und so der Wählerschaft eine starke Verhandlungsmacht zu verleihen. Durch manipulierende Wahlpraktiken in Ägypten neigen Oppositionsparteien dazu, sich auf begrenzte lokale Kampagnen zu beschränken, wie ich es im Fall von Ezbet Mekawy bereits beschrieben habe.

Schließlich kann das kollektive Patronat auch unbeabsichtigt zur sozialen und politischen Mobilisierung führen, wenn der Patron auf der Suche nach persönlicher und politischer Macht mit den Anführern ihres armen Klientels verhandelt. Die Mobilisierung der Straßenverkäufer in Mexiko-Stadt durch Verhandlungen zwischen ihren Gewerkschaftsführern und Politikern war zum Teil das Resultat dieser Art von politischer Patronage.[44] Doch in weiten Teilen des Nahen Ostens (außer im Libanon und im Falle der »Parkplatzmafia« in Istanbul) scheint das Patronat eher mittels individueller Kanäle zu funktionieren und führt selten zu Gruppenaktivitäten. Begünstigt werden eher Einzelne und Familien (durch Mieterschutz oder Jobs) als ganze Gruppen, die mit dem Patron ihre Gegenleistung für seine Unterstützung aushandeln könnten.

Kurz: Es scheint sich bei dem Stadtteilaktivismus in Form von städtischen sozialen Bewegungen in erster Linie um ein lateinamerikanisches Modell zu handeln, das seine Wurzeln in den spezifischen gesellschaftspolitischen Bedingungen dieser Region hat (auch wenn es auch in Südafrika und in geringerem Maße in Indien zu finden ist). Suppenküchen, Nachbarschaftsvereine, Kirchengruppen oder Gewerkschaften der Straßenhändler finden sich kaum im Nahen Osten. Die Vorherrschaft autoritärer Staaten und das Erbe des Populismus in Verbindung mit den starken Familien- und Verwandtschaftsbanden in dieser Region lassen primäre Solidaritäten geeigneter erscheinen als sekundäre Vereinigungen und soziale Bewegungen.

44 Siehe John Cross, Informal Politics: Street Vendors and the State in Mexico City (Palo Alto, Calif.: Stanford University Press, 1998).

Islamistische Bewegungen und gesellschaftliche Entwicklung

Einige Beobachter sehen die gegenwärtigen islamistischen Bewegungen in der Region als ein nahöstliches Modell städtischer sozialer Bewegungen. Aus dieser Perspektive artikuliert der Islamismus – besonders der »soziale Islam« – die Anliegen und Kämpfe der unterprivilegierten StadtbewohnerInnen im Nahen Osten. Viele sehen das bestimmende Merkmal dieser Bewegungen darin, dass die radikalen Islamisten vermeintlich aus benachteiligten Verhältnissen stammen. Andere richten den Blick auf die Orte ihrer Tätigkeit – arme Viertel – und kommen zu einem ähnlichen Schluss.[45]

Zweifellos helfen die islamistischen Bewegungen – vor allem mit ihrem »soziale Islam« –benachteiligten Gruppen, zu überleben oder ihr Leben zu verbessern. Sie tragen zum sozialen Wohl bei, erstens, indem sie Gesundheitsversorgung, Bildung und finanzielle Hilfen bereitstellen; gleichzeitig ermöglichen sie die Teilnahme an der kommunalen Entwicklung und bieten ein soziales Netzwerk, meist durch örtliche, nichtstaatliche Moscheen. Zweitens fördern die islamistischen Bewegungen den gesellschaftlichen Wettbewerb, denn andere religiöse und säkulare Organisationen sehen sich durch sie veranlasst, ebenfalls kommunale Arbeit zu leisten. Schließlich fühlen sich die Regierungen gezwungen, eine Sozialpolitik im Sinne der Armen zu betreiben, um die Islamisten auszumanövrieren und ihre Legitimität zurückzugewinnen.

Die islamische Wohlfahrt kann auf eine lange Tradition im Nahen Osten zurückblicken, gleichwohl haben sich ihre Aktivitäten in den letzten Jahrzehnten vervielfacht und neue Formen angenommen. Als sich der Islamismus in den 1980er Jahren in der Türkei ausbreitete, »stellten Moscheen und die damit verbundenen religiösen Vereine direkte Kanäle der nachbarschaftlichen Organisation und Rekrutierung dar.«[46]

45 Siehe z.B. Gilles Kepel, Muslim Extremism in Egypt (Berkeley: University of California Press, 1986); Nazih Ayubi, Political Islam (London: Routledge, 1991); Salwa Ismail, »The Popular Movement Dimensions of Contemporary Militant Islamism«, Comparative Studies in Society and History 42 (2000): S. 363-93; Paul Lubeck und Bryana Britts, »Muslim Civil Society in Urban Public Spaces«, in Urban Studies: Contemporary and Future Perspectives, J. Eade und C. Mele (Hrsg.), (Oxford: Blackwell, 2001).

46 Siehe R. Margulies und E. Yildizoglu, »The Resurgence of Islam and Welfare Party

Die islamistische Rifah-Partei richtete den Fokus in den 1990er Jahren weiterhin auf Probleme der Basis in den Gemeinden – »Abfall, Schlaglöcher und Schlamm«. Viele Bürgermeisterkandidaten der Rifah-Partei verteilten sogar Sachleistungen als Anreize, um sich ihre Unterstützung zu sichern. Diese Basisstrategie führte 1994 zum überwältigenden Sieg der Partei, die 327 Gemeinden in der gesamten Türkei für sich gewann, darunter Ankara und Istanbul. Die Bürgermeister brüsteten sich damit, erfolgreich Probleme des überlasteten öffentlichen Nahverkehrs, der Wasser- und Treibstoffknappheit, des unzureichenden Wohnraums, der Umweltverschmutzung, Korruption u. ä. aufgegriffen zu haben.[47] Auf ähnliche Weise gewann im Juni 1990 die Islamische Heilsfront (FIS), eine Koalition aus verschiedenen islamistischen Parteien in Algerien, die Kommunalwahlen. Als die Nationale Befreiungsfront 1989 ein Mehrparteiensystem gestattete, begannen FIS-Aktivisten innerhalb der bestehenden Wohltätigkeitsvereine (Moscheennetzwerke), die in den 1980er Jahren von religiösen Aktivisten gegründet worden waren, zu arbeiten. Mit Unterstützung dieser Wohltätigkeitsvereine konnte die FIS ihre politischen Vorstellungen in den Stadtvierteln verbreiten.[48]

In einem ganz anderen Kontext füllte die Hisbollah das durch das Fehlen des Staats entstandene Vakuum im Südlibanon, indem sie eine Infrastruktur für soziale Entwicklung installierte. In den 1980er Jahren begann die Hisbollah nach und nach, die sozialen Probleme der schiitischen Gemeinde aufzugreifen. Sie entwickelte Pläne zur medizinischen Versorgung, Krankenhausbehandlung, Strom- und Wasserversorgung. Sie pflasterte Straßen, baute Wohnungen, verwaltete Abwassersysteme, baute Tankstellen und betrieb Schulen, Kindergärten, Krankenhäuser und Sportzentren.[49] Sie vergab 130.000 Stipendien, unterstütze 135.000 Not leidende Familien und vergab zinslose Darlehen. Die vorrangigen Interventionen bestanden in der Instandsetzung im Krieg beschädigter Gebäude und der Befriedigung der täglichen Bedürfnisse der Be-

in Turkey«, in Political Islam, J. Beinin und J. Stork (Hrsg.), (Berkeley: University of California Press, 1997), S. 149.

47 Ugur Akinci, »The Welfare Party's Municipal Track Record: Evaluating Islamist Municipal Activism in Turkey« Middle East Journal 53 (1999), S. 77-79.

48 Meriem Verges, »Genesis of a Mobilization: The Young Activists of Algeria's Islamic Salvation Front«, in Beinin und Stork, Political Islam, S. 292-305.

49 Assaf Kfoury, »Hizb Allah and the Lebanese State«, in Beinin und Stork, Political Islam, S. 136-43.

völkerung in überwiegend schiitisch bewohnten Gebieten.[50] Der soziale Islam in Ägypten ist womöglich das weitgreifendste Phänomen in dieser Region. Die oft in nicht staatlichen Moscheen organisierten islamischen Vereinigungen vermehrten sich auch deshalb so stark, weil die Entwicklungsprogramme der Regierung in den letzten beiden Jahrzehnten in eine Krise geraten sind. Ende der 1980er Jahre machten sie ein Drittel aller ägyptischer »Private Voluntary Organisations (PVOs)« aus und Ende der 1990er Jahre mindestens 50 Prozent aller Wohlfahrtsvereinigungen (6.327 Einrichtungen)[51], wobei sie für Millionen von Menschen Wohlfahrts- und Gesundheitsdienste bereitstellten. Mehr als viertausend *Zakât*-Komitees (*Zakât* = religiöse Steuer), die in Moscheen organisiert sind, vermitteln zwischen Spendern und den Bedürftigen. Einigen Schätzungen zufolge gab es (im Jahre 1992) 15 Millionen Begünstigte der islamischen Wohlfahrt- und Gesundheitsdienste – verglichen mit 4,5 Millionen im Jahre 1980.[52] Tatsächlich boten die Moscheen den Niedriglohngruppen alternative Dienste als Kompensation für die Streichung von Unterstützung seitens der Regierung im Zuge der Umsetzung einer liberaleren Wirtschaftspolitik. Eine typische Vereinigung, die Ansar al-Muhammadiya Association in der armen Gemeinde Imbaba, baute eine Moschee und zwei Schulen, stellte eine Kindertagesstätte, medizinische Versorgung und ein umfangreiches Wohlfahrtsprogramm bereit.[53] Wieder andere öffneten Videoclubs, Computertrainingszentren oder boten ähnliche Dienstleistungen an, um die Bedürfnisse von Gruppen wie den SchulabgängerInnen zu

50 Roula Majdalani, »Governance and NGOs in Lebanon«, unveröffentlichter Vortrag, Beirut, 1999, S. 13. In den letzten Jahren gibt es sehr viel Literatur zu den Wohlfahrtsaktivitäten der Hesbollah. Siehe z. B. Lara Deeb, Enchanted Modern: Gender and Public Piety in Shi.i Lebanon (Princeton, N.J.: Princeton University Press, 2006); Augustus Richard Norton, Hizbullah: A Short History (Princeton, N.J.: Princeton University Press, 2007); Joseph Alagha, The Shifts in Hizbullah's Ideology (Amsterdam: Amsterdam University Press, 2006).

51 Die letzte Zahl wurde vom gegenwärtigen Minister für Soziales, Mervat Tallawi, genannt, in Aqidati (28. Oktober 1997), S. 17.

52 Siehe Amani Qandil, »The Nonprofit Sector in Egypt«, in The Nonprofit Sector in the Developing World, H. K. Anheier und L. M. Salamon (Hrsg.), (Manchester: Manchester University Press, 1998), S. 145f.

53 Manal Badawy, Islamic Associations in Cairo (Magisterarbeit, American University in Cairo, 1999), S. 110. Siehe auch Denis Sullivan, Private Voluntary Organizations in Egypt (Gainesville: University Press of Florida, 1994), S. 65-68.

befriedigen – den potenziellen Rekruten der radikalen politischen Islamisten. Entgegen der gängigen Sicht waren radikale Islamisten wie die al-Dschama'a al-islamiyya und al-Dschihad weitaus weniger in der städtischen Gemeindearbeit involviert. Als ländliche und städtische Guerillas konzentrierte sich ihre Strategie auf bewaffnete Angriffe auf Staatsbeamte, Polizisten und Touristen. Dennoch verbanden sie dort, wo es möglich war, ihre politische Agitation mit einigen Wohlfahrtsaktivitäten, wie sie sie etwa in den Kairoer Armenvierteln Ain Shams und Imbaba betrieben.[54]

Das »Islamische« an all diesen Aktivitäten besteht in der Zusammenführung folgender Elemente: das Angebot einer Alternative sowohl zum staatlichen wie zum privaten Sektor, die religiöse Überzeugung vieler ihrer Aktivisten, die finanzielle Unterstützung von islamischen Stellen und schließlich die Bereitstellung erschwinglicher sozialer Leistungen. Es besteht ein breiter Konsens darüber, dass diese islamischen Gemeindeaktivitäten in vielen Fällen ihre säkularen Pendants übertreffen. Die zur Verfügung stehende finanzielle Unterstützung in Form des *Zakât* von muslimischen Geschäften und Aktivisten (2,5% der Einnahmen), verschiedene Spenden (*Sadaqat*) und von den Ersparnissen schiitischer Muslime eingezogene *khums* (ein Fünftel) und ausländischer Hilfen (etwa vom Iran an die Hisbollah und von Saudi Arabien an die FIS und die Salafisten) versetzen diese Vereinigungen in eine vergleichsweise vorteilhafte Situation. Anfang der 1990er Jahre meldete die Nasser Bank, die die *Zakât*-Komitees in Ägypten beaufsichtigt, einen *Zakât*-Fond von 10 Millionen Dollar.[55] Weitere Vorteile bestehen im Geist der Freiwilligkeit und der rechtlichen Begünstigung. D. h., im Gegensatz zu säkularen NGOs, die viele bürokratische Hürden nehmen müssen, um Gelder zu akquirieren, umgehen die PVOs das Gesetz durch Spenden und andere Beiträge von muslimischen Gläubigen in Gotteshäusern.[56]

54 Siehe Hisham Mubarak, Al-Irhabiiyuun Qademuoun! (Kairo: Dal Al-Mahrusah, 1995).

55 Zitiert nach Qandil, »Nonprofit Sector in Egypt«, S. 146.

56 Siehe Saad Eddin Ibrahim, Egyptian Law 32 on Egypt's Private Sector Organizations (Kairo: Ibn Khaldoun Center for Developmental Studies, 1996), Working Paper Nr. 3; Amani Qandil, »The Role of Islamic PVOs in Social Welfare Policy: The Case of Egypt«, Vortrag bei der Konferenz zu The Role of NGOs in National Development Strategy, Kairo, 28.-31. März 1993.

Die Aktivitäten der Islamisten an der Basis haben inzwischen andere gesellschaftliche Kräfte gezwungen, in diesen Wettbewerb einzusteigen, in der Hoffnung, sich diesen politischen Raum teilen zu können. Die türkischen religiösen Orden (*Tariqas*) überboten sich geradezu mit ihren Gemeindeaktivitäten, die von Moscheen und mit ihnen verbundenen Vereinigungen ausgingen.[57] Al-Azhar, die Säule des Islams der Etablierten in Ägypten, stellte im Wettbewerb mit der Muslimbruderschaft und der al-Dschama'a al-islamiyya vergleichbare soziale Dienste für die Bedürftigen bereit. Auf ähnliche Weise bemühen sich säkulare Gruppen – vornehmlich säkulare NGOs –, ihre eigenen, eher lückenhaften Alternativen anzubieten. Schätzungsweise fünf Millionen bedürftige Menschen haben 1990 von den Gesundheits-, Bildungs-, Finanz- und Gemeindediensten der ägyptischen PVOs profitiert.[58] Die Regierungen waren angesichts dieser Zahlen alarmiert, denn sie befürchteten, die politische Initiative an die Islamisten zu verlieren. Die Maßnahmen der ägyptischen Regierung zur Verbesserung der Slums und Besetzerviertel in den frühen 1990er Jahren waren eindeutig Ausdruck des Einflusses von Imbaba, dem Kairoer Slum, in dem militante Islamisten bis 1992 einen, wie es in den ausländischen Medien hieß, einen »Staat innerhalb des Staats« errichtet hatten.[59]

Vor dem Hintergrund dieser Aktivitäten fragt es sich, inwieweit der Islamismus ein nahöstliches Modell urbaner, sozialer Bewegungen darstellt? Inwieweit verkörpert der Islamismus einen Basisaktivismus in Stadtteilen und Arbeitskollektiven? Wie stark ermutigen die Islamisten die Armen, sich an ihren eigenen Angelegenheiten zu beteiligen, um ihre gesellschaftlichen Rechte zu verteidigen und auszuweiten? Auch wenn der Islamismus, ganz abgesehen von seinen verschiedenen Ausprägungen, als Form einer sozialen Bewegung betrachtet werden kann, so denke ich doch, dass er kein Ausdruck einer städtischen sozialen Bewegung ist. Die Identität des Islamismus liegt nicht in seiner besonderen Sorge um die städtischen Enteigneten. Er hat nie die Vision

57 Margulies und Yildizoglu, »Resurgence of Islam«, S. 149.

58 Siehe Ibrahim, Egyptian Law 32, S. 34.

59 Es überrascht nicht, dass der westliche Stadtteil Munira, eine Hochburg der Islamisten, mehr Fördergelder erhalten hat als alle anderen Stadtteile im nördlichen Gizeh, östlich von Kairo. Zwischen 1992/93 und 1995/96 wurden 372,5 Millionen ägyptische Pfund für Bauarbeiten, Modernisierung und Aufpolierung dieser Gegend zugewandt: Al-Ahram Weekly (24.-30. Oktober 1996), S. 12.

einer alternativen urbanen Ordnung artikuliert, um die herum die Gemeindemitglieder mobilisiert werden könnten. Die Islamisten betrachten diese als Wohlfahrtsempfänger, die von Anführern geleitet werden müssen. Von den Mitgliedern wird selten erwartet, dass sie sich aktiv an der Gestaltung ihrer Gemeinden beteiligen.

Die islamistischen Bewegungen haben umfassendere Ziele, als sich lediglich auf die Entrechteten zu konzentrieren, auch wenn viele Aktivisten mit armen Gemeinden zusammenarbeiten, um diese Ziele zu erreichen. Doch nicht alle agieren so. Im vorrevolutionären Iran zum Beispiel waren weder der Klerus noch die nichtklerikalen Islamisten, wie etwa Ali Shariati, an der Mobilisierung der Armen sonderlich interessiert; die Armen nahmen auch nicht aktiv an der islamischen Revolution teil. Die Mobilisierung der städtischen Armen durch den herrschenden Klerus begann größtenteils erst nach der Revolution. Der Klerus unterstützte die Benachteiligten durch die Rhetorik der Unterdrückten (Mustaz'afin) erstens, um die Parteinahme der Linken und der Volksmudschahedin für die unteren Klassen zu konterkarieren, und zweitens, um die Armen als gesellschaftliche Basis für ihren Kampf gegen die Linken, Liberalen und Reste des alten Regimes zu gewinnen. Die Flitterwochen zwischen den Armen und dem herrschenden Klerus endeten, als die Armen polarisiert wurden. Ein Teil wurde als Mitglieder der revolutionären Institutionen, etwa der Revolutionswächter, der Aufbauorganisation Jahad e Sazandegi u. ä. in den Staatsapparat integriert; andere blieben außen vor, und ihre Kämpfe für soziale Entwicklung brachte sie in Konflikt mit dem Regime.

Die libanesische Hisbollah mit ihrem Polizeiapparat war irgendwo zwischen einer sozialen Bewegung und einem Quasi-Staat angesiedelt. Die Hisbollah errichtete unter anderem eine Infrastruktur für soziale Entwicklung, doch nur wenige dieser Leistungen waren umsonst.[60] Ab Anfang 2000 kontrollierten sie und die Amal-Bewegungen die armen Vororte von Beirut. Auch wenn die Hisbollah den Partizipations- und Mobilisierungsdiskurs des United Nations Development Program (UN-Entwicklungsprogramms) verwendete, ist ihre Haltung gegenüber den Menschen vor Ort paternalistisch geblieben. Häufig ernennen sie Personen zu Stadträten (statt sie zu wählen) und arbeiten mit ihnen nahe ste-

60 Kfoury, »Hizb Allah«, S. 142.

henden NGOs zusammen.[61] Neben ihrer Mobilisierung der Basis griffen die Rifah-Partei in der Türkei und die FIS in Algerien zu ausgrenzenden und polarisierenden Maßnahmen. Die von der Rifah dominierten Kommunen praktizierten Vetternwirtschaft und Patronage; entließen säkulare Angestellte zugunsten von religiösen; bevorzugten Bauunternehmen, die der Partei Geld spendeten; und drückten, wenn sie Spenden erhielten, bei illegalen Grundstücksbebauungen ein Auge zu. Die Politik der »kulturellen Reinigung« der Rifah-Partei spaltete die Gemeinden.[62] Auf ähnlich ausgrenzende Weise zwang die ägyptische al-Dschama'a al-islamiyya Frauen in Imbaba, den Schleier zu tragen, sie setzten Videoläden und Friseursalons in Brand und verprügelten Männer, die Alkohol tranken. Die christliche Bevölkerung fühlte sich unsicher.

Während die organisierte Arbeiterschaft im Allgemeinen außerhalb der Reichweite der Islamisten blieb, gestaltete sich das Verhältnis zwischen den Islamisten und den städtischen Armen komplex. Entgegen der landläufigen Meinung sind die Wohlfahrtsorganisationen in Ägypten keine Wirkungsstätten islamistischer Politik. Sie fungieren schlicht als Dienstleistungsorganisationen. Die große Mehrheit hat keine Verbindung zum politischen Islam als solchem. Nur wenige unterhielten Beziehungen zur Muslimbruderschaft und gerade Mal eine Handvoll zu radikalen Islamisten, vor allem der al-Dschama'a al-islamiyya. Die anderen arbeiteten auf Grundlage eines humanitären Engagements oder eines einfachen Geschäftskalküls in einem Land, in dem der Markt für »islamische« Waren (islamische Mode, Bücher, Bildung und Unterhaltung) floriert. Eine explizit politische Haltung in den Wohlfahrtsvereinigungen entwickelte sich nicht etwa in den armen Gegenden, sondern in Vierteln der Mittelschicht und in den Berufsverbänden der Ärzte, Ingenieure und Rechtsanwälte, die mit der Muslimbruderschaft verbunden waren.[63] Doch die Ausbreitung islamischer Dienstleistungen und Waren ist nicht auf die Armenviertel oder nur auf Muslime be-

61 Siehe Mona Harb el-Kak, »Participation Practices in Beirut's Suburb Municipalities: A Comparison Between Islamic and ›Developmentalist‹ Approaches«, Vortrag bei der 4th International Other Connections Conference, Sites of Recovery, Beirut, 25.-28. Oktober 1999. Zu jüngeren Entwicklungen siehe Deeb, Enchanted Modern.

62 Akinci, »Welfare Party's Municipal Track Record«.

63 Siehe Amani Qandil, »Taqdim Adaa al-Islamiyya fi-Niqabat al-Mihniyya« (Kairo: CEDEJ/Cairo University, 1993); und Carrie Rosefsky Wickham, »Islamic Mobilization and Political Change: The Islamist Trend in Egypt's Professional Associations«, in Beinin und Stork, Political Islam, S. 120-35.

schränkt. Sie reicht hinein in die Viertel der Mittelschichten und Reichen und in die christlichen Gemeinden. Die islamischen Schulen sind nicht kostenlos; sie sind private Institutionen, die die Armen praktisch ausschließen. Selbst im Elendsviertel von Imbaba werden nur sehr wenige umsonst aufgenommen.[64] Die islamischen Schulen sind größtenteils auf die wohlhabenden urbanen Mittelschichten ausgerichtet.

Obwohl er Verbindungen zu verschiedenen Klassen hat, ist der Islamismus im Nahen Osten in erster Linie eine Bewegung nicht der Entrechteten, sondern der marginalisierten Mittelschichten. Agitatoren der Mittelschicht tendieren wiederum dazu, die Jugend und gut ausgebildete Arbeitslose neben den sozial besser gestellten und politisch marginalisierten Gruppen zu aktivieren. Es sind diese Gruppen, die als die wesentlichen Akteure eines gesellschaftlichen Wandels betrachtet werden. Aktivitäten unter den Armen beschränken sich weitgehend auf die Bereitstellung sozialer Dienste, häufig Wohltätigkeit, und die Mobilisierung bei Wahlen, sofern diese frei sind. Umgekehrt begegnen die muslimischen Armen in den Städten den Islamisten auf pragmatische Weise. Viele, die nicht direkt mit den Islamisten zu tun haben, sind sich über deren Absichten im Unklaren. Andere, die von ihren Aktivitäten profitieren, sind gleichzeitig dankbar und ängstlich. Es gibt keinen Beleg dafür, dass die städtischen Armen generell den Islamisten oder den Regierungen, die die Islamisten bekämpft haben, eine ideologische Allianz angeboten haben. Islamistische Bewegungen unterscheiden sich daher wesentlich von der lateinamerikanischen Befreiungstheologie. Das strategische Ziel der Befreiungstheologie besteht in der »Befreiung der Armen«, die Bibel wird in diesem Sinne ausgelegt.[65] Die islamistischen Bewegungen haben hingegen breitere gesellschaftliche und politische Zielsetzungen (z. B. die Errichtung eines islamischen Staats, islamische Gesetzgebung und Moral), als nur den Unterdrückten zu helfen, und säkulare Themen wie soziale Gerechtigkeit für die Armen folgen nur dem vornehmsten Ziel, der Etablierung einer islamischen Ordnung.[66] Außerdem teilen die meisten Islamisten eine besondere

64 Siehe Badawy, Islamic Associations in Cairo.

65 Siehe Gustavo Gutierrez, A Theology of Liberation: History, Politics, and Liberation (New York: Orbis Books, 1988).

66 Dies wird auf vielfältige Weise von den Islamisten ausgedrückt. Siehe Youssef al-Qaradawi, The Problem of Poverty, and How Can Islam Resolve It (auf Arabisch) (Beirut: Al-Risalaa, 1985).

moralische Vorstellung von der Gesellschaft, die repressiv bezüglich der Geschlechterverhältnisse ist und intolerant gegenüber religiösen Minderheiten und modernen säkularen Kräften, die ein nichtreligiöses demokratisches Gemeinwesen anstreben. Ideologische Monopole unterbrechen den Prozess einer pluralistischen Demokratisierung und zerstören den wirklich partizipatorischen Rahmen, der für eine nachhaltige gesellschaftliche Entwicklung wesentlich ist. Doch bietet die Vision, die hinter nichtreligiösen NGOs steckt, den Armen eine bessere Alternative?

Die Politik der NGOs

Die bemerkenswerte Ausbreitung islamischer Wohltätigkeitsvereine in den 1980er und 1990er Jahren spiegelt sowohl den Trend zur Islamisierung als auch das explosive Wachstum der NGOs im Nahen Osten im Allgemeinen wider. Die beachtliche Versammlung von etwa 700 NGO-Delegierten aus fast allen arabischen Staaten im Mai 1997 in Kairo, bei der es um die Fortführung der Diskussionen der 1994 stattgefundenen International Conference on Population and Development ging, markiert die wachsende Bedeutung, die diesem Sektor zukommt.

Im Nahen Osten ist das Vereinsleben kein neues Phänomen. Viele Länder in der Region haben eine lange Tradition philanthropischer Aktivitäten. Vereine im frühen 19. Jahrhundert waren religiös inspiriert, entweder von den islamischen Vorstellungen von Mitgefühl und guten Taten (wie etwa Zakât und Sadaqa zu zahlen) oder dem christlichen Wert tätiger Nächstenliebe. Im frühen 20. Jahrhundert entwickelten sich größtenteils säkulare Wohlfahrts- und Wohltätigkeitsvereine, wobei einige die Funktion hatten, antikoloniale Kampagnen zu verbergen. Viele der Wohlfahrtsvereine wurden von Frauen aus aristokratischen Familien geleitet, die durch die Arbeit in solchen Vereinigungen eine Rolle in der Öffentlichkeit, einer fast exklusiv von Männern dominierten Sphäre, spielen wollten. Obwohl sich das Erbe dieser Vereinskultur bis heute fortsetzt, sind die NGOs der jüngsten Vergangenheit grundverschieden und folgen einer anderen Logik.

Ende der 1990er Jahre gab es in Ägypten etwa 15.000 registrierte NGOs, doppelt so viele wie 1977. Zum Vergleich: In Tunesien entstanden 5.000 NGOs, von denen 10 Prozent wohltätig ausgerichtet waren. Im Libanon wuchs die Zahl der NGOs von 1.586 im Jahre 1990 auf über 3.500 im Jahre 1996 – bei einer Einwohnerzahl von drei Millionen Menschen; in Jordanien stieg die Zahl von 112 im Jahre 1980 auf über 800 heute. Die Palestinian Indigenous (Ahli) Organizations (IAOs) nahmen von 1.000 (einschließlich 800 in den besetzten Gebieten und 200 in Israel) in den frühen 1990ern auf heute 1.800 zu. (Viele waren entweder bei den israelischen oder den jordanischen Behörden registriert. Aber die womöglich wichtigeren, auch als »Massenorganisationen« bekannten NGOs, waren meist unregistriert.) Was den Iran angeht, so schätzen einige die Zahl der NGOs auf bis zu 15.000, eine vermutlich übertriebene Zahl. In den 1980er Jahren, während des Kriegs gegen den Irak, wurden viele informelle Volksvereinigungen gegründet. Doch wegen des vorherrschenden Populismus und Irans Politik der »geschlossenen Tür« ist die Zahl der Entwicklungs-NGOs verschwindend gering im Vergleich zu anderen Ländern des Nahen Ostens. Viele Hilfs- und Wohlfahrtsaktivitäten werden im Iran von Regierungsorganisationen oder Regierungs-NGOs ausgeführt, darunter vor allem dem Imam's Relief Committee, der Foundation of Martyrs, der Construction Crusade, der Housing Foundation, und der Volunteer Women's Community Health Workers' Organization. Doch seit den späten 1990er Jahren gibt es einen neuen Trend, NGOs zu gründen, die sich einzelnen Berufen, der Gesundheit von Frauen oder der Umwelt widmen. Das Network of Women's NGOs umfasst beispielsweise zwischen 58 und 100 Organisationen. Dem neue Denken seit der Ära Präsident Mohammad Khatamis entsprechend, sollen die örtlichen Räte in Stätten der Volksbeteiligung umgewandelt werden, während die zurzeit etwa 2.500 NGOs für Dienste und Wohltätigkeit verantwortlich sein sollen.[67]

67 Siehe das Interview mit Saiid Hajjarian, eine Führungsfigur des Teheraner Stadtrats und Berater von Präsident Khatami, in Middle East Report 212 (1999). Für Daten zu den NGOs siehe Qandil, »The Nonprofit Sector in Egypt«, S. 139; Roula Majdalani, »NGOs as Power-Brokers in the Rebuilding of a Fragmented State: The Case of Lebanon«, unveröffentlichter Vortrag, Beirut, August 1999, S. 14; Majdalani, »Bridging the Gap«, S. 2; Khalil Nakhleh, Indigenous Organizations in Palestine (Jerusalem: Arab Thought Forum, 1991); »A Little Neighborly Advice«, Cairo Times (2.-15. September 1999), S. 21; Massoumeh Ebtekar, »Women's NGOs and Poverty Alleviation: The Iranian Experience« [auf Englisch], Farzaneh 4 (1998), S. 10. Ein Bericht von Baquer Namazi, »Iranian NGOs: Situational Analysis« (Teheran, Januar 2000), liefert brauchbare frühe Daten. Siehe auch Nowrouz, 4 Tir 1380/2001, S. 9.

Die NGOs in der Region lassen sich hinsichtlich ihrer Grundprinzipien oder der Motivation ihrer Aktivitäten in vier Typen unterteilen. Die religiös motivierten Vereine sind durch Moscheen und islamische Persönlichkeiten bzw. Kirchen und christliche Institutionen organisiert. Sie werden von religiösen Verpflichtungen oder religiös-politischen Faktoren getragen. Die klassischen Wohlfahrtsverbände, die meist von Familien der Oberschicht betrieben werden, haben inzwischen einige Entwicklungsfunktionen, wie etwa das Generieren von Einkommen, Ausbildung und Förderung der Kommunen übernommen. Professionelle NGOs werden zum größten Teil von Fachkräften aus der oberen Mittelschicht und zuweilen von Entwicklungsexperten gemanagt, die durch ihre Ausbildung und ein humanistisches Anliegen oder einfach aus materiellem Eigeninteresse motiviert sind. Und schließlich gibt es vielfältige, vom Staat gesponserte »NGOs« wie z.B. die ägyptischen Community Development Associations und die iranische Foundation for the Dispossessed. Diese Gruppen bilden letztendlich den verlängerten Arm des Staats. Zusammengenommen sind diese NGOs in unterschiedlichen Feldern der Menschenrechte, Frauenfragen, Wohlfahrt, Kultur, Wirtschaft und Entwicklung tätig. Ich möchte mich hier auf die Wohlfahrts- und Entwicklungs-NGOs, die sich um benachteiligte Gruppen kümmern, konzentrieren.

Eine Reihe von Faktoren hat zum spektakulären Anwachsen der NGOs geführt. Zunächst gab es, wie anderenorts auch, in den ärmeren Ländern der Region (z.B. Ägypten, Jordanien und Tunesien) das Bedürfnis, die Lücke zu schließen, die durch die staatliche Unfähigkeit oder den Unwillen, sich um die gesellschaftliche Entwicklung im Zuge der Umsetzung neoliberaler Politik zu kümmern, entstanden ist. Das Bevölkerungswachstum und die Zuwanderung in die Städte hatten bereits die städtischen sozialen Dienste unter enormen Druck gesetzt. Wo der Staat abwesend oder nicht mehr existent war, wie im Libanon oder in den palästinensischen Gebieten, wurde diese Lücke mittels Selbsthilfe geschlossen. Der zweite Faktor ist die Vergabe ausländischer Mittel, die als Folge einer neuen Spendenpolitik nun größtenteils an NGOs statt an einzelne Staaten verteilt werden. Externe Fördermittel haben nicht nur zur Gründung von NGOs ermutigt, sondern auch deren Aktivitäten beeinflusst. Als es beispielsweise Geld für Menschenrechtsaktivitäten gab, wurden Menschenrechtsorganisationen gegründet. Drittens schien es einen einzigartigen Konsens quer durch das gesamte politische Spektrum – von Neoliberalen, Weltbank, Regierungen bis hin zu liberalen und linken Oppositionsgruppen – zu geben, NGOs zu unterstützen. Die Konservativen wollten die Last der sozialen Dienste vom Staat auf die Individuen übertragen. Für sie stellten die NGOs ein Sicherheitsnetz dar, um potenzielle soziale Unruhen, ausgelöst durch die Auswirkungen der neoliberalen Politik, abzuwenden. Nach Ansicht des Prinzen Talal Abdel-Aziz al-Saud von Saudi Arabien sind »NGOs der zentrale Bestandteil von Entwicklung«. Und für einen prominenten arabischen Befürworter hätten die NGOs »Klassenkampf und Sozialismus ersetzt«.[68] Nahöstliche Liberale und Linke unterstützen ebenfalls die NGOs, weil sie diese in ihrer Rolle als Akteure eines Wandels von unten wahrnehmen, die letztendlich zu Entwicklung und Demokratisierung beitragen. So besteht für einen palästinensischen Aktivisten »die wichtigste Rolle der NGOs in einer zukünftigen palästinensischen Selbstbestimmung darin, die Veränderungsprozesse zu beschleunigen, die ländliche Bevölkerung zu mobilisieren und die Gesellschaft zu demokratisieren«.[69] Wegen ihrer geringen Größe, ihrer Effizienz und ihres Engagements für die Anliegen der Armen werden NGOs als die wahren Vehikel einer Beteiligung der Basis an Entwicklung gesehen. Folglich dienen sie als Bollwerk gegen die schleichende Verbreitung des islamischen Fundamentalismus, indem sie ein alternatives Ventil zu den islamistischen Agenden bilden.

Doch wie effektiv sind die Entwicklungs- und Wohlfahrts-NGOs bei der Durchsetzung eines gesellschaftlichen Wandels im Nahen Osten? Die meisten Studien bestätigen, dass der Sektor »eine lebenswichtige Komponente des sozialen Sicherheitsnetzes einer Nation ist und ein wichtiger Versorger von wertgeschätzten sozialen Diensten«.[70] Im Irak, im Libanon, in Palästina und im Sudan, wo die Staaten abwesend oder nicht mehr existent waren oder in eine tiefe Krise geraten sind, spielten die NGOs eine entscheidende Rolle bei der Sicherung des Überlebens,

68 Beide Aussagen wurden während der Regional Follow-Up Conference of Arab NGOs in Kairo, 17.-19. Mai 1997, gemacht.

69 Siehe Daoud Istanbuli, »The Future Role of Palestinian NGOs in an Emerging Palestinian Self-Government«, Middle East Working Group Seminar, Jerusalem, 21.-22. Juni 1993, S. 12.

70 Unter den vielen Berichten, in denen solche Ansichten, zum Ausdruck kommen, siehe z. B. Robert LaTowsky, »Financial Profile of Egypt's PVO Sector«, Bericht, Weltbank, Juni 1994.

bei Soforthilfe und Fürsorge. Nach Angaben der Weltbank gewährleisteten 1994 die palästinensischen NGOs 60 Prozent der primären und 50 Prozent der sekundären und tertiären Gesundheitsversorgung; 100 Prozent der Programme für Behinderte und Vorschulkinder; und einen beträchtlichen Anteil der Dienste für Landwirtschaft, Wohnungsbau, für Kredite an kleine Unternehmen und Wohlfahrt.[71] Angesichts der zunehmenden Privatisierung und hohen Kosten des Gesundheits- und Ausbildungswesens wären die ärmsten Teile der Gesellschaft kaum in der Lage, sich die steigenden Kosten ohne diese Vereine zu leisten. In gewissem Sinne unterstützen die NGOs den schrumpfenden öffentlichen Sektor, auf den sich Millionen BürgerInnen nach wie vor verlassen. Bei meinen Untersuchungen in Kairo zeigte sich, dass die Räumlichkeiten der NGOs häufig von der Gemeinde kostenlos oder zu einem symbolischen Preis genutzt werden konnten – als Kindertagesstätten, Ambulanzen, Beratungsstellen für Familienplanung, für Freizeit- oder Fortbildungskurse in Nähen, Puppenmachen, der Reparatur von elektrischen Geräten usw.

Ein Verein, der Mikrokredite an alleinstehende Mütter vergab, ermöglichte es Hunderten Frauen, kleine Geschäfte in ihren Räumlichkeiten zu eröffnen und sich so selbst zu versorgen. Die Zentralen der NGOs hatten ebenfalls häufig eine soziale Funktion, etwa indem sie armen Familien in der Nachbarschaft, meistens Frauen, ermöglichten, sich öffentlich zu versammeln und soziale Kompetenzen zu erwerben, z. B. wie man in der Öffentlichkeit redet und sich »korrekt« verhält. Schätzungsweise fünf Millionen Menschen profitieren von solchen Vereinen.[72] Alleine die 3.000 ägyptischen CDAs kommen mit ihren Programmen zu Gesundheitsvorsorge, Lebensmittelproduktion, Frauenprojekten, Familienplanung, Generierung von Einkommen sowie Entwicklung von Kindern und Jugendlichen etwa 300.000 Menschen zugute.[73]

Doch gesellschaftliche Entwicklung bedeutet mehr als Überleben, Fürsorge und die Bereitstellung eines Sicherheitsnetzes in völliger Abhängigkeit von karitativen Initiativen und prekärer Auslandshilfe.[74]

71 Sonderbericht, Cairo Times (2.-15. September 1999), S. 21.

72 Zitiert nach Ibrahim, Egyptian Law 32.

73 Federation of Community Development Associations, »Fact Sheet«, Kairo, 14. März 1990.

74 Beispielsweise nahmen die ägyptischen NGOs 1991 nur drei Millionen ägyptische Pfund (weniger als 1 Million US-Dollar) vor Ort ein, und das Ministerium für So-

Zudem bedeutet im gegenwärtigen Entwicklungsdiskurs gesellschaftliche Entwicklung nicht nur die Befriedigung von Grundbedürfnissen, sondern auch, soziale und ökonomische Rechte durchzusetzen und Menschen zu ermöglichen, sich selbst zu versorgen. Dazu ist es mit Anisur Rahmans Worten notwendig, »einen Zustand herbeizuführen, in dem Menschen denken, ihre Fähigkeiten nutzen und handeln, also teilhaben können.«[75] Idealerweise sollte eine »NGO so arbeiten, dass sie sich bei einer beliebigen Gruppe oder Anzahl von Gruppen, mit denen sie intensiv gearbeitet hat, nach und nach selbst überflüssig macht.« Kurz, die Entwicklungs-NGOs sollten die Basis mobilisieren. Inwieweit erreichen sie im Nahen Osten dieses Ziel? Viele Befürworter beschweren sich über das Fehlen eines Geists der Partizipation in den NGOs. Trotz der jüngsten Tendenz, professionelle und Interessensvereine zu gründen, bleiben die meisten NGOs in Jordanien »von Wohltätigkeit motiviert«.[76] Aktivisten hoffen, dass sie einen »Befähigungsansatz« übernehmen werden.[77] Libanesische NGOs sind nach wie vor ein Erbe des Kriegs und meist auf dem Feld der Fürsorge und Nothilfe aktiv; wie ihre palästinensischen Pendants sind sie extrem abhängig von externer humanitärer Hilfe.[78] Erst in letzter Zeit hat es eine eindeutige Verschiebung von karitativer und humanitärer Hilfe hin zu Entwicklungs- und Interessensvereinen gegeben (Menschenrechte, Frauen und Demokratie).[79] Die palästinensischen Wohltätigkeitsvereine schafften es, in den Bereichen Fürsorge, Gesundheit, Bildung und Kultur den Bedürftigen im Alltag zu helfen. Sie spielen »bestenfalls eine präventive

ziales konnte lediglich 35 Prozent aller PVOs, oft uneinheitlich, unterstützen. Einer anderen Studie zufolge machte die staatliche Unterstützung der PVOs weniger als 10 Prozent und Hilfen aus dem Ausland nur 5 Prozent der Einnahmen in diesem Sektor aus. Mit anderen Worten müssen sich diese PVOs, um zu überleben, auf sich selbst verlassen. Dort, wo interne Quellen kaum vorhanden sind, wie im Irak, den palästinensischen Gebieten und Libanon während des Krieges, wird externe Finanzierung überlebenswichtig: siehe Ibrahim, Egyptian Law 32.

75 Anisur Rahman, People's Self-Development (London: Zed Books, 1993), S. 67-73.

76 Majdalani, »Bridging the Gap«.

77 Siehe das Interview mit Curtis Rhodes von der Near East Foundation, Jordanien, in Economic Perspectives 11 (1993), S. 7.

78 Siehe Ghassan Sayyah, »Potential Constraints upon NGOs in Lebanon«, Vortrag bei dem Workshop Reconstruction, Rehabilitation, and Reconciliation in the Middle East: A View from Civil Society, Ottawa, 21. Juni 1993.

79 Majdalani, »NGOs as Power-Brokers«, S. 14.

Rolle, indem sie eine grundlegende soziale Fürsorge leisten, doch sie spielen keine Rolle bei der Entwicklung im eigentlichen Sinne«.[80] Entsprechend hat der überwiegende Fokus der NGOs auf Dienstleistungen bei gleichzeitiger Vernachlässigung produktiver Aktivitäten die Palästinenser noch abhängiger von der israelischen Wirtschaft gemacht.

Einige Berichte über NGOs, besonders über die traditionellen Wohltätigkeitsvereinigungen in Ägypten, weisen auf deren paternalistische Haltung und Struktur hin.[81] Der Paternalismus zeigt sich sowohl in der internen hierarchischen Organisation der lokalen NGOs als auch in ihrem Verhältnis zu den UnterstützungsempfängerInnen. In den NGOs werden die wesentlichen Entscheidungen von einer oder zwei Personen getroffen, selten werden die Angestellten oder Berater einbezogen. Umgekehrt sind die Angestellten nicht durch altruistische Überzeugungen, sondern durch finanzielle Anreize motiviert. Mit dem Mangel an Freiwilligkeit scheint die Arbeit bei einer NGO für die statusbewussten aber schlecht bezahlten Angestellten wenig mehr als ein stumpfsinniger Job zu sein.

Paternalistische NGOs sehen ihre Nutznießer eher als Hilfsempfänger denn als Menschen, die an einer Entwicklung teilhaben. Für die »Gefälligkeiten« und ihr Wohlwollen erwarten NGOs oft Loyalität, Unterstützung und Entgegenkommen. Es stehe den Nutznießern nicht an, die Adäquatheit oder Qualität der Dienste oder die Rechenschaftsberichte der NGOs infrage zu stellen, denn dies würde als Einmischung in deren innere Angelegenheiten gesehen. Es sind nicht die Zielgruppen, sondern die Leiter und Spender der NGOs, die die Bedürfnisse und Prioritäten der jeweiligen NGO definieren. Ein gängiges Problem bei den nahöstlichen NGOs ist die Projektverdopplung, die nicht nur eine

80 Nakhleh, Indigenous Organizations, S. 50.

81 Siehe Saad Eddin Ibrahim, »Grassroots Participation in Egyptian Development«, Cairo Papers in Social Science 19, Nr. 3 (1996); Delta Business Service International: Khattab and Associates, »Analysis of Registered Private Voluntary Associations in Cairo and Alexandria«, Bericht, Agency for International Development, Kairo, 21. Juni 1981; El-Karanshawy, »Governance, Local Communities«; Fatma Khafagy, »Needs Assessment Survey of NGOs in Egypt«, Bericht, African Women's Development and Communications Networks, Kairo, August 1992; Bertrand Laurent und Salma Galal, »PVO Development Project Evaluation Report«, Bericht, USAID/Egypt, Kairo, Dezember 1995. Zu Jordanien und den Libanon siehe Majdalani, »Governance and NGOs in Lebanon« bzw. »Bridging the Gap«.

Folge unzureichender Koordination ist, sondern auch des Ignorierens der spezifischen Anliegen der Unterstützungsempfänger. Wettbewerb und interne Streitigkeiten unter den NGOs sowie die Schwankungen in der Politik der Spender (oft vermittelnde NGOs) verhindern die Koordinierung von Entwicklungsstrategien und führen zu diesem Problem der Verdopplung. Tatsächlich stehen örtliche Vereine oft in klientelistischer Verbindung zu den vermittelnden NGOs, die die Gelder an sie weiterleiten.

Die professionellen NGOs, die seit den 1990er Jahren exponentiell angewachsen sind, scheinen einige der administrativen Mängel und bedenklichen Einstellungen der traditionelleren Wohlfahrtsvereinigungen überwunden zu haben. Sie versuchen sowohl intern als auch im Verhältnis zu ihren Kunden partizipatorische Verfahren anzuwenden und legen Wert auf Professionalität, Bildung und Effizienz. Dies trifft heute auf viele Frauen-, Menschenrechts- und Interessens-NGOs zu.[82] Dennoch führen bestimmte Merkmale dieser professionellen Organisationen – Hierarchie der Autorität, festgelegte Verfahren, Starrheit und Arbeitsteilung – dazu, den Geist der Partizipation zu schwächen. Rema Hammami hat im Falle Palästinas gezeigt, dass der lokale Aktivismus und die Massenorganisationen vor dem Friedensprozess meist Mobilisierung anstrebten – d. h., die Aktivitäten wurden unter Beteiligung der Basis initiiert, beschlossen und ausgeführt. Nach der Gründung der Palästinensischen Autonomiebehörde verwandelten die Bedingungen ausländischer finanzieller Unterstützung diese Gruppen in Organisationen der professionellen Elite mit ganz bestimmten Diskursen bezüglich Effizienz und Expertise. Diese neue Ausrichtung hat zur Folge, dass eine Distanz zwischen den NGOs und der Basis entsteht.[83] Der Aktivismus der NGOs ist also in Wahrheit der Aktivismus der NGO-Anführer, nicht der von Millionen betroffener Menschen. Diese NGOs dienen mehr ihren Angestellten als ihren potenziellen Nutznießern.

Zusätzlich zu den internen Problemen (Paternalismus und administrative Unzulänglichkeit) stellt die staatliche Überwachung ein echtes Hindernis für den autonomen und gesunden Betrieb der NGOs dar.

82 Siehe Susan Schaefer Davis, »Advocacy-Oriented Non-Governmental Organizations in Egypt: Structure, Activities, Constraints, and Needs«, Bericht, USAID/Egypt, Kairo, Mai 1995.

83 Rema Hammami, »NGOs: The Professionalization of Politics«, Race and Class 37 (1995), S. 51-63.

Generell nehmen die Staaten der Region wie im Falle der Basisvereine eine widersprüchliche Haltung gegenüber NGOs ein: Sie werden so lange unterstützt, wie sie die Last sozialer Dienstleistungen mindern und zur Armutsbekämpfung beitragen. In den späten 1990er Jahren gab es in den nahöstlichen Staaten eine wachsende Anerkennung der Beiträge zur gesellschaftlichen Entwicklung, die im freiwilligen Sektor geleistet werden. Dies zeigte sich in neuen und wohlwollenden Gesetzen zu den NGOs und öffentlichen Bekundungen der Unterstützung dieser Organisationen (etwa in Ägypten, im Iran und in Jordanien). Doch die Regierungen befürchten gleichzeitig den Verlust politischer Räume, denn die NGOs könnten auch oppositionell werden. Oft zieht es Berufsverbände (in Ägypten, Jordanien, Palästina und dem Iran) als Ausgleich für das Fehlen oder die Unzulänglichkeiten von politischen Parteien in die Politik. Während Regierungen also das Vereinsleben erlauben, üben sie durch die Überprüfung der Initiatoren eine strikte rechtliche Kontrolle aus; sie überprüfen die Geldbeschaffung und verbieten nonkonformistische NGOs. Diese widersprüchliche Situation hat teilweise mit den wirtschaftlichen und politischen Fähigkeiten der Staaten zu tun. Während die wirtschaftliche Schwäche in einem Land Raum für die Eigeninitiative der Bevölkerung wie in Form von NGOs schaffen kann, wird dieser Raum meist aufgrund der politischen Schwäche eines Staats eingeschränkt. Um ein Beispiel zu geben: Als in den frühen 1990er Jahren der iranischen Regierung die finanziellen Mittel fehlten, um etwas gegen das rasante Bevölkerungswachstum zu unternehmen, mobilisierte sie mehr als 20.000 weibliche Freiwillige, denen es durch Aufklärungsarbeit gelang, erfolgreiche Familienplanung und primäre Gesundheitsvorsorgeprogramme in den Städten durchzusetzen, was dazu beitrug, die Geburtenrate von 3,4 Prozent im Jahre 1987 auf 1,4 Prozent im Jahre 1996 zu senken. Doch die Regierung lehnte die Forderung dieser Frauen, eine Vereinigung zu gründen, vehement ab, denn sie fürchtete eine unabhängige Organisation.[84] Das heißt, dass in der Praxis der Staat bestimmte NGOs (in Abhängigkeit von ihren Aktivitäten) bevorzugt und anderen misstrauisch gegenübersteht. So werden beispielsweise Vereinigungen, die in ihren Reihen Beamte mit Beziehungen zu höheren Kreisen haben, besser behandelt als kritische Men-

84 Homa Hoodfar, Volunteer Health Workers in Iran as Social Activists: Can »governmental non-governmental organisations« be agents of democratisation? Women Living under Muslim Laws, Occasional Paper Nr. 10 (Paris: WLUML, 1998).

schenrechts- und Frauenorganisationen.[85] Daher ist es äußerst wichtig, den NGO-Sektor nicht als eine homogene Einheit zu betrachten. Wie bei dem Begriff der »Zivilgesellschaft« tragen Klassenzugehörigkeit und Beziehungen auch im privaten, freiwilligen Sektor zur Schichtenbildung bei.

Diese negativen Aspekte haben zum einen kulturelle und einstellungsbedingte Ursachen (z. B. die paternalistische Herangehensweise an Entwicklung und Statusorientiertheit), zum anderen strukturelle. Im Gegensatz zu den Gewerkschaften und Kooperativen sind die Nutznießer der NGOs nicht deren Mitglieder. Daher können sie die NGOs auch nicht wegen ihrer Unzulänglichkeiten zur Rechenschaft ziehen. Dasselbe Verhältnis besteht wiederum zwischen den lokalen NGOs und den Geldgebern.[86] Mahmood Mamdani hat womöglich recht, wenn er sagt, dass die NGOs zwar den existierenden Klientelismus unterminieren, gleichzeitig aber einen neuen Typus des Klientelismus erzeugen.[87] Die Frage ist also, ob die heutigen NGOs strukturell in der Lage sind, Partizipation für eine sinnvolle Entwicklung an der Basis zu fördern. Womöglich erwarten wir schlicht zu viel von den NGOs, wie Neil Webster in Bezug auf Indien feststellt. Vielleicht schreiben wir diesen NGOs »Entwicklungsqualitäten und -fähigkeiten« zu, »die diese tatsächlich nicht besitzen«.[88] Ungeachtet unserer Erwartungen, ist Selbstinitiative – kollektive oder individuelle Mobilisierung – nach wie vor ein wesentlicher Faktor, um arme Menschen in die Lage zu versetzen, tatsächlich ihr eigenes Leben zu gestalten. Im Nahen Osten tragen die bestehenden Formen des Aktivismus in den Stadtteilen – oder die Gewerkschaften, der soziale Islam und die NGOs – zum Wohlergehen unterprivilegierter Gruppen bei. Doch es gelingt ihnen nicht, eine große Zahl von Menschen zu aktivieren und in Richtung einer nachhaltigen Mobilisierung mit dem Ziel gesellschaftlicher Entwicklung zu lenken. Die sozialpoliti-

85 Interview mit Hassan el-Banna, einem auf NGOs spezialisierten Beamten im Ministerium für Soziales, 1996.

86 Für mehr Details siehe Staffan Lindberg und A. Sverisson, (Hrsg.), Globalisation, Democratisation, and Social Movements in the Third World, Forschungsbericht Nr. 35 (Lund, Schweden: Universität von Lund, 1995), S. 57f.

87 Siehe Mahmood Mamdanis Anmerkungen in ebenda, S. 61.

88 Neil Webster, »The Role of NGDOs in Indian Rural Development: Some Lessons from West Bengal and Karnataka«, European Journal of Development Research 7 (1995), S. 407-433.

schen Umstände im Nahen Osten erzeugen tendenziell eine besondere Form des Aktivismus – eine Graswurzel-Nicht-Bewegung, die meiner Ansicht nach weitreichende Folgen für gesellschaftliche Veränderungen hat. Ich spreche hier vom »stillen Vordringen des Alltäglichen«.

Das stille Vordringen des Alltäglichen

Oben habe ich das stille Vordringen als das leise, allmähliche und umsichgreifende Vorrücken ganz normaler Menschen auf die Besitzenden und Mächtigen beschrieben, mit dem sie zu überleben und ihr Leben zu verbessern versuchen.[89] Gekennzeichnet ist dieses Vordringen durch eine stille, größtenteils atomisierte und langwierige Mobilisierung mit sporadischen kollektiven Aktionen – offene und flüchtige Kämpfe ohne klare Führerschaft, Ideologie oder strukturierte Organisation. Obwohl das stille Vordringen im Grunde eine Nicht-Bewegung ist, unterscheidet es sich von Überlebensstrategien oder dem »alltäglichen Widerstand«, denn die Kämpfe und erreichten Fortschritte der Armen gehen nicht auf Kosten anderer armer Menschen oder auf eigene Kosten (wie bei den Überlebensstrategien), sondern auf die des Staats, der Reichen und der Allgemeinheit. Darüber hinaus sollten diese Kämpfe nicht zwingend als defensive, lediglich im Bereich des Widerstands stattfindende betrachtet werden. Sie haben vielmehr ein kumulatives Vorrücken zur Folge: Die AkteurInnen erweitern tendenziell ihren Raum, indem sie neue Positionen einnehmen, um dann fortzuschreiten. Diese Art des stillen Aktivismus stellt viele grundsätzliche Vorrechte des Staats infrage, darunter die Bedeutung von »Ordnung« und des »Urbanen« sowie die Kontrolle über den öffentlichen Raum. Doch die unmittelbarste Konsequenz besteht in der Umverteilung von gesellschaftlichen Güter durch die (unrechtmäßige und direkte) Aneignung des kollektiven Konsums (Land, Behausungen, Leitungswasser, Strom), von öffentlichem Raum (Bürgersteige, Kreuzungen, Straßenparkplätze) und von Gelegenheiten (günstige Geschäftsbedingungen, Standorte und Labels).

Der Iran nach der Revolution erlebte eine beispiellose Besiedlung – meist durch Arme – von öffentlichem und privatem Land, von Woh-

89 Für diese theoretischen Stellen habe ich Teile meines Texts Street Politics (New York: Columbia University Press, 1997), Kapitel. 1, übernommen.

nungen, Hotels, Bürgersteigen und der öffentlichen Versorgung. Zwischen 1980 und 1992 wuchs die Fläche Teherans gegen den Willen der Regierung von 200 auf 600 Quadratkilometer an; weit über hundert meist informelle Gemeinden entstanden im Großraum Teheran. Die AkteurInnen der massiven informellen Ökonomie waren nicht mehr nur die typischen, marginalisierten Armen, sondern rekrutierten sich auch aus den neuen Mittelschichten; es waren gut ausgebildete Gehaltsempfänger, deren Arbeitsplätze im öffentlichen Sektor in den 1980er Jahren rapide abgebaut worden waren. Auf noch dramatischere Weise haben Millionen Landflüchtige und städtische Arme in Ägypten Friedhöfe, Dächer, staatliche und private Grundstücke am Stadtrand besetzt, wodurch nahezu völlig autonome Gemeinden entstanden sind. Im Großraum Kairo existieren mehr als 111 spontan entstandene Siedlungen (Ashwaiyyat) mit über sechs Millionen BewohnerInnen, die illegal Ackerflächen parzelliert und Behausungen gebaut haben. Insgesamt sind 344 Quadratkilometer Land besetzt oder illegal bebaut worden, meist von Gruppen mit niedrigem Einkommen. Etwa 84 Prozent aller Wohneinheiten, die zwischen 1970 und 1981 entstanden sind, wurden informell errichtet. Dieser Trend hat sich seitdem fortgesetzt. Zu diesen informellen Wohnungen kommt noch das »vertikale Vordringen« – der Ausbau von zusätzlichen Zimmern, Balkonen und Räumen auf den Dächern. Das Kapital für diese Bautätigkeit stammt vorwiegend von informellen Kreditvereinigungen (Gama'iyyat), die in den Nachbarschaften angesiedelt sind. Viele vermieten die Wohnungen illegal an andere arme Familien. Der zukünftige Mieter gibt das »Schlüsselgeld«, das er sich von einer Kreditvereinigung leiht, an den Grundstückbesitzer, der dann die Wohnung baut und sie anschließend an die Person, die das »Schlüsselgeld« beschafft hat, vermietet. Der Grundstückbesitzer wird zum Hauseigentümer und der Mieter bekommt eine Wohnung. Beide handeln gegen das Gesetz, das lediglich eine einjährige Mietvorauszahlung erlaubt.[90]

Sobald sie sich niedergelassen haben, zwingen die Armen die Behörden häufig dazu, Versorgungsleistungen, den Kollektivkonsum, auf ihre Nachbarschaften auszudehnen, da sie sich diese sonst illegal aneignen. Viele arme Menschen in Teheran, Kairo, Istanbul, Casablanca und anderen Städten nutzen illegal Strom und fließendes Wasser oder

90 Für eine detaillierte Beschreibung siehe Wikan, Tomorrow, God Willing.

manipulieren Strom- und Wasserzähler. In den späten 1990er Jahren kostete der Stadt Alexandria die illegale Nutzung von Leitungswasser durchschnittlich 3 Millionen Dollar im Jahr. Ein flüchtiger Blick auf die Kairoer Stadtteile Dar al-Salam, Ezbet Sadat, Ezbet Khairallah, Ezbet Nasr oder Basaatin belegt dieses weitverbreitete Phänomen. Ende April 1996 meldete die Stadt, dass sie in den Gemeinden Dar al-Salam und Basaati bei einer einzigen Razzia 800 illegal angezapfte Stromleitungen kappen ließ.

Diese informelle und meist kostenlose Nutzung kollektiver Versorgungsleistungen lässt den Regierungen kaum eine andere Wahl, als die informellen Siedlungen selektiv zu integrieren, in der Hoffnung, dass die BewohnerInnen dann für die Leistungen, die sie bisher illegal nutzten, zahlen. Auch die Erhebung von Grundstücks- und Gemeindesteuer spielt dabei eine Rolle. Obwohl die Armen die Ausweitung der Leistungen begrüßen, können sie häufig die Rechnungen dafür nicht bezahlen. Daher ist es nicht unüblich, dass an den Rändern dieser soeben formalisierten Gemeinden weitere informelle Gemeinden entstehen. Menschen, die ihren Lebensunterhalt auf der Straße verdienen, eignen sich still und leise öffentliche Verkehrswege an, um ihren Geschäften in einer riesigen Parallelwirtschaft nachzugehen. Die Straßen in den Geschäftsvierteln nahöstlicher Städte sind von Straßenhändlern bevölkert, die in von Ladenbesitzern geschaffene, günstige Infrastrukturen eindringen. In Kairo sollen 600.000 Straßenverkäufer unterwegs sein, in Teheran bis vor Kurzem 150.000. »Informell« bedeutet nicht nur, dass die AkteurInnen im Allgemeinen die Kosten der Formalität (etwa Steuerbestimmungen) umgehen – sie profitieren auch vom Diebstahl importierter Waren und Marken und geistigen Eigentums. Mit einem Startkapital von 6 Dollar kann ein Kairoer Händler bis zu 55 Dollar im Monat verdienen.[91]

Tausende armer Menschen (in Kairo, Istanbul und Teheran) leben vom Geld, das sie für das Parken von Autos in Straßen bekommen, die sie kontrollieren und so aufteilen, dass möglichst viele Parkplätze entstehen. Die Gangs, die diese inoffiziellen Parkplätze kontrollieren, sind komplex organisiert. Eine weitere Möglichkeit, sich seinen Lebensunterhalt zu verschaffen, besteht im Aufbau alternativer Transportsysteme. Ezbet Khairallah in Kairo ist typisch für Tausende ähnlicher Viertel in

91 Siehe Ru'ya (Kairo), Nr. 8, S. 20.

der Region, in denen Fahrgäste in Kleinbussen ohne Nummernschilder befördert werden. Eine Zeitung beschrieb diese Gemeinde Anfang der 1980er Jahre als eine, die »kein Beamter seit der Gründung je betreten hat«.[92] Die Logik hinter diesen Formen des Vordringens veranschaulicht ein Kairoer Straßenhändler: »Wenn man mit der Regierung zu tun hat, muss man nach dem Sprichwort handeln: ›Spiele mit dem, womit du gewinnen kannst‹.«[93]

Regierungen senden meist widersprüchliche Signale aus, wenn es um das stille Vordringen geht. Einerseits sehen sie, wie die Menschen sich selbst helfen – bei dem Bau von Behausungen, der Erlangung von Versorgungsleistungen und der Schaffung von Jobs. Andererseits registrieren sie, dass diese Aktivitäten größtenteils auf Kosten des Staats, der Besitzenden und der Allgemeinheit gehen. Ebenso von großer Bedeutung ist die Tatsache, dass die Armen dazu neigen, sich den Behörden zu entziehen, indem sie eine andere öffentliche Ordnung herstellen, unabhängig handeln und häufig das Bild von Modernität, das sich eine Nation geben will, trüben. »Wir sind nicht dagegen, dass die Händler sich ihren Lebensunterhalt verdienen«, sagt der Leiter der Kairoer Sicherheitsbehörde, »aber sie schädigen Ägyptens Ruf, sie ruinieren das Bild von Kairo, indem sie Straßen blockieren und sich auf den Bürgersteigen ausbreiten.«[94]

In der Praxis wird das Vordringen jedoch so lange toleriert, wie es überschaubar bleibt. Sobald es ausufert, handeln die Regierungen. Im postrevolutionären Iran gab es zum Beispiel zahlreiche blutige Auseinandersetzungen zwischen Sicherheitskräften und den still Vordringenden. Zahlreiche Straßenhändler wurden gewaltsam von der Kairoer Nile Cornish in der Zeit nach Mubarak vertrieben. Permanente Polizeischikanen sind in vielen Städten des Nahen Ostens an der Tagesordnung. Dennoch bleiben die häufigen Angriffe gegen BesetzerInnen und Straßenhändler oft wirkungslos. Entweder leisten die AkteurInnen sofort Widerstand (wie im Iran) oder, was häufiger der Fall ist, sie machen nach einem kurzen taktischen Rückzug still und leise mit ihren Aktivitäten weiter (wie in Ägypten). Wenn die städtische Polizei ihre Runden dreht, um die Straßenhändler zu vertreiben, verschwinden die-

92 Al-Wafd (18. Oktober 1997), S. 3.

93 Berichtet in Eid, Informal Economy, S. 105.

94 Zitiert nach Al-Ahram Weekly (27.11.-3.12.1997), S. 12.

se einfach und kehren an ihren Arbeitplatz zurück, sobald die Polizei abgezogen ist, was ein ägyptischer Beamter mit den Worten beschreibt: »Alles, was wir tun, ist nutzlos.«[95] Noch verzweifelter waren die iranischen Behörden, als es ihren »Anti-Händler-Einheiten« nicht gelang, öffentliche Plätze zu räumen. Für schwache Staaten ist es besonders schwierig, dem stillen Vordringen zu begegnen. Mit einer Zuckerbrot-und-Peitsche-Taktik mag es den städtischen Behörden gelingen, Stadtteile abzureißen, Händler von den Hauptstraßen zu vertreiben und nicht registrierte Personenbeförderung zu verfolgen. Dennoch müssen sie den Forderungen der AkteurInnen nachkommen und alternative Lösungen anbieten. Wo Menschen vertrieben und Häuser tatsächlich abgerissen worden sind, wurden den Enteigneten alternative Straßenmärkte, Wohnungen und regulierte Taxidienste angeboten. 1998 wurden lediglich 13 von insgesamt 81 besetzten Siedlungen im Großraum Kairo (ohne Gizeh) zum Abriss freigegeben (aus Sicherheitsgründen); die restlichen sollten saniert werden.[96]

Das stille Vordringen ist demnach nicht eine Politik der kollektiven Forderungen oder eine Politik des Protests. Es handelt sich vielmehr um eine Kombination aus individuellen und kollektiven Aktionen. Es ist gekennzeichnet durch die sozialpolitischen Besonderheiten autoritärer oder »weicher« Staaten, populistischer Ideologie und starker Familienbindungen. Das kollektive Stellen von Forderungen in autoritären bürokratischen Staaten ist sowohl riskant (wegen der Repression) als auch weniger effektiv (wegen der bürokratischen Ineffizienz): Der Populismus tendiert dazu, Öffentlichkeiten und autonome Kollektivitäten zu behindern und primäre Loyalitäten zu einem wirksameren Mechanismus zum Überleben und Kämpfen zu machen. Doch längerfristig erzeugt die Strategie des Vordringens eine Realität vor Ort, mit der die Staaten schlicht deswegen zurechtkommen müssen, weil sie keine andere Wahl haben. Es gelingt den Armen schließlich, bedeutende Veränderungen in ihrem Leben, in der städtischen Struktur und der Sozialpolitik zu bewirken. Es ist genau dieser zentrale Stellenwert der

95 Der Leiter der Kairoer Sicherheitsabteilung zur Ausbreitung von Straßenhändlern in Kairo, zitiert nach ebenda.

96 Berichtet in Al-Wafd (3. März 1998), S. 3. Zum Iran siehe Bayat, Street Politics. Die Informationen zu Ägypten stammen aus meinem unveröffentlichten Forschungsbericht »Grassroots Participation in Iran: NGOs or Social Movements« (Kairo: American University in Cairo, 1998).

Handlungsmacht der städtischen Armen, der das stille Vordringen von allen anderen graduellen Veränderungen, die die Urbanisierung ganz allgemein bewirkt, unterscheidet. Obwohl diese Art des Aktivismus ein lebenslanges, nachhaltiges und selbst initiiertes Vorrücken darstellt, ist sie fast immer gesetzeswidrig und beinhaltet das Risiko der Schikane, der Unsicherheit und der Repression. Als eine fließende und unstrukturierte Form des Aktivismus hat das Vordringen den Vorteil der Flexibilität und Vielseitigkeit, aber es kann zu keiner rechtlichen, finanziellen oder auch nur moralischen Unterstützung führen. Die Herausforderung besteht darin, das mobilisierende Element des stillen Vordringens, die institutionellen Fähigkeiten der NGOs und die Einwilligung der Behörden zu verbinden.

Zu den frühen Reaktionen der städtischen Armen auf die Auswirkungen der Strukturanpassungspolitik in den 1980er Jahren gehörten die Entwicklung von Strategien des Zurechtkommens und gewaltsame urbane Proteste. Diese Strategien scheinen allerdings durch stärker institutionalisierte Methoden des Umgangs mit der Sparpolitik ersetzt worden zu sein. Die vom sozialen Islam und den NGOs zur Verfügung gestellten Sicherheitsnetze haben – zusammen mit staatlicher Repression – zu dieser methodischen Verschiebung beigetragen. Während der politische Islam gegen Ende der 1990er Jahre unterminiert war (institutionalisiert, vereinnahmt oder gezügelt), scheinen der soziale Islam, die »NGOifizierung« und das stille Vordringen trotz ihrer Mängel die dominanten Formen des Aktivismus geworden zu sein. Inzwischen tragen sie dazu bei, einige Aspekte im Leben der Menschen in den Ländern des Nahen Ostens zu verbessern. Obgleich das stille Vordringen eine längere Geschichte besitzt, hat die Ausbreitung des Islamismus und der NGOs in den 1980er und vor allem in den 1990er Jahren Fahrt aufgenommen – genau in der Zeit, als damit begonnen wurde, die neoliberale Wirtschaftspolitik umzusetzen. Die Zunahme dieser Formen des Aktivismus (zusammen mit den neuen sozialen Bewegungen für Frauen- und Menschenrechte) geht zeitlich einher mit dem Niedergang der traditionellen, klassenbasierten Bewegungen – Bauernorganisationen, Kooperativen und Gewerkschaften. Die Transformation der ländlichen Sozialstruktur, die »Entbäuerlichung« und die zunehmende Verstädterung untergraben die gesellschaftliche Basis der Bauern- und Kooperativen-Bewegungen. Die Schwächung des wirtschaftlichen Populismus, die viel mit der ökonomischen Umstrukturierung zu tun hat, führte zu einem Niedergang der Beschäftigung im öffentlichen Sektor – einst der Kern der korporatistischen Gewerkschaftsbewegung; gleichzeitig hat sie zu einer zunehmenden Fragmentierung der Arbeiterschaft geführt und in der Folge zur Expansion der informellen städtischen Ökonomie. Die staatliche Bürokratie (als Segment des öffentlichen Sektors) ist immer noch ausschlaggebend, allerdings sind deren Angestellte im Gegensatz zu den ArbeiterInnen in der Industrie oder im Dienstleistungssektor weitestgehend unorganisiert geblieben. Ein großes Segment der schlecht bezahlten Staatsbediensteten kann nur mit Einkommen aus Zweit- oder Drittjobs im informellen Sektor überleben.

Derweil führen die zunehmende Informalisierung der Ökonomien und die sich ausdehnende Urbanisierung im Nahen Osten zu einer Verschiebung der Bedürfnisse und Forderungen breiter Teile der Gesellschaft. Die gestiegene Informalität bedeutet, dass Lohnkämpfe und Kämpfe für bessere Arbeitsbedingungen – die Hauptanliegen der traditionellen Gewerkschaften – an Boden verlieren. Nun geht es um Themen wie Arbeitsplätze, informelle Arbeitsbedingungen und Lebenshaltungskosten. Die rapide Urbanisierung intensiviert die Forderungen nach städtischem Kollektivkonsum – Unterkunft, anständige Wohnungen, Strom, Leitungswasser, Nahverkehr, Gesundheitsfürsorge und Bildung. Diese Ansprüche der Bürger, aktive Mitglieder der Gemeinde zu sein und Rechte auf Entwicklung einzufordern, werden von der traditionellen Gewerkschaftsbewegung nicht aufgegriffen. Diese Aufgabe übernehmen stattdessen Stadtteilbewegungen, die im Nahen Osten schwach ausgeprägt sind. Auch sind der soziale Islam und die NGOs trotz ihrer Beiträge zur Sozialfürsorge unfähig, in vollem Umfang das Ziel der gesellschaftlichen Entwicklung zu verwirklichen. Und obwohl gegen Ende der 1990er Jahre einige Regierungen im Nahen Osten (in Jordanien, im Iran und in den palästinensischen Gebieten) vorsichtig die Aktivitäten einiger zivilgesellschaftlicher Organisationen anerkannten, besonders die der Entwicklungs-NGOs, ermächtigten sie diese zivilgesellschaftlichen Organisationen nicht, und ermutigten auch nicht eine soziale Entwicklung an der Basis. Daher greifen die städtischen Entrechteten im Nahen Osten vornehmlich auf die Strategie des stillen Vordringens zurück, um ihre wachsenden Bedürfnisse zu befriedigen. Durch das stille Vordringen schaffen die Subalternen Realitäten vor Ort, mit denen sich die Behörden früher oder später auseinandersetzen müssen.[97] Joan Nelsons stellt zwar zu recht fest, dass die Armen keinen Einfluss auf die Landespolitik nehmen können, weil sie nie gut genug organisiert sind.[98] Doch die kumulative Folge der individuellen, direkten Aktionen armer Menschen führt im Endeffekt zu einigen Verbesserungen an der Basis und zu Veränderungen in der herrschenden Politik. Angesichts des allmählichen Rückzugs der Staaten aus der Sozialfürsorge ginge es den Armen im Nahen Ostens ohne diese Graswurzelaktivitäten weitaus schlechter. Allerdings ist deren Wirkungsbereich aufgrund ihrer eigenen internen Beschränkungen, durch ihre mangelnde Fähigkeit, hinreichende Zugeständnisse zu erreichen, und durch die vom Staat auferlegten Zwänge, begrenzt. Es wäre ein Fehler, die Aufgabe der gesellschaftlichen Entwicklung alleine den Graswurzelinitiativen zu überlassen, und ein noch größerer Fehler, auf den Staat und insbesondere seine entscheidende Rolle in der gesamten Verteilungspolitik zu verzichten. Doch zu glauben, ein Politikwechsel und eine konkrete Verbesserung der Lebensbedingungen könnten ohne den Druck und die direkten Aktionen dieser Graswurzelinitiativen herbeigeführt werden, wäre eine mit nichts zu rechtfertigende Illusion.

97 Folglich veranlasste Präsident Mubarak am 1. Mai 1993, einem Jahr nach den Vorfällen in Imbaba, »die sofortige Umsetzung eines nationalen Programms zur Verbesserung der wichtigsten Dienstleistungen und Einrichtungen in planlos gebauten Gebieten aller Gouvernements«. Ein nationaler Fünfjahresplan von 1993 bis 1998 wurde verkündet. Dieser kostete 3,8 Milliarden ägyptische Pfund. Bis 1996 waren 127 der 527 Zielgebiete »vollkommen aufgewertet« (Al-Ahram Weekly 17-23 [1996], S. 12).

98 Siehe Joan Nelson, »The Politics of Pro-Poor Adjustment Policies«, Bericht, Weltbank, Country Economics Department, 1988.

4

FEMINISMUS DES ALLTAGSLEBENS

Lange Zeit haben Feministinnen argumentiert, alle modernen Staaten würden, wenn auch unterschiedlich stark, patriarchale Tendenzen aufweisen. Eine große Rolle spielt das Patriarchat jedoch in Regimen und Bewegungen, in denen konservative religiöse (islamische, christliche, jüdische oder hinduistische) Einstellungen vorherrschen, es ist fest in religiös autoritären Gemeinwesen verwurzelt.[1] In vielen autoritären muslimischen Staaten mit konservativer islamischer Gesetzgebung, wie Ägypten, dem Sudan, Saudi Arabien oder der Islamischen Republik Iran, sind Frauen in vielen Bereichen des öffentlichen Lebens zu Bürgerinnen zweiter Klasse geworden. Daher stellt sich für Frauenrechtsaktivistinnen die zentrale Frage, wie die Gleichstellung der Geschlechter unter diesen Bedingungen verwirklicht werden kann. Eine oft diskutierte Strategie ist, starke Frauen*bewegungen* zu organisieren, um für Gleichberechtigung zu kämpfen. Was gemeinhin unter Bewegungen verstanden wird, sind kollektive und ausdauernde Aktivitäten einer großen Zahl von Menschen, die von bedeutenden Persönlichkeiten angeführt werden und über wirkungsvolle Solidaritätsnetzwerke, Verfahren der Mitgliedschaft und der Bildung organisatorischer Rahmen, Kommunikationsstrukturen und Öffentlichkeitsarbeit verfügen – die Formen von sozialen Bewegungen also, die oft mit Demonstrationen, Spruchbändern, Organisationen, Lobbyarbeit u. ä. in Verbindung gebracht werden.

Die Frauen in den meisten westlichen und demokratischen Ländern haben seit den 1960er Jahren erstaunliche Erfolge erzielt, etwa in Indien. Auch wenn viele Frauen in muslimischen (und nichtmuslimischen), autoritär beherrschten Staaten soziale Bewegungen dieser Art weder wollen noch aktiv danach streben, werden die dennoch stattfindenden

1 Siehe z. B. Paula M. Cooley, William R. Eakin und Jay B. McDaniel (Hrsg.), After Patriarchy: Feminist Transformations of the World Religions (Maryknoll, N.Y.: Orbis Books, 1991), besonders das Kapitel von Riffat Hassan, »Muslim Women and Post-Patriarchal Islam«, S. 39-64.

Kämpfe, meist durch repressive Maßnahmen des autoritären/patriarchalischen Staats und der ablehnenden Haltung vieler Männer unterbunden. Daher reichen diese Formen kollektiver Aktionen, wie sie unter demokratischen Bedingungen zu finden sind und unser allgemeines Bild von der Frauenbewegung inzwischen prägen, unter nichtdemokratischen Verhältnissen nicht aus – wenn sie denn überhaupt stattfinden. Die herkömmlichen sozialen Bewegungen widmen sich primär einer Politik des Protests, einer widerständigen Politik, bei der kollektive AkteurInnen Druck auf ihre Gegner ausüben (durch Drohungen, Störungen oder Verunsicherung), damit ihre Forderungen erfüllt werden. Wie lässt sich dieser Frauenaktivismus erklären, der selten organisiert und vernetzt ist, in den wenigsten Fällen auf Mobilisierungsstrategien, Straßenproteste, Streiks oder Störungen zurückgreift, aber dennoch in der Lage ist, die Entscheidungsmöglichkeiten von Frauen zu erweitern?

Im Iran waren die Frauen nach der Revolution, an der sie sich massiv beteiligt hatten, mit einem autoritären islamischen Regime konfrontiert, das den Schleierzwang, die Geschlechtertrennung und eine flächendeckende Überwachung einführte und die vorrevolutionäre, für Frauen vorteilhaftere Gesetzgebung aufhob. Die Frauen leisteten gegen diese Politik Widerstand, allerdings nicht durch organisierte Kampagnen, sondern größtenteils mittels alltäglicher Praktiken in öffentlichen Räumen – durch Arbeit, Sport, Studium, die Beschäftigung mit Kunst und Musik, oder indem sie für politische Ämter kandidierten. Dadurch, dass sie sich als öffentliche Akteurinnen ins Spiel brachten, gelang es diesen Frauen, die Geschlechterdynamik entscheidend zu verändern, sich in den Bereichen Bildung, Arbeit und Familienrecht zu ermächtigen und ihr Selbstwertgefühl zu steigern. Sie sorgten dafür, dass Frauen wieder den gleichen Zugang zu Bildung wie Männer bekamen. Sie schränkten die Polygamie ein und veränderten das Scheidungsrecht. Sie lehnten die religiös sanktionierte Zeitehe (mut'a) ab, reformierten den Ehevertrag, verbesserten den Beschäftigungsstatus von Frauen, bewirkten, dass Frauen wieder als Richterinnen eingesetzt wurden, setzten sich für ein neues Sorgerecht ein und veränderten allmählich die Einstellung zwischen den Geschlechtern in Familie und Gesellschaft. Ihre in der Öffentlichkeit geführten, scheinbar individuellen und vereinzelten täglichen Kämpfe, verbesserten nicht nur Aspekte ihres eigenen Lebens, sondern förderten auch eine mehr inklusive, egalitäre und auf Frauen bezogene Auslegung des Islam.

Nicht nur in der Islamischen Republik, auch in vielen anderen muslimischen Gesellschaften gab es ähnliche, verstreute Aktivitäten, wenn auch mit unterschiedlichen Resultaten – abhängig vom jeweiligen Ausmaß der Frauenfeindlichkeit und der mobilisierenden Kraft der Frauen. Dennoch werden diese Praktiken aufgrund ihrer eher banalen und alltäglichen Natur kaum als ein besonderer Typus des Aktivismus mit womöglich weitreichenden Konsequenzen angesehen. Wie können diese Aktivitäten und deren Logik beschrieben werden? Ich behaupte in Hinblick auf die Erfahrungen der Frauen in der Islamischen Republik Iran, dass muslimische Frauen in autoritären Regimen sich auf andere Weise, bewusst oder unbewusst, der Geschlechterdiskriminierung widersetzen, ja diese verhandeln oder sogar umgehen können. Dies nicht unbedingt mittels außergewöhnlicher und umfassender »Bewegungen«, die durch einen bewussten kollektiven Protest und eine Theorie und Strategie der Mobilisierung definiert werden, sondern durch normale, alltägliche Praktiken – durch Arbeit, Sport, Joggen, Singen oder die Kandidatur für politische Ämter. Dabei geht es darum, die Macht der Präsenz zur Anwendung zu bringen, einen kollektiven Willen trotz aller Widrigkeiten zu behaupten, und, statt sich zurückzuziehen, Beschränkungen zu umgehen und neue Freiräume zu entdecken, in denen sie wahrgenommen werden und sich bemerkbar machen können. Die Wirkungsmacht dieser Praktiken liegt genau in ihrer Alltäglichkeit, da diese Aktionen nicht unterdrückt werden können und nach und nach in die Machtzentren der patriarchalischen Struktur vordringen und zugleich den Boden für weitere Forderungen bereiten. Konventionelle soziale Bewegungen mit identifizierbaren Führungspersönlichkeiten können leichter unterdrückt werden als diese vereinzelt stattfindenden, zutiefst mit dem Alltag verbundenen Praktiken einer großen Zahl von Akteurinnen. Das Endergebnis kann in einer beträchtlichen Veränderung der Geschlechterhierarchie und Reduzierung der Frauendiskriminierung bestehen. Diese besondere Strategie der iranischen Frauen, Gleichberechtigung zu erkämpfen, bietet uns die Gelegenheit auf neue Weise darüber nachzudenken, was es heißt, eine Frauenaktivistin zu sein, und was eine Nicht-Bewegung von Frauen in den autoritären patriarchalen Regimen der heutigen muslimischen Gesellschaften konstituieren könnte.

Frauen und der islamische Staat

Die Iranische Revolution im Jahr 1979 war eine landesweite Volksbewegung, an der Menschen unterschiedlichster Gruppen und Klassen beteiligt waren – moderne und traditionelle, religiöse und säkulare Menschen, Menschen der Mittelschichten und Arme, Männer und Frauen.[2] Abgesehen von einigen offensichtlichen Gewinnern und Verlierern (dem Klerus bzw. der royalistischen Oberklassen) wird noch heute darüber diskutiert, welche gesellschaftlichen Gruppen auf welche Weise tatsächlich von der Revolution profitiert haben.[3] Allgemein werden die Frauen als Verliererinnen angesehen. Es gab wahrscheinlich keine gesellschaftliche Gruppe, die so unmittelbar und mit voller Wucht die islamische Revolution zu spüren bekam wie die Mittelschicht und insbesondere die säkularen Frauen. Nur wenige Monate nach der Installation des islamischen Regimes sorgte die neue frauenfeindliche Politik bei den Frauen für Empörung, die erst kurz zuvor gegen den Schah auf die Straße gegangen waren. Das Regime hob das weniger männlich ausgerichtete Familienrecht aus dem Jahre 1967 auf; von einem Tag auf den anderen verloren die Frauen das Recht, als Richterinnen zu arbeiten, sich scheiden zu lassen, das Sorgerecht für ihre Kinder und das Recht, ohne die Erlaubnis eines männlichen »Beschützers« zu verreisen.

Die Polygamie wurde wieder eingeführt und alle Frauen ungeachtet ihres Glaubens wurden gezwungen, in der Öffentlichkeit den Schleier zu tragen.[4] In den Anfangsjahren ließ die soziale Kontrolle und die diskriminierenden Quoten gegen Frauen in der Bildung und der Arbeitswelt den Frauen keine andere Wahl, als zuhause zu bleiben, früh in Rente zu gehen oder in informellen oder Familienbetrieben zu arbeiten.[5]

2 Dieser Abschnitt übernimmt Teile von Kapitel 3 des Buchs Asef Bayat, Making Islam Democratic: Social Movements and the Post-Islamist Turn (Palo Alto, Calif.: Stanford University Press, 2007).

3 Siehe die sehr interessante Diskussion dieses Themas von Kaveh Ehsani, »The Nation and Its Periphery: Revolution, War and Provincial Urban Change in Iran«, unveröffentlichter Vortrag, gehalten bei der Konferenz Iran on the Move: Social Transformation in the Islamic Republic, Leiden, 27.-28. April 2005; siehe auch Sohrab Behdad, »Winners and Losers of the Iranian Revolution: A Study in Income Distribution«, International Journal of Middle East Studies 21 (1989), S. 327-58.

4 Siehe Parvin Paydar, Women and Political Process in Iran (Cambridge: Cambridge University Press, 1997).

5 Siehe Zahara Karimi, »Sahm-e Zanan dar Bazaar-e Kaar-e Iran« (Anteil der Frauen

Die erste Reaktion auf diese drastische Politik kam von den säkularen Frauen. Tausende demonstrierten am 8. März 1979 in Teheran und verurteilten den von Ayatollah Khomeini angeordneten Schleierzwang. Obwohl Khomeini vorübergehend Konzessionen machte, wurde das Dekret nach und nach durchgesetzt. Von den Angriffen auf ihre Freiheit schockiert gründeten säkulare Frauen Dutzende Organisationen – wenn auch ein hoffnungsloses Unterfangen –, von denen die meisten mit sektiererischen linken Strömungen verbunden waren, für die sich die Geschlechterfrage dem Projekt der Klassenemanzipation unterordnete.[6] Alle diese Gruppen wurden 1980 mit dem Beginn des Kriegs gegen den Irak zerschlagen. Es folgte ein Jahrzehnt der Repression, Demoralisierung und Flucht. Während säkulare Frauen im Exil feministische Aufklärung betrieben und politisch aktiv blieben, begannen die Frauen im Iran sich erst gegen Ende des Kriegs aus ihrer quälenden Erstarrung zu lösen – zuerst vor allem in den Bereichen Kunst, Literatur, Journalismus und Wissenschaft.

Obwohl die traditionellen Kleriker wollten, dass Frauen – zum Schutz vor »moralischen Gefahren« – zuhause bleiben, stimmten andere aufgrund der beachtlichen Präsenz der Frauen während der Revolution, in einen Diskurs ein, der die muslimischen Frauen als Beschützerinnen der Familie und zugleich als öffentliche Akteurinnen pries. In diesem breiten diskursiven Rahmen bewegte sich ein Spektrum »muslimischer Frauenaktivistinnen«. Durch die Schriften von Ali Shariati und Morteza Motahhari inspiriert, boten sie ein endogenes, wenn auch abstraktes »Rollenbild muslimischer Frauen«[7] nach dem Bild der Fatima, der Tochter des Propheten, und seiner Enkelin Zeinab, die beide zugleich

auf dem iranischen Arbeitsmarkt), Ettelaat-e Siyassi- Eqtisadi, Nr. 179-80 (Mordad-Shahrivar 1381/2002), S. 208-19.

6 Für die Position der linken Gruppen zu Frauenthemen siehe »The Iranian Left and the ›Woman Question‹ in the Revolution of 1978-79«, International Journal of Middle Eastern Studies 26 (1994), S. 223-47. Siehe auch Nayereh Tohidi, »Mas'aleye Zanan va Rowshanfekran Teyy-e Tahavvolaat-e Dahe-ye Akhir« (Frauenthemen und die Intellektuellen im letzten Jahrzehnt), Nime-ye Digar, Nr. 10 (1368 /1989), S. 51-95.

7 Siehe z. B. Golnar Dastgheib, »An Islamist Female Parliamentarian's Speech at the Havana Inter-Parliamentary Union«, in Under the Shadow of Islam, A. Tabari und N. Yeganeh (Hrsg.), (London: Zed Books, 1982). Siehe auch Azar Tabari, »Islam and the Struggle for the Emancipation of Iranian Women«, in Under the Shadow of Islam, Tabari und Yeganeh, (Hrsg.), S. 17.

»wahre« Hausfrauen und öffentliche Persönlichkeiten waren.[8] Unter der Vielzahl islamischer Gruppen und Organisationen versammelte die Women's Association of the Islamic Revolution (WAIR) prominente islamistische Frauen wie Azam Taleqani, Fereshte Hashemi, Shahin Tabatabaii, Zahra Rahnavard und Gawhar Dastgheib. Die meisten kamen aus bekannten Klerikerfamilien und waren der Ansicht, Frauen im (sozialistischen) Osten würden lediglich als »Arbeitsmaschinen« und im (kapitalistischen) Westen als »Sexobjekte« behandelt, während nur der Islam Frauen als »wahre Menschen« betrachte.[9] Diese Frauen befürworteten nicht die Gleichheit von Mann und Frau, sondern vertraten vielmehr die Auffassung, ihre naturgegebenen Unterschiede würden sich ergänzen. Einige rechtfertigten die Polygamie damit, dass sie Witwen und Weisen schütze. Obwohl sich manche gegen den Schleierzwang und die Abschaffung des Familienrechts aussprachen, kam es nie zu konkreten Protesten. Ihrer Meinung nach sollte das Tragen des Schleiers durch Aufklärung und nicht durch Zwang durchgesetzt werden. Die meisten weigerten sich, säkulare, westlich orientierte Frauen anzuerkennen, geschweige denn, mit ihnen zu kommunizieren. In ihren Augen »stachelten sie Frauen gegen Männer auf« und stellten die religiösen Prinzipien und die Unantastbarkeit der Scharia infrage.[10] Durch die Gefahren der Geschlechterdebatten beunruhigt, wandte sich Shahla Habibi (Präsident Rafsanjanis Beraterin für Frauenfragen) »gegen die übertriebene Darstellung der Frauenunterdrückung« und gegen Identitätspolitik. Sie hob stattdessen die »Familie [als] das Herz der Gesellschaft und die Frau als Herz der Familie« hervor.[11] Plötzlich galten Kindertagesstätten als »schädlich für die Kinder«,[12] obwohl deren Schließung viele Frauen arbeitslos machen würde. Die muslimischen

8 Siehe Payam Hajar Nr. 1 (Shahrivar 19, 1359/1980), S. 2. Lara Deebs Enchanted Modern: Gender and Public Piety in Shi'i Lebanon (Princeton, N.J.: Princeton University Press, 2006) enthält eine hervorragende Diskussion darüber, wie Zeinab als Symbol des weiblichen Aktivismus im Libanon benutzt wird.

9 Siehe die Aussagen der Delegation der iranischen Frauen bei der Weltkonferenz zum UNO Jahrzehnt der Frau, Juli 1980.

10 Siehe z. B. die Aussagen von zwei konservativen islamistischen Frauen, die Mitglieder des fünften Majlis waren, Monireh Nobakht und Marziyeh Vahid Dastjerdi, zitiert nach Zanan, Nr. 42 (Farvardin-Ordibehesht 1377/1998), S. 3.

11 Zitiert nach Zanan, Nr. 26, S. 3.

12 Maryam Behroozi, zitiert nach Ettelaat, 3 Esfand 1361/1982, S. 6.

Frauenaktivistinnen akzeptierten die »Tradition« (Koran, Hadith, Fiqh, und Ijtihad) als einen geeigneten Leitfaden, um die Würde und das Wohlergehen der Frauen zu sichern.[13] »In einem islamischen Staat unter der Herrschaft eines obersten Juristen (*Velayat*-e *Faqih*), gibt es keine Notwendigkeit für spezielle Organisationen, um die Frauenrechte zu verteidigen«, argumentierte Maryam Behroozi, ein weibliches Mitglied des Parlaments.[14] Während die Moderaten mit der »Freiheit der Frauen, zu studieren, eine angemessene Arbeit zu wählen und Zugang zu verschiedenen gesellschaftlichen und administrativen Bereichen zu haben« einverstanden waren,[15] sahen die konservativeren Islamistinnen (wie die Parlamentarierinnen Marzieh Dabbagh, Rejaii, Dastgheib und Behroozi) die Geschlechtertrennung in der Arbeitswelt, bei der Bewältigung von Aufgaben und Aktivitäten im Allgemeinen als göttliches Gebot.[16] Nach ihrem Paradigma hatten Frauen, als Musliminnen, mehr Pflichten als Rechte.

Mit dem Beginn des Kriegs gegen den Irak (1980-88) wurden die Diskussionen über den Status der Frau unterdrückt. Die Behörden hielten weiterhin das Bild der Frau als Mutter und Ehefrau aufrecht, die Soldaten für den Krieg und Kämpfer für die Ehre des Islam und der Nation produzieren sollte. Doch in den späten 1980er Jahren kam es zu einem unterschwelligen Dissens, der sich in der weiblichen »Politik des Nörgelns« äußerte. Täglich beschwerten sich Frauen in der Öffentlichkeit, in Taxis und Bussen, in Schlangen vor Bäckereien und Lebensmittelläden und in Regierungsbüros über die Repression, die Kriegswirtschaft und den Krieg. Sie schufen so eine Plattform der öffentlichen Meinung, die nicht unterdrückt oder ignoriert werden konnte. Es war dieser bestimmte ikonische Moment, der die Illusion des »Rollenbilds der muslimischen Frau« zerstörte, als im nationalen Radio eine junge Frau sagte, sie ziehe Osheen, eine Figur aus einer japanischen Fernsehserie, Fatima, der Tochter des Propheten, vor. Erst da merkten die Behörden, wie fern

13 Shahin Tabatabaii, »Understanding Islam in Its Totality Is the Only Way to Understand Women's Role«, in Under the Shadow of Islam, Tabari und Yeganeh (Hrsg.), S. 174.

14 Zitiert nach Resalat, 26 Farvardin 1375/1996.

15 Präsident Rafsanjani, zitiert nach Zanan Nr. 26, S. 5.

16 Nach Maryam Behroozi, Parlamentsdeligierte im 4. Majlis, zitiert nach Kian, »Women and Politics in Post-Islamist Iran«, Women Living under Muslim Laws, Dossier 21 (September 1998), S. 44.

sie dem Leben der Frauen in der iranischen Gesellschaft waren. Nach zehn Jahren Islamischer Republik musste Azam Taleqani verbittert zugeben, »das einzige was den Frauen durch die Revolution zuteil wurde, ist Armut und Polygamie«.[17]

Durch Krieg und Repression verstummt, waren die Frauen jedoch nicht von ihrer Überzeugung abzubringen, sich durch alltägliche Praktiken gegen die erzwungene Islamisierung behaupten zu können. Sei es durch Bildung, der Suche nach Arbeitsplätzen, dem Bedürfnis nach Kunst und Musik, dem Treiben von Sport und der Erziehung der Kinder in ihrem Sinne. Durch die Mobilisierung für den Krieg präsentierten sie sich bereits als »vorbildliche muslimische Frauen« in der öffentlichen Arena, was sie ihre Macht erkennen ließ. Jenseits des von Männern aufoktroyierten Rollenbilds existierten auch Fakten. In nur zwanzig Jahren hatte ein nie da gewesenes Interesse der Frauen an Bildung ihre Alphabetisierungsrate verdoppelt: 1997 lag sie bei 74 Prozent.[18] 1998 gab es mehr weibliche als männliche Studienanfänger, eine Tatsache, die manche Beamten befürchten ließ, gebildete Frauen würden keine Ehemänner mit gleichem oder höheren Status finden. Doch für die jungen Frauen war die Universität nicht nur Ort von Bildung, sie war ebenso ein Ort der Geselligkeit, des Statusgewinns und der Möglichkeit, bessere Chancen auf dem Arbeitsmarkt und passendere Partner zu finden.

Während einige aus schierer finanzieller Not keine andere Wahl hatten, als eine Beschäftigung in der Cashökonomie aufzunehmen,[19] war eine Arbeit außer Haus für Frauen aus den Mittel- und wohlhabenden Schichten meist eine Gelegenheit, in der Öffentlichkeit präsent zu sein. Nach einem generellen Rückgang der weiblichen Beschäftigung – in erster Linie in der Industrie – von 40 Prozent zwischen 1976 und 1986, stieg der Anteil arbeitender Frauen in den Städten von 8,8 Prozent 1976 auf 11,3 Prozent 1996. Diese Zahlen berücksichtigen nicht die Frauen, die informell, in Familienbetrieben oder in Teilzeit arbeiteten.[20] Mitte

17 Zitiert nach ebenda, S. 39.

18 Siehe Iran-e Farda, Nr. 36 (Shahrivar 1376/1997), S. 12; Zanan, Nr. 27 (Azar-Dey 1374/1995), S. 6.

19 Val Moghadam, »Women's Employment Issues in Contemporary Iran: Problems and Prospects in the 1990s«, Iranian Studies 28 (1995), S. 175-200.

20 Siehe Azam Khatam, »Sakhtar-e Eshtighal-e Zanan-e Shahri: Qabl va Ba'd az Enqilab« (Die Beschäftigungsstrukter der iranischen Frauen in der Stadt), Goft-o-gu, Nr. 28 (Sommer 2000), S. 129-39. Siehe auch Zahra Karimi, »Sahm-e Zanan dar

der 1990er Jahre war die Hälfte der Stellen im Regierungssektor und über 40 Prozent der Stellen im Bildungssektor von Frauen besetzt. Vor allem Schriftstellerinnen und Künstlerinnen kamen aus ihrem häuslichen Exil wieder zum Vorschein; bei der ersten Buchmesse der Verlegerinnen in Teheran 1997 präsentierten 46 Verlegerinnen 700 Titel von Autorinnen. Mehr als ein Dutzend Filmemacherinnen arbeiteten regelmäßig in dieser stark von Konkurrenz geprägten Branche, und während des Iranischen Filmfestivals 1995 wurden mehr Preise an Frauen als an Männer vergeben.[21] Doch diese international hoch gelobten Produktionen halfen wenig, um das Bild der iranischen muslimischen Frauen in der Welt als Schwache und Benachteiligte zu korrigieren.

Die wirtschaftliche Lage der Familien machten Hausfrauen in der Öffentlichkeit sichtbarer denn je. Die seit den späten 1980er Jahren zunehmende wirtschaftliche Not zwang viele Männer der Mittelschicht mehrere Jobs anzunehmen und länger zu arbeiten, so dass »sie nie zuhause waren«. Folglich übernahmen die Frauen sämtliche häuslichen und außerhäuslichen Aufgaben, die zuvor von beiden übernommen wurden (Kinder zur Schule bringen, Behördengänge, Bankgeschäfte, Einkaufen, Autoreparaturen).[22] Eine Studie belegte, dass Frauen in Teheran, besonders Hausfrauen, im Schnitt zwei Stunden täglich in Taxis, Bussen und U-Bahnen unterwegs waren, manchmal bis 22 Uhr abends.[23] Diese Präsenz in der Öffentlichkeit verlieh den Frauen Selbstbewusstsein, neue soziale Fertigkeiten und Wissen über die Stadt – und sie ermutigte viele, wieder zur Schule zu gehen oder als Freiwillige für NGOs oder karitative Einrichtungen zu arbeiten. Ein beeindruckendes Beispiel von Freiwilligkeit war in den frühen 1990er Jahren die Mobilisierung von etwa 25.000 Frauen in Teheran durch das Gesundheitsministerium, um Familien der Unterschicht über Hygiene und Geburtenkontrolle aufzuklären. Die steigenden Bevölkerungszahlen (3,9 Prozent zwischen 1980 und 1985 und 3,4 Prozent zwischen 1985 und 1990) hat-

bazaar-e Kar-e Iran« (Der Anteil der Frauen auf dem iranischen Arbeitsmarkt), Ettelaat-e Siyassi- Eqtisadi, Nr. 179-80 (Mordad-Shahrivar 1381/2002), S. 208-19.

21 Zanan, Nr. 27, S. 42.

22 Beobachtung von Masserat Amir Ebrahimi; siehe ihre Interviews in Bad-Jens, 6. Ausgabe, Dezember 2002, online.

23 Die von Mina Saidi-Shahrouz durchgeführte Studie, »Women's Mobility in Tehran«, wurde während des Seminars »Women and the City« an der Sozialwissenschaftliche Fakultät der Universität von Teheran am 30. Dezember 2003 präsentiert.

ten dem Regime große politische Sorgen bereitet,[24] und die genannten Frauen trugen dazu bei, die Rate zwischen 1990 und 1995 auf 1,7 Prozent zu senken.[25]

Frauen trieben weiterhin Sport, obwohl der weibliche Körper, vor allem in Zusammenhang mit Sport, im Mittelpunkt des moralischen Kreuzzugs des Regimes stand. Auch wenn sie gezwungen waren, lange Kleider und Schleier zu tragen, was sehr beschwerlich war, ließen sie sich nicht davon abhalten, zu joggen, Rad zu fahren, Tennis und Basketball zu spielen oder den Mount Everest zu besteigen. Des Weiteren ließen sie es sich nicht nehmen, an nationalen und internationalen Wettkämpfen teilzunehmen – auch wenn diese »nur« ausschließlich für Frauen oder Musliminnen ausgerichtet wurden.[26] Darüber hinaus widersetzten sie sich dem staatlichen Verbot, männliche Wettkämpfe zu besuchen; einige verkleideten sich als Männer,[27] während andere sich einfach selbstbewusst Zutritt verschafften. 1998 stürmten Hunderte Frauen ein riesiges Stadion voller junger Männer, die den Sieg ihrer Fußballnationalmannschaft feierten. Woraufhin in den Stadien Ränge für Frauen eingerichtet wurden. Ihrer Forderung, öffentlich Fußball spielen zu können, kam man durch die erstmalige formale Anerkennung einer weiblichen Fußballmannschaft im Jahr 2000 nach.[28] Faezeh Rafsanjani, die Tochter des Präsidenten, spielte eine zentrale Rolle bei der Förderung und Institutionalisierung des Frauensports. Bereits 1994 wurde die erste Sporthochschule für Frauen gegründet.

Während die neue Moral und der Schleierzwang sich repressiv auf säkulare und nicht muslimische Frauen auswirkten, verliehen sie den gesellschaftlich konservativeren einen gewissen Grad an Mobilität:

24 Für einen hervorragenden Bericht siehe Homa Hoodfar, Volunteer Health Workers in Iran as Social Activists: Can »governmental non-governmental organisations« be agents of democratisation? Women Living under Muslim Laws, Occasional Paper Nr. 10 (Paris: WLUML, 1998).

25 Zwischen 1990 und 1995 ging das Bevölkerungswachstum im Schnitt jährlich um 2 Prozentpunkte zurück. Für alle Zahlen zum Bevölkerungswachstum siehe die Jahrbücher der UNO-Bevölkerungsabteilung.

26 Darunter Pakistan, Syrien, Libyen und Kamerun. Für die sportlichen Aktivitäten der Frauen siehe die Sonderausgabe von Zanan, Nr. 30; siehe auch Zanan, Nr. 9, Bahman 1371/1991.

27 Siehe womeniniran.com (letzter Zugriff 6. Juni 2003).

28 Für die Berichte siehe Zanan, Nr. 42, Ordibehesht 1998, S. 61; siehe auch womeniniran.com, Juni 2003, für Berichte zu Frauenfußballmannschaften.

Traditionelle Männer erlaubten es ihren Töchtern oder Frauen eher, eine Schule oder öffentliche Veranstaltungen zu besuchen.[29] Darüber hinaus verstärkte die Mobilisierung der unteren Klassen für den Krieg, für Straßenproteste und die Predigten beim Freitagsgebet auf dramatische Weise die öffentliche Präsenz von Frauen, die sonst gezwungen waren, in den engen Grenzen ihrer Wohnungen zu verharren. Unterdessen leisteten die Frauen, die sich durch die aufgezwungene Moral der Regierung erdrückt fühlten, geduldig aber heftig Widerstand. Die Behörden beanstandeten den bad-hijabi, junge Frauen, die sich nachlässig verschleierten. Der bad-hijabi, bei dem einige Zentimeter Haar zu sehen waren und der mit einer Gefängnisstrafe (von zwischen zehn Tagen und zwei Monaten) belegt war, führte täglich zu Auseinandersetzungen auf den Straßen zwischen aufsässigen Frauen und den Agenten von offiziellen und halboffiziellen Organisationen für die Durchsetzung der Moral, darunter Sarallah, Amre beh Ma'ruf, Nahye as Monker und Edareh Amaken. In Teheran wurden 1990 in einem Zeitraum von vier Monaten 607 Frauen verhaftet, 6.589 zwang man, schriftliche eidesstattliche Erklärungen abzugeben und 46.000 erhielten Verwarnungen.[30] Dennoch entwickelte sich gegen Ende der 1990er Jahre der bad-hijabi zur gängigen Praxis.

Die täglichen Verrichtungen der Frauen und ihr Widerstand gegen die islamische Regierung bedeuteten nicht, dass sie sich von der Religion abgewandt hätten. Tatsächlich waren die meisten religiös und viele waren einverstanden, einfache Kopfbedeckungen ohne Zwang zu tragen.[31] Doch sie bestanden auf ihre individuelle Entscheidungsfreiheit und ihre Anrechte, was die egalitären Ansprüche des islamischen Staats

29 Für eine exzellente Diskussion darüber, wie die neuen Kulturzentren im Süden Teherans zu »sicheren« Orten für öffentliche Aktivitäten von Frauen der unteren Schichten wurden, siehe Maserrat Amir-Ibrahimi, »Ta'sir Farhangsara-ye Bahman bar Zendegui-ye Ijtemaii va Farhangui-ye Zanan va Javanan-e Tehran« (Der Einfluss der Bahman Kulturzentren auf das soziale und kulturelle Leben der Frauen und Jugendlichen in Teheran), Goft-o-gou, Nr. 9 (Herbst 1995), S. 17-25.

30 Ettelaat, 15 Aban 1369/6. November 1990.

31 In einer Umfrage des Jahres 1994 wurden Frauen gefragt, ob sie einen Schleier tragen würden, wenn sie nicht dazu gezwungen wären, und wenn ja, welchen. Etwa 20 Prozent würden keinen Schleier tragen, 10 Prozent eine leichte Kopfbedeckung, 40 Prozent ein Kopftuch und einen langen Mantel und 25 Prozent den Tschador; siehe Abbas Abdi und Mohsen Goudarzi, Tahavvolat-e Farhangui dar Iran (Kulturelle Entwicklung im Iran) (Teheran: Entesharat-e Ravesh, 1999), S. 148.

und die Prämissen des orthodoxen Islam infrage stellte. Die Frauen wollten Sport treiben, einer attraktiven Arbeit nachgehen, studieren, Musik hören oder spielen, heiraten, wen sie wollten, und die extreme Ungleichheit zwischen den Geschlechtern überwinden. »Warum werden wir nur in Beziehung zu Männern anerkannt?«, schrieb eine Frau in einer Zeitschrift. »Warum benötigen wir die Einwilligung der Edareh Amaken [Moralpolizei], um ein Hotelzimmer zu buchen, während Männer keine Genehmigung brauchen?«[32] Diese scheinbar alltäglichen Wünsche und Forderungen wurden als Schritte zur Neudefinition des Status der Frau in der Islamischen Republik angesehen, denn jeder erfolgreiche Schritt würde sie ermutigen, gegen weitere Einschränkungen vorzugehen. Dies könnte einen Schneeballeffekt zur Folge haben. Wie wäre dieses allgemeine Dilemma zu lösen?

Die Frauenzeitschriften Zan-e Ruz, Payam-e Hajar und Payam-e Zan waren die Ersten, die sich damit auseinandersetzen. Um sich mit solchen Themen zu befassen und konkrete politische Maßnahmen auszuarbeiten, wurde auf staatlicher Ebene 1988 der Social and Cultural Council of Women und 1992 das Bureau of Women's Affairs gegründet. Sogar Islamistinnen wie Frau Rejaii, die Frau des ehemaligen Premierministers, äußerten Zweifel an dem »Rollenbild der muslimischen Frau«, und attackierten »engstirnige« antiweibliche Vorstellungen und die Fixierung auf den Schleier.[33] Interessanterweise arbeiteten viele dieser Frauen in öffentlichen Behörden, darunter auch im Parlament, und bekamen dort die Diskriminierung durch ihre traditionalistischen männlichen Kollegen zu spüren. Die Women's Association of the Islamic Revolution wurde aufgelöst und ihre Positionen angegriffen; die Islamisch Republikanische Partei vereinnahmte die Zeitschriften Zan-e Ruz und Rah-e Zeinab; und nach Ende ihrer Amtszeit im Parlament fiel die prominente Islamistin Azam Taleqani bei der Regierung in Ungnade. Schließlich stellte sich heraus, dass der eher abstrakte, philosophische Ansatz der islamistischen Frauen für das Bedürfnis nach Entscheidungsfreiheit innerhalb eines islamistischen Rahmens ungeeignet war. Doch postislamistische Frauen, die sich inzwischen bemerkbar machten, stellten sich dieser Herausforderung.

32 Leserbrief einer Frau an Zanan, Nr. 35 (Tir 1376), S. 26.

33 Parlamentsmitglied Rejaii, zitiert nach Ettelaat, 15 Bahman 1367/1988.

Ein postislamistischer Feminismus?

In Abgrenzung zu den islamistischen Frauenaktivistinnen formulierte der postislamistische Feminismus eine Mischung aus Frömmigkeit und freier Wahl, Religiosität und Rechten, eine Strategie des Wandels durch Diskussion, Bildung und Mobilisierung in einem diskursiven Rahmen, der religiöse und säkulare Idiome zusammenbrachte. Mit ihrer klaren feministischen Agenda ist die postislamistische Strategie nicht das Resultat eines abstrakten Modells, sondern das der Realitäten im täglichen Leben der Frauen. Die Aktivistinnen betrachteten den Islam in seiner Gesamtheit als ein System, das Frauenrechten nur dann Rechnung tragen kann, wenn er feministisch ausgelegt wird. Diese Feministinnen legten großen Wert auf Autonomie und freie Wahlmöglichkeiten und betonten die Gleichstellung der Geschlechter in allen Bereichen. Für sie hatte der Feminismus ungeachtet seines (säkularen, religiösen oder westlichen) Ursprungs mit der Unterordnung der Frauen im Allgemeinen zu tun. Der Westen war nicht mehr ein monolithisches, von Unsittlichkeit und Dekadenz durchdrungenes Gebilde (wie ihn säkulare revolutionäre und islamistische Frauen sahen); er war für Feministinnen und im Exil lebende iranische Frauen, die einen Dialog anstrebten, auch ein Ort der Demokratie und Wissenschaft. Diese Position ging über die Dichotomie »islamisch« kontra »säkular« hinaus. Postislamistische Feministinnen unterschieden sich von islamistischen Frauenaktivistinnen, so z. B. der Ägypterin Safinaz Qasem, für die in erster Linie der Islam wichtig war und die erst dann Frauenthemen aufgriffen. Postislamistische Feministinnen waren in erster Linie Feministinnen, die den islamischen Diskurs benutzten, um die Gleichstellung der Geschlechter innerhalb der Beschränkungen der Islamischen Republik zu forcieren. Ihre theoretischen Quellen speisten sich nicht nur aus dem Islam, sondern ebenso aus dem säkularen Feminismus.[34]

34 Postislamistische Aktivistinnen wurden besonders durch die von säkularen Feministinnen angebotene Zusammenarbeit ermutigt. Für eine Diskussion hierüber und über die Versuche, eine Allianz zwischen Postislamistinnen und säkularen Feministinnen zu bilden, siehe Nayereh Tohidi, Feminism, Demokrasy, va Islamgarayi dar Iran (Feminismus, Demokratie und Islamismus im Iran) (Los Angeles: Ketabsara, 1996); siehe auch ihr »Islamic Feminism: Women Negotiating Modernity and Patriarchy in Iran«, in The Blackwell Companion of Contemporary Islamic Thought, Ibrahim Abu-Rabi (Hrsg.), (Oxford: Blackwell, 2006), S. 624-43.

Die Frauenzeitschriften Farzaneh, Zan und Zanan waren Wegbereiter dieses Trends. So veröffentlichten sie z. B. Artikel, die sich kritisch und feministisch mit Sexualität, Alltagspraktiken und Frauenkunst auseinandersetzten; Texte über die Dekonstruktion der patriarchalischen iranischen Literatur und rechtliche religiöse Streitschriften – verfasst von muslimischen, säkularen, iranischen und westlichen Frauen, darunter etwa Virginia Woolf, Charlotte Perkins Gilman, Simone de Beauvoir und Susan Faludi.[35] Zanan sprach insbesondere gut ausgebildete, junge Städterinnen an.[36]

Die größte Herausforderung für den postislamistischen Feminismus bestand darin, zu zeigen, dass Forderungen nach Frauenrechten weder der iranischen Kultur noch dem Islam notwendigerweise fremd waren.[37] Allerdings fragten sich säkulare Feministinnen, ob das Operieren innerhalb des islamischen Diskurses nicht das Bestreben nach Geschlechtergleichheit einschränken würde, wenn »alle Muslime, von den streng Orthodoxen bis zu den radikalsten Reformern, den Koran als das wörtlich auszulegende, unveränderliche und unveränderbare Wort Allahs akzeptierten«.[38] Postislamistische Feministinnen reagierten darauf, indem sie heilige Texte, die sich auf Frauen beziehen, ähnlich interpretierten, wie es frühe europäische Feministinnen z. B. Hildegard von Bingen (1098-1179), Christine de Pizan (1365-1430), Isotta Nogarola (1418-66) oder Anna Maria von Schurman (1607-78) mit ihren Dekonstruktionen der in der Bibel gründenden Vorstellungen der »sündigen« und »minderwertigen« Veranlagung von Eva/Frauen getan hatten.[39]

35 Für eine gute Erläuterung von Zanans Ansichten und Visionen siehe Afsaneh Najmabadi, »Feminism in an Islamic Republic: Years of Hardship, Years of Growth«, in Islam, Gender and Social Change, Yvonne Haddad und John Esposito (Hrsg.), (Oxford: Oxford University Press, 1998), S. 59-84.

36 Siehe Zanans eigene LeserInnenumfrage in Zanan, Nr. 52 (Mordad-Shahrivar 1374/1995), S. 54-58.

37 Nayereh Tohidi, »The International Connections of the Women's Movement in Iran: 1979-2000«, in Iran and the Surrounding World, Nikki Keddie und Rudi Matthee (Hrsg.), (Seattle: University of Washington Press, 2002), S. 205-31.

38 Azar Tabari, »Islam and the Struggle for Emancipation of Iranian Women«, in Under the Shadow of Islam, Tabari and Yeganeh, (Hrsg.), S. 17.

39 Wenn Eva »schwächer« gewesen sei, so die Feministinnen, dann wäre sie beim Sündenfall weniger schuldig als Adam gewesen. Sie legten weiter nahe, dass die Frau (Eva) edler sei als der Mann, da der Mann aus Erde, die Frau aber vom Mann erschaffen wurde. Tatsächlich sei die Frau überlegen, da nicht der Mann, sondern die Frau

Zanan unternahm den Versuch, die »patriarchalischen Interpretationen« der heiligen Schriften zu dekonstruieren und geschlechtersensible (gender-sensitive) Lesarten anzubieten, die es den Frauen ermöglichen würde, gleichberechtigt zu sein und gesellschaftliche und politische Stellen als Richterinnen, Präsidentinnen, Quellen der Nachahmung (Marja-e taqlid) oder islamische Juristinnen (Faqih) einzunehmen. »Es gibt im Islam [hinsichtlich der Frauen] keine Defizite. Die Probleme liegen in den politischen und patriarchalischen Betrachtungsweisen«, behaupteten sie.[40] Innerhalb dieser entstehenden »feministischen Theologie« stellten sie die frauenfeindliche Gesetzgebung und die wörtliche Interpretation der Koranverse infrage; sie betonten stattdessen den »allgemeinen Geist« des Islam, der ihrer Ansicht nach Frauen bevorzugt. Wenn der Prophet des Islam in seinem 23-jährigen Kampf viele gegen Frauen gerichtete Praktiken seiner Zeit verändert habe, so könnten postislamistische Feministinnen die emanzipatorische Tradition in der heutigen Zeit fortführen. Methodologisch in der Hermeneutik, der Philologie und dem Historismus verankert, gingen diese Frauen über die wörtliche Bedeutung hinaus – zugunsten interpretierender und historisierender Folgerungen. Zur Widerlegung der »angeborenen Überlegenheit der Männer«, die die orthodoxen Lesarten aus den Koranversen ableiteten (etwa Sure 4:34 Nisa, in der Männer Frauen bevorzugt werden) verschoben die Autorinnen von Zanan die Grundlage der Hierarchie vom Geschlecht hin zur Gottesfürchtigkeit, indem sie sich auf folgenden geschlechtsneutralen Vers beriefen: »Siehe, der am meisten Geehrte von euch vor Allah ist der Gottesfürchtigste unter euch« (Sure 49:13). Demnach war das Sorgerecht nicht automatisch das Recht der Männer (wie die Scharia nahe legt), sondern abhängig vom Wohlergehen der Kinder, das für den Islam von großer Bedeutung ist.[41] Gegen

andere Menschen in die Welt setzt bzw. »die Welt vergrößert«. Siehe Gerda Lerner, The Creation of Feminist Consciousness (Oxford: Oxford University Press, 1993), S. 138-166. Für Fälle feministischer Theologie im Christentum und Judentum siehe Jane Bayes und Nayereh Tohidi (Hrsg.), Globalization, Gender and Religion: The Politics of Women's Rights in Catholic and Muslim Contexts (New York: Palgrave, 2001), besonders Kapitel 2, »Women Redefining Modernity and Religion in the Globalized Context«.

40 Zanan, Nr. 9, S. 34.

41 Betont wurde diese Aufmerksamkeit gegenüber Kindern in Versen wie: »Gut und Kinder sind des irdischen Lebens Schmuck« (Die Höhle: 45) und den beiden Hadith:

ein 1998 im Parlament eingebrachtes Gesetz, das bei der medizinischen Versorgung eine Trennung zwischen Männern und Frauen vorsah, argumentierte Zanan nicht nur, dass der Koran gegen erzwungene Bevormundung im Allgemeinen sei (denn die Menschen seien selbst für ihre Entscheidungen über Gut und Böse verantwortlich), sondern auch, dass in der islamischen Theologie die Religion dafür da ist, den Menschen zu dienen und nicht umgekehrt. Statt Verpflichtung, so die Schlussfolgerung, sollte das Gesetz die Wahl des Patienten oder der Patientin bezüglich der medizinischen Behandlung respektieren.[42]

Ausgehend von sprachwissenschaftlichen Analysen dekonstruierten postislamistische Feministinnen den Vers »al-rejal qawwamoun ala-nisa« (Nisa, 4:34), auf dem zahlreiche frauenfeindliche Folgerungen beruhen. Feministische Theologinnen ordneten dem Wort qawam nicht die arabische Wurzel »qym« zu, d. h. »Bevormundung anderer«, sondern »qwm«, »sich erheben«, »Bedürfnisse befriedigen« oder »schützen«.[43] Statt also »Männer wachen über (oder bevormunden) Frauen« könnte der Vers »Männer schützen Frauen oder befriedigen ihre Bedürfnisse« bedeuten. Ebenso argumentierten sie, dass das Verb darb im Koran nicht einfach als »schlagen«, sondern auch als »beenden« oder »zustimmen« verstanden werden könnte.[44] Folglich gebe der Koran nicht nur dem Mann das Recht zur Scheidung oder verweigere dieses Recht den Frauen.[45] Tatsächlich bot die Geschlechterneutralität der persischen Sprache, wie sie in der Verfassung der Islamischen Republik zum Ausdruck kommt, den Frauen vielfältige diskursive Möglichkeiten, für gleiche Rechte zu kämpfen.[46] So können sich z. B. die Kriterien der Wählbarkeit zur Präsidentschaft des Landes, etwa »rejal-e mazhabi« (religiöse Persönlichkeit) oder »faqih-e adel« (gerechter Jurist), sowohl

»Kinder sind die Schmetterlinge des Himmels« und »Es gibt keine größere Sünde, als Kinder zu vernachlässigen« – Beispiele für die zentrale Rolle, die die Kinderfürsorge spielt. Siehe Zanan, Nr. 38 (Aban 1376), S. 2-5.

42 Siehe Sayyid Mohsen Saidzadeh, »Kalbod-shekafi-e Tarh-e Entibaq-e Omour-e Edari« (Eine Analyse des Projekts zur Adaption administrativer Angelegenheiten), Zanan, Nr. 43, S. 15.

43 Siehe das Interview mit Mostafa Malekian in Zanan, Nr. 64, S. 32-35.

44 Shokufeh Shokri und Sahireh Labriz, »Mard: Sharik ya Ra'is?« (Männer: Partner oder Bosse?) Zanan, Nr. 2 (März 1992), S. 26-32.

45 Zanan, Nr. 23 (Farvardin-Ordibehesht 1374/1995), S. 46-57.

46 Siehe z. B. Mehrangiz Kar, »Mosharekat-e Siyassi-e Zanan: Vaqeiyyat ya Khial« (Politische Teilhabe von Frauen: Realität oder Traum?), Zanan, Nr. 47, S. 12-13.

auf Männer als auch auf Frauen beziehen. Sie argumentierten, dass es im Arabischen zwar allgemein akzeptiert ist, dass das Wort rajol »ein Mann« bedeutet, es sich im Persischen aber auf (politische) »Persönlichkeit« im Allgemeinen bezieht. Folglich könnten auch Frauen für das Präsidentenamt kandidieren.[47] Der wesentliche neue Aspekt dieser geschlechtersensiblen, theologischen Debatten bestand darin, dass abgesehen von einigen aufgeklärten Klerikern[48] es Frauen waren, die sie führten, und zwar auf den Seiten der auflagenstarken Tagespresse.

Der neue Frauenaktivismus alarmierte die etablierten Kleriker, die normalen Männer und die konservativen Frauen. Ein Pathologe kommentierte mit Bestürzung, dass »die Freiheit der Frauen im Iran auf falschen Vorstellungen beruht. ... In den vergangenen Jahren sind einige Frauen, die scheinbar Protagonistinnen des Kampfes für gleiche Rechte geworden sind, vom rechten Weg abgekommen. Sie reden so viel über die Vorherrschaft von Männern, dass die Menschen zu Feinden geworden sind, und dies ist ein schwerer Schlag gegen unsere Gesellschaft«.[49] Ayatollah Fazel Lankarani vom Qom Seminar warnte die Aktivistinnen, »die Prinzipien des Islam nicht durch eure Intellektualität infrage zu stellen. ... Wer sagt denn, dass es keinen Unterschied zwischen Männern und Frauen gibt?«, forderte er sie heraus. »Wer seid ihr, dass ihr Optionen [...] vor Gott und Seinem Propheten zum Ausdruck bringt?«[50] Der Führer des Freitagsgebets in Rasht prangerte Frauen an, die »die religiösen Autoritäten hinsichtlich des Hidschab und der Scharia infrage stellen«, und warnte sie, »nicht die rote Linie zu überqueren, nicht den Koran und den Islam abzutun.«[51] Andere, wie Ayatollah Mazaheri, empörten sich über die Forderung der Aktivistinnen, die iranische Regierung solle die UN-Charta gegen die Diskriminierung von Frauen unterschreiben, denn dies würde die westliche Dominanz über die Nation zur Folge haben.[52] Islamistische Frauen im Majlis, dem iranischen Parlament, (Monireh Nobakht und Marzieh Vahid Dastjerdi)

47 Zanan Nr. 35 (Tir 1376/1997), S. 6.

48 Kleriker wie Ayatollah Bojnordi vom Qom Seminar sagten: «Fiqh [mit einigen diskriminierenden Entscheidungen] ist nichts, als die besondere Auslegung der Fuqaha [Gelehrten] und kann verändert werden«, zitiert nach Farzaneh, Nr. 8.

49 Zitiert nach Mahname-ye Gozaresh, Nr. 148 (Tir 1382/2003).

50 Jomhuri-ye Islami, 12 Mehr 1376/1997.

51 Zanan, Nr. 43 (Khordad 1377/1998).

52 Zitiert nach Zanan, Nr. 38 (Abab 1379/2000), S. 59.

schlugen vor, die feministischen Debatten in der Presse und der Öffentlichkeit einzuschränken, da sie »Konflikte zwischen Männern und Frauen verursachen« und die Scharia und die Grundlagen der Religion unterminierten.[53] Solche Angriffe lieferten die intellektuelle Rechtfertigung für den linientreuen Mob und die Medien, Frauen mit nachlässig getragenem Hidschab auf der Straße zu schikanieren, Frauensport zu verurteilen und gegen die Wiederkehr von »Dekadenz, Mode und individuellem Geschmack« zu kämpfen.[54] Die Zeitschrift Zanan kam 1998 vor Gericht und wurde angeklagt, Frauen gegen Männer aufzustacheln und »Homosexualität zu verbreiten«.[55] Der Kleriker Mohsen Saidzadeh, dessen frauenspezifische Essays zu Theologie und islamischer Rechtsprechung konservative Kleriker bestürzt hatten, wurde im Juni 1998 inhaftiert.[56]

Ungeachtet des Drucks machte die Nicht-Bewegung beträchtliche Fortschritte, sie ermächtigte Frauen durch Bildung, durch Arbeitsplätze und durch das neue Familienrecht und stärkte so ihre Selbstachtung. Die Möglichkeiten gleichberechtigter Bildung nahmen nach den offiziellen restriktiven Quoten, die Männer bevorzugt hatten, wieder zu. Die Polygamie wurde stark reduziert, das Scheidungsrecht der Männer beschränkt und die religiös sanktionierte mut'a (Zeitehe) verurteilt. Im Jahre 2002 (1381) waren nur 271 bzw. eine von 1.000 Ehen Zeitehen.[57] In Fällen, bei denen der Ehemann die Scheidung einreichte, wurde den Frauen eine finanzielle Entschädigung im Gegenwert ihrer geleisteten Hausarbeit während der Ehe zugesprochen, auch wenn es sich in der Realität als schwierig erwies, solche Urteile zu erlangen. Neue Gesetze sahen finanzielle Zuwendungen für verwitwete berufstätige Frauen vor, erhöhten den Mutterschaftsurlaub auf vier Monate, schafften wieder Kindertagesstätten für arbeitende Frauen und senkten die Arbeitszeit

53 Bericht in Zanan, Nr. 42 (Farvardin-Ordibehesht 1377/1998), S. 3.

54 Sobh Weekly, Nr. 32 (Aban 1375 /1995), und 28 (Farvardin 1375/1996).

55 Siehe den Bericht über das Gerichtsverfahren gegen die Zeitschrift in Zanan, Nr. 43 (Khordad 1377/1998), S. 4.

56 Für eine hervorragende Analyse der Geschlechterdebatten unter schiitischen Klerikern siehe Ziba Mir-Hosseini, Islam and Gender: The Religious Debate in Contemporary Iran (Princeton, N.J.: Princeton University Press, 1999).

57 Im Vergleich zu 283.253 permanenten oder normalen Ehen im gleichen Zeitraum. Siehe Hayat-e Nou, 11 Aban 1381/2002, S. 11. Es muss angemerkt werden, dass mut'a-Ehen nicht immer registriert werden. Daher kann die Zahl höher liegen.

von Frauen auf 75 Prozent der Arbeitszeit von Männern. Neue Gesetze ermöglichten es, den Brautpreis entsprechend dem heutigen Wert zu zahlen, nach zwanzig Jahren Arbeit in Frühpension zu gehen, den Frauen und Kindern ohne männliche Unterstützer finanziellen Schutz zu bieten und alleinstehenden Frauen über 28 ohne männliche Beschützer im Ausland zu studieren.[58] Die Regierung wurde verpflichtet, Sportstätten für Frauen zur Verfügung zu stellen. 1998 wurde ein Pilotprojekt gegen Frauenmisshandlung ins Leben gerufen.[59] Das Sorgerecht wurde intensiv debattiert, während der Kampf der Frauen dafür, Richterinnen werden zu können, zu ihrer Ernennung als Rechtsberaterinnen in Untergerichten und beisitzenden Richterinnen in hohen Gerichtshöfen führte. 1997 saßen fünfzehn weibliche Delegierte im Women's Affairs Commission of Parliament.[60] Eine wichtige Folge dieser neuen Subjektivitäten war die Tendenz zur Kleinfamilie und die Konzentration auf die Kinder. 2006 bestanden 68% der Familien aus einer bis vier Personen (1976 war dies nur bei 46% der Familien der Fall). Der bemerkenswertere Trend ist jedoch, dass immer mehr Frauen alleine oder autonom leben. 2006 lebte jede dritte Frau zwischen 20 und 34 alleine.[61]

Diese Kämpfe führten zu Veränderungen in den Machtbeziehungen zwischen Frauen und Männern in Familie und Gesellschaft. Suizide von Frauen und die steigende Scheidungsrate (27 Prozent im Jahre 2002, von denen wiederum 80 Prozent von Frauen eingereicht wurden) sah man als das, was ein iranischer Soziologe »die schmerzhafte Modernisierung unserer Gesellschaft« nannte[62] In dieser Zeit zeigten Meinungsumfragen zur Rolle der Frau in der Öffentlichkeit, dass 80 Prozent der Befragten (Männer und Frauen) sich für weibliche Regierungsminister aussprachen, während 62 Prozent nichts gegen eine Prä-

58 Für die Liste siehe Zanan, Nr. 28 (Farvardin 1375/1996), S. 3.

59 Zanan, Nr. 38 (Aban 1376/1997). S. 38.

60 Dieser Anteil von 6 Prozent Frauen im Parlament liegt immer noch weiter unter dem weltweiten Durchschnitt (11,6 Prozent), aber höher als der Durchschnitt in den arabischen Staaten (4,3 Prozent); siehe Zanan, Nr. 33, S. 76.

61 Said Peyvandi, »Ro'ya-ye 120 Milioni-ye Ahmadinejad«, auf der Website radiofarda.co, 28. November 2010.

62 Zitiert nach Ramin Mostaghimi, »Tights-Iran: Women Carve out Spaces within Islamic Society«, Interpress Nachrichtenagentur, 25. Juni 2003. Für einen Bericht über Scheidungsraten siehe Shadi Sadrs Diskussion in Yas-e Nou; zitiert nach womeniniran.com (letzter Zugriff am 4. Mai 2003).

sidentin hätten.[63] Die vorherrschende Sicht auf die iranischen Frauen als hilflose Subjekte, die in häuslicher Einsamkeit gefangen und unter dem langen schwarzen Tschador versteckt seien, erwies sich als grobe Simplifizierung.

Eine Nicht-Bewegung?

Trotzdem sollte der Status der iranischen Frauen in der Islamischen Republik nicht überbewertet werden. Tatsächlich warnte noch 1998 die Anwältin Mehrangiz Kar davor, nicht zu viel in das, was die Frauen erreicht hätten, hineinzuinterpretieren. Sie führte über ein Dutzend Bereiche in der iranischen Gesetzgebung an, in denen Geschlechterungleichheit noch auf flagrante Weise vorherrschte,[64] wie auch in den meisten, von patriarchalischen Verhältnissen durchdrungenen politischen, rechtlichen und familienbezogenen Institutionen. Ungleichheiten gab es nach wie vor beim Scheidungsrecht der Männer, beim Sorgerecht, bei der Polygamie und aufgrund sexueller Unterwerfung, und es wurde immer noch doppelt so viel Blutgeld für Männer als für Frauen gezahlt. Wahr ist aber auch, dass die täglichen Kämpfe der Frauen in der Öffentlichkeit nicht nur Aspekte ihres Lebens verändert haben, sondern auch zu einer demokratischeren Auslegung des Islam führten. Die wichtigste Errungenschaft der Frauen bestand darin, die konventionelle Geschlechtertrennung unterminiert zu haben. Gegen beträchtlichen Widerstand haben sich die iranischen Frauen als öffentliche Akteurinnen etabliert.

Der paradoxe Status der Frauen in der Islamischen Republik überraschte viele Beobachter – aber auch die Aktivistinnen selbst – bei dem Versuch, das Wesen dieses Frauenaktivismus zu verstehen. Hatten die iranischen Frauen eine eigene »soziale Bewegung« aufgebaut? Es gab viele negative Kommentare, die damit begründet wurden, dass es nur

63 Zitiert nach Zanan, Nr. 34 (Ordibehesht 1376/1997), S. 4, und Nr. 37 (Shahrivar-Mehr 1376/1997), S. 8. Eine Untersuchung von Uzra Shalbaf bestätigt, dass Frauen (Ehefrauen) mit höherer Bildung eine größere Entscheidungsmacht in den Familien erlangten, obwohl ihre häuslichen Verpflichtungen sich nur wenig geändert hatten. Thematisiert in einer Magisterarbeit an der soziologischen Fakultät der Universität von Teheran, 2001; zitiert nach womeniniran.com (letzter Zugriff 21. Mai 2003).

64 Siehe Zanan, Nr. 41.

wenige und verstreut agierende Frauenaktivistinnen gab, diese sich über eine Strategie zur Veränderung im Unklaren waren und keine theoretische Arbeit leisteten.[65] Darüber hinaus fehlten dieser Nicht-Bewegung renommierte, als »Feministinnen« identifizierbare, Führungspersönlichkeiten, um die Masse der normalen Frauen zu mobilisieren.[66] Für diese Kommentatoren bedeutete der sporadische Aktivismus der Frauen nicht, dass es eine soziale Bewegung gab, sondern ein »soziales Problem«.[67] Demgegenüber bezeichneten die Aktivistinnen die Frauenkämpfe unmissverständlich als eine soziale Bewegung,[68] wenn auch dem Begriff »Bewegung« Adjektive[69] wie »still«, »dezentral« oder »führungslos« zugeordnet wurden.[70]

Sie warfen denjenigen, die den Aktivitäten der Frauen den Charakter einer »Bewegung« absprachen, vor, die Fragen des Geschlechts einer breiteren reformistischen, demokratischen oder klassenbezogenen Politik unterzuordnen. Auch wenn es weit hergeholt sein mag, so ihr Argument, von einer organisierten Bewegung zu sprechen, so wollten die Frauen doch, ein gemeinsames Gefühl, »hamdeli«, bezüglich ihrer untergeordneten Stellung in der Gesellschaft kundtun, und ihre Situation

65 Siehe Mohammad Rafi.e Mahmoudian, »Jonbesh-e Zanan-e Iran: Za'f-e Feminism va Feghdan-e Armangeraii« (Iranische Frauenbewegung: Die Schwäche des Feminismus und die Abwesenheit utopischer Visionen), Zanan, Januar 2003.

66 Siehe z.B. Hamid-Reza Jalaii-pour, »Hamelan-e Bi-Neshan« (Träger ohne Identifikation), Zanan, January 2004.

67 Hamid-Reza Jalaii-pour, »Mas'ale-ye Ejtemaii, Na Jonbesh-e Ejtemaii« (Ein soziales Problem, keine soziale Bewegung), Yass-e Nou, 10 (Aban 2003); siehe auch sein »Tahlili az Pouyesh-e Zanan-e Iran« (Eine Analyse des iranischen Frauenaktivismus), iran-emrooz.com, 12 Aban 1382/2003.

68 Siehe Nasrin Azadeh, »Jonbesh-e Ejtemaii-ye Zananeh« (Soziale Bewegung der Frauen), zananeiran.com, 11. Dezember 2003.

69 Ali Akbar Mahdi, unter iran-emrooz.com, Juli 2002; Valentine Moghadam, »Feminism in Iran and Algeria: Two Models of Collective Action for Women's Rights«, Journal of Iranian Research and Analysis 19 (April 2003), S. 18-31; Homa Hoodfar, »The Women's Movement in Iran: Women at the Crossroads of Secularization and Islamization«, Women Living under Muslim Laws Nr. 1,Winter 1999; Nasrin Azadeh, »Jonbesh-e Ejtemai-ye Zananeh« (Weibliche soziale Bewegung), unter www.womeninIran .org .

70 Janet Afary, »Jonbesh-e Zanan-e Iran: Gheir-e Motamarkez va Gostardeh« (Die iranische Frauenbewegung: dezentriert und ausgedehnt), Zanan, April 2003; Mahboubeh Abbasgholizadeh, »Dar Iran Jonbesh-e Zanan bi Sar Ast« (Die Bewegung der iranischen Bewegung ist führungslos), Zanan, September 2003.

verändern.[71] Die Hegemonie eines westlich-zentrierten Modells einer sozialen Bewegung reduzierte diese begrifflichen Vorstellungswelten auf zwei entgegengesetzte Positionen – entweder handelte es sich um eine Frauenbewegung oder nicht –, als wären alternative Formen des Kampfes jenseits der konventionellen widerständigen Politik undenkbar. Großen Einfluss hatte Afsaneh Najmabadis Argument, dass alleine schon die Frage (ob es so etwas wie eine soziale Bewegung der Frauen gab) irrelevant und sogar schädlich ist, da sie die eine Form des Kampfes der anderen vorzieht. Doch dieser Einwand beantwortete nicht die Frage, um was es sich tatsächlich handelte. Wie charakterisieren wir diese Formen des Aktivismus; wie kann die Logik ihrer Handlungsweisen beschrieben werden? Wenn es den iranischen Frauen nicht gelang, eine eigene Bewegung zu entwickeln, wie haben dann die fragmentierten, aber kollektiven, unbeabsichtigten Praktiken zu greifbaren Resultaten geführt?

Der Aktivismus der iranischen Frauen erinnert an das, was James Scott die »alltäglichen Formen des Widerstands« nannte. Damit beschrieb er die Kämpfe der armen Bauern in Java gegen die Übergriffe der oberen Klassen mittels diskreter, illegaler und individueller Aktionen wie etwa Zeitschinderei, Verstellung, falscher Gehorsam, Verleumdung oder Sabotage.[72] Aus dieser Perspektive betrachtet, kann man sagen, dass die iranischen Frauen mit ihren alltäglichen Praktiken Widerstand gegen eine staatliche Politik geleistet haben, die tendenziell die Rechte der Frauen zu unterminieren versucht. Es gab durchaus ein starkes Element des »Widerstands« – sowohl in den Diskursen als auch in den Aktionen der Protagonistinnen. Ihre Kämpfe waren weder »defensiv«, versteckt und still noch illegal und nur individualistisch. Sie waren vielmehr kollektiv und stellten ein allmähliches Vordringen dar, in dem Sinne, dass die Akteurinnen Stellungen der patriarchalischen rechtlichen Struktur, der öffentlichen Institutionen und der Familie eroberten, um Schritt für Schritt weitere Forderungen zu stellen. Zudem waren Frauen an ideelen Ausarbeitungen und diskursiven Kampagnen beteiligt. In den späten 1990er Jahren deutete das Enga-

71 Siehe Farideh Farhi, »Jonbesh-e Zanan va Mardan-e Eslah-talab« (Die Frauenbewegung und die reformistischen Männer), Zanan, Mai 2003.

72 James Scott, Weapons of the Weak: Everyday Forms of Peasant Resistance (New Haven, Conn.: Yale University Press, 1985).

gement von Frauen in Hunderten NGOs, Solidaritätsnetzwerken und diskursiven Zusammenhängen auf einen organisierten Aktivismus hin. Frauengruppen veranstalteten Demonstrationen, beteiligten sich an internationalen Treffen, leisteten Lobbyarbeit in politischen und klerikalen Kreisen und agitierten in der Majlis (Parlament). Frauenwochen, Buchmessen, Filmfestivals und Sportveranstaltungen waren Anlässe und Orte der Mobilisierung. 1995 organisierten unabhängige Aktivistinnen zusammen mit moderaten Beamtinnen wie Shahla Habibi ein Frauenwochen-Festival mit 62 Seminaren, 3.000 Festivitäten, 230 Ausstellungen und 161 Wettbewerben.[73] In mehr als zwei Dutzend Frauenzeitschriften (z. B. Zanan, Farzaneh, Hoquq-e Zan, Zan-e Rouz, Neda, Rayhaneh, Payam-e Hajar, Mahtab, Kitab-e Zan und Jens-e Dovvom[74]) und auf immer mehr Websites (z. B. bad-jens und zanan-e iran) wurden Ideen kommuniziert, Veranstaltungen beworben und Solidaritätsnetzwerke ins Leben gerufen. Zwischen 1990 und 2002 wurden 36 neue Frauenzeitschriften gegründet. Feministische Ideen verbreiteten sich an den Universitäten, Studentinnengruppen veröffentlichten Newsletter zu Geschlechterthemen und in den späten 1990er Jahren hatten vier iranische Universitäten Programme zur Frauenforschung eingerichtet – auch wenn diese viel zu wünschen übrig ließen.[75]

Kann diese Art von Aktivismus also im Sinne der »neuen sozialen Bewegungen« beschrieben werden, denen es um die Wiedergewinnung der Identität des Einzelnen von der Kolonialisierung der Lebenswelt durch den Staat und den Markt in postindustriellen Gesellschaften geht? Tatsächlich scheint es so, als hätten die Aktivitäten der iranischen

73 Berichtet in Zanan, Nr. 26, S. 5.

74 Zwischen 1990 und 1997 wurden etwa dreizehn neue Frauenzeitschriften veröffentlicht (Neda, Rahrovan.e Somaaya, Boresh, Pegah, Me.raj, Jelveh, Payam-e Zan, Zanan, Takapu, Farzaneh, Reyhaneh, Touba, und Banu). Von der Wahl Khatamis 1997 bis 2002 gab es 23 neue Frauenzeitschriften: Zan va Pazhouhesh, Zan (newspaper), Ershad-e Neswan, Hamsar, Mahtab, Kitab-e Zanan, Poushesh, Qarn-e 21, Zana-e Jonoub, Zan-e Emrooz, Al-Zahra, Banu, Nour-e Braran, Shamim-e Narjes, Soroush-e Banuvan, Tarh-va-Mode, Yaas, Irandokht, Motale'at-e Zanan, Melina, Arous, Zanan-e Farda, Zan-e Sharghi, Kawkab. Bis 2000 wurden fünf dieser Zeitschriften durch die Behörden eingestellt. Siehe Yaas-e Nou, 23. Mai 1382/2003.

75 Für einen kritischen Überblick über diese Frauenforschungsprogramme siehe Ziba Jalali-Naini, »Ta'sis-e Reshte-ye Motaleat-e Zanan dar Iran?« (Die Einrichtung von Frauenforschungsprogrammen: Die Enteignung einer abnehmenden Bewegung?) Goft-o-gu, Nr. 38 (Azar 1382/2003), S. 7-23.

Frauen einiges mit einer »neuen sozialen Bewegung« hinsichtlich des fragmentierten Aktivismus gemein, der zwar ohne strukturierte Organisation, kohärente Ideologie und klare Führerschaft ist, aber dennoch kollektive Ansichten und Identitäten zusammenbringt. Allerdings hilft uns diese Perspektive, bzw. das, was Alberto Melucci als »kollektive Aktion ohne kollektive AkteurInnen« bezeichnet, wenig bei der Beschreibung der Art und Weise, wie die Identitäten der Frauen gebildet, Aktionen umgesetzt und Fortschritte erreicht werden. Die neuen sozialen Bewegungen – auch wenn sie verstreute Aktivitäten, AkteurInnen aus unterschiedlichen Klassen und eine unklare Führerschaft beinhalten – verlassen sich immer noch auf eine offene, bewusste und kollektive Mobilisierung, auf Lobbyarbeit, Straßenproteste, politischen Streit und diskursive Kampagnen. All dies spielte bei den iranischen Frauen keine große Rolle. In ihrem Falle folgte die Dynamik, die sich bei dem Stellen von Forderungen entwickelte, einer anderen Logik und nahm einen anderen Verlauf.

Der Aktivismus der iranischen Frauen besaß ausgeprägte Eigenschaften einer Nicht-Bewegung, verkörpert durch die Gesamtheit verstreuter kollektiver Empfindungen, Forderungen und alltäglicher Praktiken, die sich unterschiedlichen Geschlechterfragen – vor allem der Durchsetzung der Individualität der Frauen – widmeten. Kollektive Identitäten wurden weniger in den Institutionen für Frauen gebildet, als in (allerdings kontrollierten) öffentlichen Räumen: am Arbeitsplatz, an der Universität, an Bushaltestellen, in den Schlangen vor der Ausgabe von Lebensmittelrationen, in Geschäften, Nachbarschaften, bei informellen Zusammenkünften und in Moscheen. Neben einigen bewusst hergestellten Netzwerken dienten »passive Netzwerke« als das wichtigste Medium zur Herstellung kollektiver Identitäten. Passive Netzwerke entstehen durch die unmittelbare und unausgesprochene Kommunikation zwischen atomisierten Individuen in der Öffentlichkeit, durch das stillschweigende Erkennen von Gemeinsamkeiten, die durch Stil, Verhaltensweisen und Anliegen ausgedrückt werden.[76] So empfanden beispielsweise nonkonformistische Frauen, die ähnlich »unschicklich« gekleidet waren, sich aber womöglich gar nicht kannten oder begegnet

76 Für Erläuterungen zum Begriff des »passiven Netzwerks« siehe Asef Bayat, Street Politics: Poor People's Movements in Iran (New York: Columbia University Press, 1997), Kapitel 1.

waren, spontan Empathie und Nähe – waren sie mit einer gemeinsamen Gefahr, die von der Moralpolizei ausging, konfrontiert, solidarisierten sie sich.

In Situationen extremer politischer Spannung oder Bedrohung, oder aber in günstigen Augenblicken gingen die passiven Netzwerke der Frauen häufig zu kommunikativen Aktionen über. Da ihnen die institutionellen Rahmenbedingungen fehlten, um ihre Unzufriedenheit auszudrücken, gingen z. B. Hausfrauen und die Mütter von Kriegsopfern mit ihren Klagen und Problemen auf die Straße. In langen Schlangen vor Bäckereien oder Metzgereien oder an Bushaltestellen perfektionierten sie die nicht unterdrückbare Praxis des »öffentlichen Nörgelns«. Ganz bewusst setzten sie den relativen Vorteil ihres Geschlechts, die »mütterliche Unschuld«, und ihre Macht als Mütter und Hausfrauen ein, um zu protestieren. Während die Proteste von Männern und jungen Leuten oft unterdrückt wurden, bot der Status der Mutter vielen Frauen Schutz. Ehefrauen von Kriegsopfern konnten zusätzlich ihr politisches Kapital als Familienmitglieder von Märtyrern einsetzen, um erfolgreiche Kampagnen gegen die patriarchalische Auslegung der Scharia zu starten, die vorsah, dass das Sorgerecht der nun vaterlosen Kinder auf deren Großväter übergeht.

Doch solche öffentlichen Proteste bildeten einen nur unwesentlichen Teil der Aktivitäten der Frauen im Allgemeinen. Abgesehen von einigen Aktivistinnen artikulierten die meisten Frauen selten gemeinsame Forderungen nach Frauenrechten und Gleichstellung der Geschlechter. Bestenfalls taten sie dies individuell und oft dann, wenn sie zuvor auf rechtliche oder institutionelle Hindernisse gestoßen waren. Ihre Ansprüche machten sie in den meisten Fällen alleine und unmittelbar in den Bereichen geltend, in denen es möglich erschien: in Bildungseinrichtungen, am Arbeitsplatz, in Sportzentren oder bei Gericht. Zumindest bis Anfang 2000 bildeten sie daher keine konventionelle soziale Bewegung, die gewöhnlich mit einer festen Organisation, strategischem Handeln und außergewöhnlichen kollektiven Aktionen (mit Transparenten und Demonstrationen) in Verbindung gebracht wird. Der Aktivismus der iranischen Frauen hatte vielmehr die Auswirkungen einer Bewegung – einer Nicht-Bewegung – d. h., verstreute kollektive Handlungen, die sich in den eher banalen Praktiken des Alltags vollziehen, und deren Auswirkungen über die direkten Intentionen der AkteurInnen hinaus gehen. Diese Nicht-Bewegung erfolgte in einem sich steigernden, strukturellen Prozess, Forderungen zu stellen – ähnlich dem »stillen Vordringen« –, sie war jedoch eng an die imperative Notwendigkeit beharrlicher öffentlicher Präsenz gekoppelt. Bei diesem strukturellen Vordringen rechtfertigte jede erfüllte Forderung die nächste. So entstand eine Abfolge von Gelegenheiten, weitere Forderungen zu stellen, was schließlich zu mehr Geschlechtergerechtigkeit und höheren individuellen Ansprüchen führte. Die Wirkungsmacht des Frauenaktivismus gründete also einerseits in den normalen alltäglichen Praktiken, die nicht unterdrückt werden konnten; andererseits profitierte sie von dem schrittweisen Vordringen in die Machtbasis patriarchaler Strukturen.[77]

Angesichts der islamistischen geschlechtsspezifischen Vorurteile war alleine schon die öffentliche Präsenz von Frauen eine Errungenschaft. Doch sie diente den Frauen auch dazu, in die patriarchalischen Machtzentren vorzudringen oder mit ihnen zu verhandeln. Frauen waren in die Kriegsanstrengungen eingebunden, leisteten freiwillige Arbeit, suchten sich bezahlte Jobs, bildeten sich, trieben Sport, joggten, fuhren Rad und nahmen an Weltmeisterschaften teil. Sie arbeiteten als Fachkräfte, Romanschriftstellerinnen, Filmemacherinnen, Bus- und

77 In mancher Hinsicht weist dieser Prozess Ähnlichkeiten mit der Strategie des »stillen Vordringens« auf (siehe Kapitel 2). Wie bei den städtischen Armen stellt die (Nicht-)Bewegung der Frauen im Iran auch eine diskrete, langwierige und graduelle Bewegung zur Erlangung von Fortschritten dar, ein Prozess, der mit den Praktiken des Alltags verwoben ist. Während jedoch das stille Vordringen der Armen eine Nicht-Bewegung darstellt, bei der die AkteurInnen sich selten an diskursiven Auseinandersetzungen oder kollektiven Strategien beteiligen, waren die muslimischen Frauen in einer Art sozialen Bewegung involviert, einer Nicht-Bewegung, bei der es zu einem gewissen Grad um die ideologische Auseinandersetzung mit Geschlechterverhältnissen, dem Patriarchat und den täglichen Aktivitäten der Frauen ging. Es fanden auch Lobbyarbeit sowie politische und rechtliche Kampagnen statt. Zweitens, während es sich bei dem stillen Vordringen grundsätzlich um eine informelle und größtenteils illegale Strategie handelt, ist die Nicht-Bewegung unweigerlich in rechtlichen Kämpfen verstrickt. Denn während die Armen an der Peripherie normativer und rechtlicher Strukturen agieren – und diese daher umgehen können – müssen die muslimischen Frauen innerhalb dieser Strukturen handeln und so die beschränkenden Codes infrage stellen. Es stimmt, dass bei beiden Typen des Aktivismus die Aktionen und Fortschritte grundsätzlich identisch sind – wenn etwa BesetzerInnen sich Land aneignen oder Frauen an der Universität Maschinenbau studieren. Doch während lautstarke kollektive Aktionen dem stillen Vordringen der Armen abträglich wären, nutzen sie den Kämpfen der Frauen.

Taxifahrerinnen und kandidierten für hohe öffentliche Ämter. Und genau diese öffentlichen Funktionen brachten die gesellschaftlichen und rechtlichen Imperative, die thematisiert werden mussten, aufs Tablett – restriktive Gesetze und Gebräuche mussten verändert werden, um den Erfordernissen öffentlich agierender Frauen innerhalb des herrschenden patriarchalischen Systems zu entsprechen. So setzte z. B. eine Hochschulausbildung voraus, dass junge Frauen unabhängig von ihren Familien lebten, was unter anderen Umständen undenkbar wäre. Die öffentlichen Aktivitäten von Frauen machten den Hidschab (seine Kompatibilität mit der Natur der Arbeit), das Zusammensein mit Männern, sexuelle Spannungen[78] und die Gleichheit mit Männern in der Gesellschaft zum Thema. Warum sollten Frauen nicht ins Präsidentenamt oder zur Obersten Führerin gewählt werden? Wenn Frauen sogar als hohe Beamtinnen arbeiten konnten, warum benötigten sie dann immer noch die Erlaubnis ihrer Ehemänner, um an Konferenzen im Ausland teilzunehmen? Die öffentliche Präsenz der Frauen stellte zudem die männliche Überlegenheit im Personenstandrecht infrage, wodurch Frauen schließlich gleiche Rechte bei Scheidungen, Erbschaften, bei Fragen des Blutgelds und Sorgerechts erhielten. Wenn es mehr weibliche als männliche Studienanfänger und -abgänger gibt, ist es wahrscheinlich (allerdings nicht zwingend), dass die Frauen Stellen besetzen, bei denen sie Männern vorgesetzt sind, die dann ihre Autorität akzeptieren oder gar verinnerlichen müssen. Diese Prozesse trugen dazu bei, die Machtverhältnisse zwischen den Geschlechtern in der Öffentlichkeit und im häuslichen Bereich zu verändern.[79]

In ihren täglichen Auseinandersetzungen versuchten die Akteurinnen ihre Forderungen durchzusetzen – nicht in Form bewusster Verstöße, sondern als Handlungen an logisch und natürlich erscheinenden Orten, um ihre Individualität zum Ausdruck zu bringen und ihre Lebenschancen zu verbessern. Frauen nahmen nicht an Autorennen teil oder bestiegen Berge, weil sie sich den patriarchalischen Anschauungen oder dem religiösen Staat widersetzen wollten; vielmehr taten sie dies,

78 Darauf wies Ayatollah Jawadi Amoli hin, um seine These zu untermauern, dass Frauen nicht Qadi (Richter) oder Faqih (Gelehrte) sein können; siehe Zanan, Nr. 9, S. 30.

79 Wie Zahra Shojaii, Präsident Khatamis Beraterin für Frauenthemen, sagte: »Jetzt, wo Ernährerinnen geworden sind, ist es nicht Zeit den al-rijaal qawamoun al-annisaa mit anderen Augen zu lesen?« Zitiert nach Zanan, Nr. 37 (Shahrivar-Mehr 1376/1997).

um sich selbst zu verwirklichen, auch wenn sie im Kontext der Islamischen Republik dabei aufsässig erschienen. Der springende Punkt ist, dass trotz vieler Beschränkungen und des enormen Drucks Frauen sich nicht davon abbringen ließen, diese Interessen zu verfolgen, die wiederum tiefgreifende normative und rechtliche Konsequenzen zur Folge hatten. Sie zwangen die patriarchalischen und politischen Autoritäten, die Rolle der Frauen in der Gesellschaft und somit ihre Rechte anzuerkennen. Nicht kollektiver Protest, sondern kollektive Präsenz machte den Aktivismus der iranischen Frauen aus. Die Nicht-Bewegung der Frauen bezog ihre Kraft nicht aus der Androhung von Störung und Ungewissheit – wie bei Politikformen des offensiven Streits –, sondern aus der Macht der Präsenz, der Fähigkeit, trotz aller Widrigkeiten einen kollektiven Willen durchzusetzen, indem Beschränkungen umgangen, das Bestehende genutzt und neue Räume entdeckt wurden. Räume, in denen sie sich Gehör verschaffen, gesehen und wahrgenommen werden und sich verwirklichen konnten.

In dieser Nicht-Bewegung verzichteten die Frauen normalerweise auf außergewöhnliche Mittel, um die Behörden zu Konzessionen zu zwingen. Es waren die ganz normalen Aktivitäten, denen sie nachgingen (z. B. studieren, arbeiten, joggen, sich scheiden lassen oder für politische Ämter zu kandidieren), über die sie die eigentlichen Fortschritte erzielten. Das Element der Alltäglichkeit bewirkte, dass die Bewegung so gut wie nicht unterdrückt werden konnte, und es ermöglichte den Frauen, schrittweise an Boden zu gewinnen, ohne als eine Bedrohung zu erscheinen.

Oft erkannten die Gegner die »Bedrohung«, auch wenn sie gegen die Dynamik wenig ausrichten konnten. Tatsächlich war es die »Bedrohung« des »graduellen Vordringens«, die den konservativen Klerus beunruhigte, der bereits 35 Jahre zuvor Missfallen gegen das vom Schah gewährte Kommunalwahlrecht der Frauen geäußert hatte. »Das Wahlrecht für Frauen, das an sich schon problematisch ist, würde zu deren Teilnahme an den Parlamentswahlen führen; dies würde dann zur Gleichberechtigung von Mann und Frau bei der Scheidung, zu Frauen als Richterinnen usw. führen. ... Diese Praktiken würden zweifellos gegen unsere religiösen Prinzipien verstoßen.«[80]

80 Zitiert nach Ali Dawani, Nehzat-e Ruhanion-e Iran, Band 3 (Teheran: Imam Reza Cultural Foundation), S. 67.

Die Nicht-Bewegung der Frauen konnte sich auf der praktischen Ebene nur teilweise entfalten und musste daher in den Bereich intellektueller und ideologischer Auseinandersetzungen vordringen. Es war notwendig, die schrittweisen Praktiken der Frauen durch vorsichtige Argumente und diskursive Kampagnen zu unterstützen. Die Frauenaktivistinnen mussten die rechtlichen und theologischen Widersprüche, die ihr Vordringen offenbart hatten, thematisieren. Dazu entwickelten die Aktivistinnen differenzierte rechtliche, theologische und theoretische Argumente, um die Chance zu nutzen, die ihnen ihre öffentliche Präsenz bot. Fachpublikationen und Lobbyistinnen in der Majlis spielten eine zentrale Rolle in diesen diskursiven Kampagnen, wobei sie sich alternativer rechtlicher und theologischer Auslegungen bedienten.

Wie kam es, dass Frauen trotz Überwachung so präsent wurden? Es war die Erinnerung an ihren Status vor der Revolution sowie die wirtschaftliche Notwendigkeit und die Globalisierung der Frauenkämpfe, die die Frauen nach öffentlicher Präsenz streben ließen. Doch ein ganz unmittelbarer Faktor war die diskursive Gelegenheit, die die eigenen Kämpfe bereits geschaffen hatten. Ihre starke Beteiligung an der Revolution 1979 zwang viele religiöse Führer, allen voran Ayatollah Khomeini, die gesellschaftliche und politische Handlungsmacht der Frauen öffentlich anzuerkennen. Khomeinis Appell an die Wählerinnen während des ersten Referendums der Islamischen Republik etablierte ihre öffentliche Macht. »Frauen tun mehr für die [revolutionäre] Bewegung als Männer; zweimal so viele Frauen wie Männer nehmen teil«, musste er anerkennen.[81] »Zu glauben, was einige dem Islam zuschreiben, dass Frauen zuhause eingesperrt werden sollten, ist eine völlig falsche Vorstellung. Selbst während des frühen Islam dienten Frauen aktiv in der Armee und an der Front.«[82] Später beriefen sich muslimische Feministinnen auf Khomeinis Aussagen, um sich konservativen Klerikern, die sie wieder in die Privatsphäre verbannen wollten, zu widersetzen. Schließlich musste die kontinuierliche öffentliche Anwesenheit der Frauen, ihre Macht der Präsenz, viele patriarchalische Strukturen im islamischen Staat und in den Geschlechterbeziehungen infrage stellen und zu einer neuen autonomen Identität führen. Dies bildete den Rah-

81 Gozideh-haaii az Maqalat-e Payam-e Hajar, Nr. 1 (Teheran: Women's Association of the Islamic Revolution, 12. Juli 1980).

82 Zitiert nach Zanan, Nr. 9, S. 30.

men für ihre Forderungen nach Gleichberechtigung und führte zu der Weigerung, sich vielen »traditionellen« Rollen unterzuordnen.[83]

Über Nicht-Bewegungen, die kollektive Aktion nichtkollektiver Akteurinnen, in dieser Form zu sprechen, bedeutet weder, die Bedeutung organisierter und ausdauernder sozialer Bewegungen von Frauen herunterzuspielen, noch – umgekehrt – die Strategie von Nicht-Bewegungen im Vergleich zu konventionellen sozialen Bewegungen abzuwerten. Statt eine von beiden zu privilegieren, ging es mir darum, die Wirkungsweise einer speziellen Mobilisierung unter gesellschaftlichen und politischen Beschränkungen zu untersuchen. Nicht-Bewegungen können durchaus zu einer widerständigen kollektiven Herausforderung werden, wenn die Zeit dafür günstig ist. Die iranischen Frauenaktivistinnen haben oft versucht, eine solche Strategie anzuwenden, etwa durch die Organisation von sozialen Protesten und Demonstrationen oder noch beeindruckender, durch die Kampagne der »Eine Million Unterschriften«. Mitte des ersten Jahrzehnts dieses Jahrhunderts schien sich die Nicht-Bewegung der iranischen Frauen zu einer sozialen Bewegung zu entwickeln, als die Aktivistinnen nach intensiverer Selbstreflexion, größerer Vernetzung und Organisation, der Durchführung von Kampagnen und einer breiteren bewussten Mobilisierung strebten. Da die meisten ihrer Publikationen verboten wurden, wichen Frauenaktivistinnen auf eine Vielzahl von Websites und Online-Zeitschriften aus, die oft beeindruckende Inhalte boten. Kampagnen, um eine Million Unterschriften zu sammeln, den Ehevertrag zu reformieren, der UN-Konvention zur Beseitigung jeder Form von Diskriminierung der Frau beizutreten oder die Steinigung zu verbieten, wurden begleitet von Lobbyarbeit bei Politikern und Klerikern und später auch von öffentlichen Demonstrationen auf den zentralen Plätzen Teherans. Diese Bewegung spielte eine beachtliche Rolle bei der Mobilisierung von Hunderten Frauen für die Präsidentschaftswahl im Juni 2009 und bei den darauf folgenden Straßenprotesten, durch die sich Irans grüne Bewegung für Bürgerrechte und politische Rechte herausbildete. Diese Tendenzen, besonders die

83 Eine Studie zu »Jensiyyat va Negaresh-e Ejtemaii« (Sexualität und gesellschaftliche Einstellung), gesponsert vom Ministerium für kulturelle Angelegenheiten, zeigte die große Diskrepanz zwischen den Ansichten von Männern und Frauen hinsichtlich der »Zufriedenheit im Leben« (rezayat az zendegui), wonach Frauen größere Erwartungen haben als Männer; berichtet von der IRNA Nachrichtenagentur, 11 Khordad 1383/2004, zitiert nach atiran-emrooz.com.

Versuche der Aktivistinnen, ihren Aktivismus zu artikulieren, zu diskutieren, begrifflich zu fassen und in den Dienst kollektiver Kampagnen zu stellen, unterschieden sie von den Nicht-Bewegungen der städtischen Armen und der globalisierten Jugend. Doch als der Hardliner Präsident Ahmadinedschad an die Macht kam, wurde der Raum für kollektive Kampagnen erheblich eingeschränkt. Die führende feministische Zeitschrift Zanan wurde verboten, viele NGOs wurden abgeschafft und die Präsenz von Frauen in offiziellen Institutionen nahm ab. Die Regierung begann mit einer neuen Runde der Überwachung gegen Laxheit beim Tragen des Hidschab in der Öffentlichkeit. 2006, während einer achtmonatigen Kampagne der Moralpolizei, erhielten 1,3 Millionen Frauen Verwarnungen, und im darauf folgenden Jahr verhaftete die Polizei im Zuge einer dreitägigen Razzia 150.000 Frauen. Während seiner zweiten Amtszeit nach den umstrittenen Wahlen 2009 nahm der Druck auf den Frauenaktivismus dramatisch zu. Das inzwischen durch die Heftigkeit der Opposition in der Bevölkerung angeschlagene Regime betrachtete den Kampf der Frauen für Geschlechtergleichheit und Selbstverwirklichung als den Kern der »grünen Aufwieglung«. In den darauf folgenden Monaten landeten etliche Frauenaktivistinnen hinter Gittern oder wurden ins Exil getrieben. Wieder sah sich eine kollektive Kampagne mit ihren Grenzen konfrontiert, auch wenn sich das kollektive Handeln aller Wahrscheinlichkeit nach fortsetzte. Denn solange solche organisierten, lange währenden und leicht identifizierbaren sozialen Bewegungen mit staatlicher Repression konfrontiert sind, bleiben Nicht-Bewegungen – diese schwer fassbaren, flexiblen, vereinzelten und dennoch vordringenden kollektiven Unternehmungen – eine ernstzunehmende Alternative.

Überarbeitet Fassung von: »A Women's Non-Movement: What It Means to Be a Woman Activist in an Islamic State«, Comparative Studies of South Asia, Africa, and the Middle East 27, Nr. 1 (2007), S. 160-72.

5
DIE (ZURÜCK)EROBERUNG VON JUGENDLICHKEIT

Die politische Bedeutung der muslimischen Jugendlichen im Nahen Osten gibt sowohl Anlass zu großer Besorgnis als auch zu hohen Erwartungen. Die einen sind beunruhigt, weil die Jugendlichen scheinbar bereit sind, als Fußsoldaten des radikalen Islam zu dienen, andere hegen die Erwartung, dass sie sich für einen demokratischen Wandel in der Region einsetzen (etwa im Iran, in Ägypten oder Saudi Arabien).[1] Junge Menschen werden in beiden Fällen als politische Akteure gesehen, die in der Lage sind, die Gesellschaft zu verändern, (sei es für oder gegen den Islamismus). Tatsächlich konnte man in der jüngsten Vergangenheit eine politische Mobilisierung der Jugendlichen in der Region beobachten – von Saudi Arabien über Ägypten bis nach Marokko beteiligten sich Hunderte an radikal-islamistischen Bewegungen. Andere haben sich der moralischen und politischen Autorität doktrinärer Regime, wie etwa der Islamischen Republik Iran oder dem saudischen Königreich, widersetzt.

Doch nichts scheint das Bild der Jugend stärker geprägt zu haben als die erstaunliche Rolle, die die Jugend in der iranischen grünen Bewegung und während des arabischen Frühlings spielte. Viele Beobachter haben die arabischen Erhebungen sogar als Jugendrevolutionen beschrieben. Welche Bedeutung haben diese Ereignisse und die Beteiligung der Jugend für die Jugendpolitik im Allgemeinen und Jugendbewegungen im Besonderen? Weisen sie auf eine zwangsläufig verändernde Rolle der Jugendlichen hin? Sind Jugendbewegungen revolutionär oder demokratisch orientiert? Wie kann die vorherrschende

---

1 Siehe z.B. Timothy Gorton Ash, »Soldiers of Hidden Imam«, New York Review of Books 52, Nr. 17 (3. November 2005). Siehe auch Bill Samii, »Iran Youth Movement Has Untapped Potential«, in RadioFreeEurope, 13. April 2005, in www.rferl.org/features/features_Article.aspx?m=04&y=2005&id=3D5DCD40-3EBC-4343-A1C9-5BF29FFE7BB. Siehe auch Samantha Shapiro, »Revolution, Facebook-Style«, New York Times, 25. Januar 2009.

Theorie der sozialen Bewegungen zum Verständnis der Jugendpolitik speziell im muslimischen Nahen Ostens beitragen?

In den vergangenen Jahren sind zahlreiche Studien zu jugendbezogenen Themen wie AIDS, Ausgrenzung, Gewalt oder religiöse Radikalität veröffentlicht worden, doch in den meisten dieser Studien spielt Jugend als eine analytische Kategorie nur eine untergeordnete Rolle. So wird der »jugendliche religiöse Radikalismus« oft im Rahmen des religiösen Radikalismus als solchem, an dem sich Jugendliche (wie andere) eben auch beteiligen, behandelt – im Gegensatz zu einer Herangehensweise, die von Jugend als zentraler Kategorie für die Untersuchung des religiösen Radikalismus ausgeht. Andererseits fehlt seltsamerweise Jugend als gesellschaftliche Kategorie in den vorherrschenden Debatten über soziale Bewegungen, und selten findet man theoretische Versuche, die verschieden Formen von Jugendbewegungen begrifflich zu fassen. Bestenfalls wird angenommen, begriffliche Instrumente wie Ideologie, Organisation, Mobilisierung, Rahmensetzung u. ä. seien ein adäquater Maßstab, um die Jugend als ein kollektives Gebilde zu bewerten. Formen des Jugendaktivismus, die nicht in den Rahmen der klassischen sozialen Bewegungen passen, werden daher meist im Sinne von sozialen Problemen oder Subkulturen betrachtet. In historischen Untersuchungen und journalistischen Texten werden solche Kollektive zwar als Jugendbewegungen bezeichnet (z. B. die politischen Proteste der 1960er Jahre oder die Subkulturen der Hippies und Punks), doch von vornherein als solche definiert, bei denen junge Menschen eine zentrale Rolle spielen. Der Aktivismus von Studierenden, Mobilisierungen gegen den Krieg, Gegenkulturen, die Jugendverbände bestimmter politischer Parteien oder Bewegungen wie die kommunistische Jugend werden als verschiedene Formen von Jugendbewegungen betrachtet.[2] Meine Herangehensweise unterscheidet sich von diesen problematischen Ansätzen.

Die Diskussion über die Erfahrungen von Jugendlichen im muslimischen Nahen Osten, wo moralische und politische Autoritäten eine extreme gesellschaftliche Kontrolle über junge Menschen ausüben, kann

2 Für eine Liste solcher Jugendorganisationen und Jugendbewegungen siehe »A Snapshot of the Global Youth Movement«, www.youthmovements.org/guide/globalguide.htm. »Jugendbewegung« die politische Teilnahme von Studenten an dem antikolonialen Kampf (gegen Japan). Siehe Mao Tse-tung, »Die Orientierung der Jugendbewegung«, in: Ausgewählte Werke Band II, Verlag für fremdsprachige Literature, Peking 1968, S. 279-288.

wertvolle Einsichten für die begriffliche Erfassung von Jugend und Jugendbewegungen liefern. Durch den Vergleich verschiedener Formen des jugendlichen Aktivismus im muslimischen Nahen Osten können wir Jugend produktiv als eine geeignete analytische Kategorie konstruieren, mit der die Bedeutung einer Jugendbewegung besser verstanden werden kann. Jugendbewegungen sollten weniger über die zentrale Rolle der Jugendlichen definiert werden, als über die Tatsache, dass es ihnen letztendlich darum geht, Jugendlichkeit (wieder) zu erobern. Dabei bezeichnet Jugendlichkeit einen bestimmten Habitus oder verhaltensbezogene und kognitive Veranlagungen, die mit dem Jungsein assoziiert werden – d. h. mit der besonderen gesellschaftlichen Position zwischen Kindheit und Erwachsenenalter, in der junge Menschen in relativer Autonomie weder völlig abhängig (von Erwachsenen) noch unabhängig sind und noch keine Verantwortung für andere tragen. So gesehen ist die politische Handlungsmacht von Jugendbewegungen, ihr Potenzial zur Veränderung und Demokratisierung, abhängig von der Fähigkeit des Gegenübers – der moralischen und politischen Instanzen –, den Forderungen der Jugendlichen nachzukommen oder diese zu verweigern. Ansonsten bliebe die Jugend so konservativ wie jede andere gesellschaftliche Gruppe. Um zur politischen, demokratischen Transformation ihrer Gesellschaften beizutragen, sollten die jungen Menschen über das »Fordern von Jugendlichkeit« hinausgehen und politisch denken und handeln, d. h. Teil einer größeren politischen Bewegung werden. Doch angesichts der Vorherrschaft doktrinärer religiöser Regime im Nahen Osten, deren legitimisierenden Ideologien unfähig sind, dem jugendlichen Habitus gerecht zu werden, bergen diese Jugendbewegungen (d. h. die Forderung nach Jugendlichkeit) ein großes veränderndes und demokratisierendes Versprechen in sich.

Junge Menschen, Jugend und Jugendbewegungen

Die Vorstellung, dass Jugendliche eine revolutionäre Klasse bilden, ist nicht neu. Die breite Mobilisierung junger Menschen in Europa und den USA während des kapitalistischen Booms in den 1960er Jahren überzeugte viele Beobachter, dass Jugendliche (die damals an Universitäten und in der Antikriegsbewegung aktiv waren oder alternative Lebensweisen erprobten) die neue revolutionäre Kraft in westlichen

Gesellschaften seien, fähig, die Gesellschaft zu verändern. Für Herbert Marcuse in den USA und André Gorz in Frankreich nahmen die Jugendlichen und Studierenden den Platz des Proletariats als die wesentlichen Akteure politischer Veränderung ein.[3] In diesem Sinne wurden Jugendbewegungen häufig mit Studentenbewegungen oder den Jugendverbänden dieser oder jener Partei gleichgesetzt.[4]

Ich behaupte hingegen, dass eine Jugendbewegung weder mit studentischem Aktivismus gleichzusetzen, noch als Anhang einer politischen Bewegung zu erfassen ist – und sie ist nicht zwangsläufig revolutionär. Erstens werden Bewegungen nicht einfach über die Identität ihrer AkteurInnen definiert (auch wenn dieser Faktor einen großen Einfluss auf das Wesen einer Bewegung hat), sondern primär durch den Charakter ihrer Forderungen und Anliegen. Obwohl Studierende meist jung sind und junge Menschen oft studieren, stellen sie zwei verschiedene Kategorien dar. Studentenbewegungen verkörpern die kollektiven Kämpfe einer studentischen Körperschaft zur Verteidigung oder Erlangung von Studentenrechten – u. a. eine gute Ausbildung, faire Examen, bezahlbare Studiengebühren oder eine verantwortungsvolle Universitätsverwaltung.[5] Beispiele sind die Proteste der Studierenden 2011 in Spanien oder 2011/2012 in Chile. Andererseits macht der Aktivismus junger Menschen in politischen Organisationen sie nicht unbedingt zu Akteuren einer Jugendbewegung. Er ist lediglich Zeichen ihrer Unterstützung für, oder ihrer Mobilisierung durch, bestimmte politische Ziele (z.B. Demokratie, Baathismus oder Faschismus). Natürlich können manche Anliegen der Jugendlichen durch bestimmte politische Bewegungen ausgedrückt werden oder mit diesen übereinstimmen, wie im deutschen Faschismus, der Aspekte einer deutschen Jugendbewegung aufwies, oder im gegenwärtigen Pietismus der Muslime in Frankreich, der teilweise die Individualität junger muslimischer Frauen widerspie-

3 Siehe Herbert Marcuse, »On Revolution«, in Student Power: Problems, Diagnoses, Action, Alexander Cockburn und Robin Blackburn (Hrsg.), (London: Penguin Books, 1969), 367-372.

4 Siehe z.B. Colin Bundy, »Street Sociology and Pavement Politics: Aspects of Youth and Student Resistance in Cape Town, 1985«, Journal of Southern African Studies 13, Nr. 3 (April 1987), S. 303-330.

5 Für eine Diskussion der Studentenbewegungen siehe Alexander Cockburn und Robin Blackburn (Hrsg.), Student Power: Problem, Diagnosis, Action (London: Penguin Books, 1969).

gelt (z. B. durch das Tragen des Kopftuchs). Doch diese Möglichkeit sollte nicht verwechselt werden mit der Situation, in der junge Menschen diese oder jene politische Organisation oder Bewegung unterstützen.

Ist das politische Ideal junger Menschen notwendigerweise ein revolutionäres? Keineswegs. Tatsächlich hat der politische Konservativismus vieler junger Menschen im Westen nach den 1960er Jahren – was Marcuse dazu brachte, seine frühere Position aufzugeben –, den Mythos von Jugendlichen als revolutionäre Klasse zerstört. Das politische und verändernde Potenzial von Jugendbewegungen verhält sich, wenn überhaupt, relativ zu dem Grad der sozialen Kontrolle, die ihr Gegenüber ausgeübt wird. Politische Regime, wie etwa der heutige Iran oder Saudi Arabien, die es als ihre Aufgabe ansehen, das individuelle Verhalten und den Lebensstil zu überwachen, werden leichter jugendlichen Dissens hervorrufen. Ansonsten bereiten Jugendbewegungen als solche autoritären Staaten wenig Probleme, es sei denn, sie denken und handeln politisch – was die iranischen Jugendlichen während der grünen Proteste und die Jugendlichen in Ägypten vor der Revolution taten. Da es einer Jugendbewegung im Wesentlichen um die Forderung nach Jugendlichkeit geht, verkörpert sie die kollektive Herausforderung, die primär darin besteht, den jugendlichen Habitus zu verteidigen oder auszuweiten. Damit meine ich verschiedene Dispositionen, die Art zu sein, zu fühlen und sich zu verhalten (z. B. eine größere Neigung zum Experiment, zu Abenteuer, Idealismus, Autonomie, Mobilität und zur Sicherung ihrer Zukunft), die mit der soziologischen Tatsache des Jungseins zusammenhängen. Gegen diesen Habitus, gegen Jugendlichkeit, vorzugehen oder ihn einzuschränken, erzeugt schnell kollektiven Dissens.

Doch wie die Erfahrungen im Saudi Arabien der 1990er Jahre zeigt, lässt die bloße Präsenz junger – einer moralischen und politischen Disziplin unterworfener – Menschen, diese nicht zwangsläufig zu Trägern einer Jugendbewegung werden. Denn junge Menschen (im Sinne einer Altersgruppe) sind nicht in der Lage, kollektiv die moralische und politische Autorität infrage zu stellen, ohne zuvor zu Jugendlichen im Sinne einer gesellschaftlichen Kategorie, also zu gesellschaftlichen AkteurInnen, geworden zu sein. Aufgewachsen in einem kleinen Dorf im Zentral-Iran in den 1960er Jahren, hatte ich natürlich meine Freunde und Gleichaltrige, mit denen ich sprach, spielte, Dinge unternahm und stritt. Aber damals waren wir nicht die Jugend im eigentlichen Sinne;

wir waren einfach junge Menschen, Mitglieder einer Altersgruppe. In diesem Dorf hatten die meisten jungen Leute tatsächlich wenig Gelegenheit, Jugendlichkeit zu erfahren. Die Zeit zwischen Kindheit, einer Phase der Verletzbarkeit und Abhängigkeit, und Erwachsenenalter, hin zur Welt der Arbeit, der Familie und der Verantwortung, war kurz. Viele Kinder besuchten nie eine Schule. Es gab wenig »relative Autonomie«, besonders für junge Mädchen nicht, die erst der Autorität des Vaters und sofort danach der des Ehemannes unterstanden und schon weit vor der Pubertät dazu angehalten wurden, ihrer Rolle als künftige Hausfrauen gerecht zu werden. (Dass Jungen von dieser Verantwortung gewöhnlich befreit waren, zeigt, wie das Geschlecht die Formierung von Jugend determiniert.)

Vor diesem Hintergrund stellte Bourdieu seine berühmte These auf, dass »Jugend nichts als ein Wort« ist, womit er darauf hinwies, dass die Rede über die Jugend im Sinne einer gesellschaftlichen Einheit selbst eine Manipulation der Jugend ist.[6] Er fragte, wie wir uns Jugend als eine singuläre Kategorie vorstellen können, wo doch junge Menschen aus verschiedenen Klassen (reichen und armen) wenig gemeinsam haben? Und, so muss hinzugefügt werden, die Unterschiede der Lebenswelten von männlichen und weiblichen Jugendlichen noch größer sind. Bourdieu bezieht sich hier allerdings primär auf das Vorschulalter, in dem Kinder extrem unterschiedlichen Lebenswelten ausgesetzt sind, und er weist darauf hin, dass sich das in modernen Zeiten durch die allgemeine Schulbildung verändert hat. Diese habe auf nationaler wie globaler Ebene Jugendlichkeit produziert.

Jugendliche als gesellschaftliche Kategorie, als kollektive Akteure, sind im Grunde genommen ein modernes und sogar urbanes Phänomen. In den modernen Städten werden junge Leute zur Jugend, indem sie ein spezielles Bewusstsein für das Jungsein, für Jugendlichkeit entwickeln. Die besonders in den Städten verbreitete allgemeine Schulbildung spielt eine zentrale Rolle bei der Produktion von Jugend und der Verlängerung der Jugendzeit. Sie trägt zum Statusbewusstsein, zu höheren Ansprüchen und möglicherweise zu einem kritischen Bewusstsein bei. Städte als Orte der Vielfalt, Kreativität und Anonymität bieten jungen Menschen die Chance, alternative Rollenmodelle auszuprobie-

6 Pierre Bourdieu, »Jugend' ist nur eine Wort«, in: Bourdieu: Soziologische Fragen. Frankfurt am Main 1993, S. 136-146.

ren, mehr Wahlmöglichkeiten und Orte, an denen sie ihrer Individualität Ausdruck verleihen können. Die Massenmedien, urbane Räume, öffentliche Parks, Jugendzentren, Einkaufspassagen, Kultureinrichtungen und Straßenecken sind Bühnen für die Bildung und den Ausdruck kollektiver Identitäten. Gemein ist den jungen Menschen als fragmentierte Masse z. B. das Äußern ihrer Ängste, die Forderung nach persönlichen Freiheiten und die Bildung und Durchsetzung subversiver Identitäten. Die Einzelnen können sich ganz bewusst zusammenschließen und in Vereinigungen und Netzwerken, in Schulen, an Straßenecken, in Peergroups und Jugendzeitschriften Identitäten herstellen. Zumeist werden Identitäten jedoch mittels passiver Netzwerke geformt, d. h. durch die eher unbeabsichtigte und spontane Kommunikation zwischen atomisierten Individuen, die über das unausgesprochene, visuelle Erkennen von Gemeinsamkeiten unmittelbar im öffentlichen Raum oder vermittelt durch die Massenmedien stattfindet.[7] Erkannt werden diese gemeinsamen Identitäten in den kollektiven Symbolen, die beispielsweise in Moden (T-Shirts, Bluejeans, Frisuren), Aktivitäten (Besuch bestimmter Konzertveranstaltungen, Musikläden, Einkaufspassagen) und Orten (Stadien, Wanderwege, Straßenecken) eingeschrieben sind. In dem Moment, in dem sich ein spezifisches Selbstbewusstsein der Jugendlichen bildet, und sie damit beginnen, ihren jugendlichen Habitus, ihre Jugendlichkeit, kollektiv zu verteidigen oder auszuweiten, kann man von einer Jugendbewegung sprechen. Werden organisierte Aktionen durch politische Repression oder andere Faktoren wie mangelnde Fähigkeiten oder extreme Bürokratie verhindert, entwickeln Jugendliche Nicht-Bewegungen.

Im Unterschied zu Studentenbewegungen, die ein großes Maß an Organisation und Strategie benötigen, können jugendliche Nicht-Bewegungen alleine durch ihre öffentliche Präsenz Veränderungen herbeiführen. In ihrer zentralen Beschäftigung mit kultureller Produktion oder Lebensstilen kreieren Jugendliche neue soziale Normen, religiöse Praktiken, kulturelle Codes und Werte ohne strukturierte Organisation, Führung oder Ideologie. Denn jugendliche Nicht-Bewegungen sind, so meine These, weniger durch das, was die Jugendlichen tun, bestimmt

7 Für eine ausführliche Erläuterung der passiven Netzwerke siehe Bayat, Street Politics: Poor Peoples Movements in Iran (New York: Columbia University Press, 1997), Kapitel 1.

(Netzwerke herstellen, organisieren, Ressourcen verwenden, mobilisieren.), als durch die Art, wie sie sind (Verhalten, Kleidung, Sprechweisen, Gangarten, sowohl in öffentlichen als auch privaten Räumen). Die Identität einer jugendlichen Nicht-Bewegung fußt nicht so sehr auf kollektivem Handeln denn auf kollektivem Sein. Die Macht der muslimischen Jugend im Nahen Osten liegt genau in der Fähigkeit der atomisierten AkteurInnen, die politischen und moralischen Autoritäten durch die Hartnäckigkeit ihrer bloßen alternativen Präsenz infrage zu stellen. Auch wenn sich jugendliche (Nicht-)Bewegungen per definitionem mit Forderungen der Jugendlichkeit befassen, können sie in doktrinären Regimen, deren legitimisierenden Ideologien zu eng sind, um ihren Ansprüchen Rechnung zu tragen, zu Vorboten eines gesellschaftlichen und demokratischen Wandels werden. Als außer-gewöhnliche ProtagonistInnen können Jugendliche eine zentrale Rolle bei der Entstehung großer politischer Erhebungen – Revolutionen – spielen. Doch alleine können Jugendliche nie einen Durchbruch bei einem revolutionären Kampf erzielen (man denke nur an Frankreich 1968 oder den Iran 2009). Der Durchbruch gelingt nur, wenn ganz gewöhnliche Menschen (zum Beispiel ältere Familienmitglieder oder Kinder) bei diesen außergewöhnlichen Kämpfen mitmachen. Das heißt, wenn ArbeiterInnen die Arbeit niederlegen oder Ladenbesitzer und Regierungsangestellte sich auf die Seite der ProtagonistInnen schlagen.

Im Iran seit der Revolution von 1979, wo moralische und politische Autoritäten dasselbe sind, führte die drakonische soziale Kontrolle zu einer einzigartigen jugendlichen Identität und zu kollektiv geäußerter Missachtung. Junge Menschen spielten in der postislamischen Reformbewegung eine zentrale Rolle und wurden durch diese noch stärker mobilisiert. Die Durchsetzung jugendlicher Ansprüche und die Verteidigung ihres Habitus bildeten den Kern ihres Konflikts mit der moralischen und politischen Autorität. Da ihre Kämpfe gegen den Staat gerichtet waren, bildeten die iranischen Jugendlichen eine der bemerkenswertesten Nicht-Bewegungen in der muslimischen Welt. Der Kampf um die Wiedererlangung von Jugendlichkeit verband sich mit dem Kampf für demokratische Ideale. Im Unterschied hierzu operierten die ägyptischen Jugendlichen unter den Beschränkungen eines »säkular-religiösen« Staats und wählten die Strategie einer »sich anpassenden Innovation«, mit der sie versuchten, ihre jugendlichen Forderungen innerhalb der gegebenen politischen, wirtschaftlichen und moralischen

Normen durchzusetzen. Dabei definierten sie die vorherrschenden Normen und Institutionen um, verbanden das Göttliche mit dem Vergnügen und brachten eher inklusive religiöse Verhaltensweisen hervor. Doch diese Subkultur entwickelte sich innerhalb des existierenden Regimes der moralischen und politischen Macht – und nicht außerhalb oder gegen sie. Die ägyptischen Jugendlichen bildeten lange Zeit weder eine Bewegung noch beteiligten sie sich an politischem Aktivismus, bis sich Mitte der 2000er Jahre neue Möglichkeiten für kollektive Mobilisierungen durch ziviles Engagement und das Internet auftaten. Gegen Ende des Jahrzehnts war es den jungen Menschen gelungen, eine Gemeinschaft zu bilden, der es um Dinge wie Menschenrechte, die offizielle Korruption und die eigene Marginalisierung ging.

Irans »Dritte Generation«

Der außerordentliche Aktivismus junger Menschen während der Iranischen Revolution,[8] im Krieg gegen den Irak und in den neuen revolutionären Institutionen versetzte sie in eine neue, herausgehobene Position und veränderte ihr Bild von dem der jungen Unruhestifter hin zu dem der Helden und Märtyrer, der »spektakulären männlichen Jugendlichen«, die soziologisch aus Familien der unteren und mittleren Schichten stammten.

Gleichzeitig sah man die Jugendlichen als höchst anfällig für korrumpierende Ideen, weshalb sie beschützt und überwacht werden sollten. Um den idealen »muslimischen Mann« zu reproduzieren, lancierte das islamische Regime 1980 das Programm der »Kulturrevolution«, mit dem die Kultur und die Kurrikula von Ausbildungseinrichtungen islamisiert werden sollten. Die Universitäten wurden für zwei Jahre geschlossen, in Schulen wurden islamische Vereinigungen eingerichtet und alle öffentlichen Plätze wurden von der Moralpolizei und regimetreuen Bürgerwehren überwacht.

8 Siehe Ahmad Ashraf und Ali Banuazizi, »The State, Classes, and Modes of Mobilization in the Iranian Revolution«, State, Culture and Society, vol. 1, Nr. 3 (Frühjahr 1985). Von einer Auswahl von 646 Menschen, die in Straßenkämpfen während der Revolution in Teheran (vom 23. August 1977 bis 19, Februar 1978) umgekommen sind, waren Studierende (149) hinter Handwerkern und Ladenbesitzern (189) die größte Gruppe. Siehe Bayat, Street Politics, S. 39.

Dieses Überwachungsregime konnte durch den revolutionären Eifer, die gesellschaftlichen Auswirkungen des langen Kriegs und die Repression von Dissens ein Jahrzehnt lang aufrechterhalten werden. Junge Männer wurden entweder an die Front geschickt oder sie flohen aus dem Land und zogen die Erniedrigung des Exils dem »heroischen Märtyrertum« in einem »sinnlosen« Krieg vor. Obwohl die Jugendlichen Zuflucht in den Schulen suchten, wo sie absichtlich durch Prüfungen fielen, um den Abschluss hinauszuzögern, lebten sie in Angst, Düsternis und Depression. Jeder dritte Oberschüler litt an Verhaltensstörungen. Besonders anfällig für Stress, Ängste und Depressionen waren die Mädchen.[9] Der poetische Monolog einer jungen Frau beschreibt ihre düstere Stimmung angesichts des allmählichen Schwindens ihrer Jugend:

> Mein Vater erkennt mich nie auf der Straße.
> Er sagt, »ihr seht alle aus wie Trauernde«.
> Ja, wir sind schwarz gekleidet, von Kopf bis Fuß in Schwarz.
>
> Manchmal ängstigt mich der Gedanke, dass mein Vater mich
> in dieser dunklen Farblosigkeit nicht erkennt ...
> Ich starre in den Spiegel,
> Und ich sehe eine alte Frau.
> Bin ich noch schlaftrunken?
> O ... ich fühle mich alt und unglücklich.
> Warum soll ich so anders sein als andere 20-Jährige?
>
> Sie vergleichen meine Freude mit Sünde,
> Sie verschließen mir die Augen vor dem Glück,
> Sie hindern mich daran, eigene Schritte zu tun ...
> O ... ich fühle mich wie eine alte Frau ...
> Nein, nein, ich will jung sein,
> Ich will lieben,
> Ich will mich weiß kleiden, glücklich sein, Spaß haben,
> Und meine Träume erfüllen ...
> Ich betrachte mich im Spiegel.
> Ich sehe so erschöpft und alt aus ...[10]

9 Nach einer landesweiten Umfrage, veröffentlicht in Aftab, 30. Juli 2001, S. 9.
10 Zitiert nach Nowrooz, 24 Shavrivar 1380 (2001).

Nur wenige Funktionäre registrierten die Verzweiflung der jungen Leute. Wegen ihrer doktrinären Feindseligkeit gegen jegliche Lebensfreude und des heroischen Bildes, das sie sich von ihnen machten, waren die islamistischen Führer nicht in der Lage, zu verstehen, was in den Jugendlichen (diesem rapide wachsenden Segment der Bevölkerung) vor sich ging. Erst in den Jahren nach Beendigung des Kriegs wurde der beunruhigende Zustand sichtbar, als einigen Beamten »merkwürdige Verhaltensweisen« unter den Jugendlichen auffielen. Jetzt wo der Krieg vorbei und der Wiederaufbau in vollem Gange war, begannen Jugendliche, ihre Individualität einzeln und auch kollektiv in der Öffentlichkeit auszudrücken. Die Medien berichteten über das »degenerierte Verhalten« der iranischen Jugend. In einer Stadt im Süden sah man junge Männer, die Frauenkleider trugen. Knabenhafte Mädchen trugen männliche Kleidung, um den Schikanen der Moralpolizei zu entgehen. Studierende weigerten sich, religiöse Kurse zu belegen.[11] »Behörden in einer iranischen heiligen muslimischen Stadt gingen gegen Popmusik vor, verhafteten Dutzende Jugendliche, weil sie in ihren Autos laut Musik hörten«.[12] Es gab Berichte über ganze Gruppen von männlichen Jugendlichen, die in den Straßen tanzten, und über Selbstgeißelungszeremonien am hohen Trauertag Ashura. Jugendliche Autofahrer fanden Vergnügen daran, sich gegenseitig zu rammen oder »Feigling« zu spielen: Sie rasten mit ans Lenkrad gefesselten Händen auf einen Abgrund zu und mussten versuchen, aus dem Auto zu entkommen.[13] Die Drogensucht bei Schulkindern stieg rapide an. Das Durchschnittsalter der Prostituierten sank von 27 auf 20, wobei diese Branche bis 1998 um 635 Prozent wuchs.[14]

Neben der individuellen Rebellion nutzten die Jugendlichen auch jede Chance, offene und heimliche Subkulturen durchzusetzen und sich

11 Zahra Rahnavard, in Bahar, 29 Khordad 1379 (2000), S. 2. Das eintägige Symposium wurde veranstaltet, um zu erörtern, warum Jugendliche am Religionsunterricht so desinteressiert sind.

12 Zitiert unter http://dailynews.yahoo.com, 25. Juli 2000.

13 Siehe Mansour Qotbi, »Causeless Rebellion in the Land of Iran«, Iran Javan, Nr. 166, Mehr 1379 (2000).

14 Nach einem im Juli 2000 erstellten Bericht von Muhammad Ali Zam, dem Leiter für kulturelle und künstlerische Angelegenheiten in Teheran. Es war eine höchst kontroverse Umfrage, da die Konservativen ihre Echtheit anzweifelten und um eine negative Auswirkung auf ihr Image besorgt waren.

dabei der moralischen und politischen Autorität zu entziehen. Auch die strikten Einschränkungen bezüglich der Musik hielten sie nicht davon ab. Als der reformorientierte Bürgermeister von Teheran, Gholam Hussein Karbaschi, zahlreiche Kulturzentren im Süden Teherans eröffnen ließ, waren 75 Prozent der Leute, die dort klassische Musikkurse oder Konzerte besuchten, Jugendliche. In den Hauptstraßen der großen Städte waren ins Land geschmuggelte Aufnahmen von iranischen Sängern im Exil zu hören und Musikvideos im Stile von MTV erfreuten sich großer Beliebtheit. Zum Entsetzen der Islamisten hörten die jungen Menschen in ihren schnellen Autos laute Musik, während in der gesamten Hauptstadt Untergrundbands spätnachts auf geheimen Partys spielten. Die Teenager liebten nicht nur die Musik der Bands auf den eingeschmuggelten Videos, sondern auch deren Subkultur und Mode – die engen oder ausgebeulten Hosen, den vulgären englischen Slang, die Tattoos.[15] Besonders Rap und Heavy Metal waren extrem populär. 1999 waren die Musiksubkulturen so weit verbreitet, dass das reformorientierte Kulturministerium sich gezwungen sah, Popmusik nicht nur zu akzeptieren, sondern sogar das erste Konzert dieser Musik in der Islamischen Republik zu veranstalten. Manche Teenager liefen von zuhause weg, um – fasziniert vom Gemeinschaftsgefühl – Rockbands zu gründen, allerdings wurden zahlreiche von der Moralpolizei verhaftet.

Tatsächlich wurden minderjährige AusreißerInnen zu einem großen sozialen Problem. Im Jahre 2000 war Teheran konfrontiert mit der »sich verschärfenden Krise junger Ausreißerinnen, die häufig Opfer von Prostitutionsringen und Menschenhandel wurden. Zwischen 1997 und 1998 verdreifachte sich die Zahl von gemeldeten minderjährigen Ausreißerinnen. Im Jahr 2000 liefen alleine in Teheran neunhundert Mädchen von zuhause weg – 2002 waren es sogar viertausend[16] und landesweit 60.000.[17]

Die Behauptung der eigenen Persönlichkeit – die Freiheit, mit einem männlichen Partner zusammen sein zu können (42 Prozent) und Freiheit vor der Überwachung durch die Familie – scheinen die Haupt-

15 Aus offiziellen Interviews mit Jugendlichen, zitiert nach Behzad Yaghmaiyan, Social Change in Iran, S. 65-71.

16 Siehe Aftab, 16. Januar 2003, S. 9; siehe den Bericht von IRNA, 5. August 2001.

17 Bericht der Sina Nachrichtenagentur, 17. Juni 2004, zitiert unter http://iran-emrooz.net.

ursachen für dieses Phänomen gewesen zu sein.[18] »Ich möchte den Iran verlassen«, beschwerte sich eine Ausreißerin, die verhaftet wurde. »Ich mag den Iran überhaupt nicht. Ich fühle mich hier wie im Gefängnis, selbst wenn ich im Park sitze.«

Obwohl offene Rendezvous unter Berufung auf den islamischen Moralkodex verboten wurden, fanden junge Menschen Wege, dieses Verbot zu umgehen. Wohlhabende Jungen und Mädchen lernten sich nicht nur auf privaten Partys und Untergrundkonzerten kennen, sondern trafen sich auch in öffentlichen Parks, Einkaufszentren und Restaurants, häufig diskret mittels Mobiltelefon arrangiert. Bei solchen »distanzierten Rendezvous« standen die Mädchen und Jungen getrennt voneinander, beäugten sich, plauderten, flirteten und teilten sich ihre Liebe über Mobiltelefon mit. Um unter sich zu sein und gleichzeitig vorschriftsmäßig zu erscheinen, mieteten junge Paare Taxis, die sie anonym durch die Stadt fuhren, während sie stundenlang auf dem Rücksitz miteinander flirteten. Der Valentintag, der sich großer Beliebtheit erfreute, offenbarte die Vielzahl »verbotener Liebschaften« und Beziehungen, in denen Sexualität, wie es schien, nicht ausgeschlossen war. Es gibt sogar Belege dafür, dass vorehelicher Sex unter muslimischen Jugendlichen trotz des Risikos einer drakonischen Bestrafung verbreitet war. Ein Wissenschaftler behauptete, dass ein Drittel der unverheirateten Mädchen – in Nord-Teheran sogar 60 Prozent – eine sexuelle Beziehung unterhielt. Von den 130 an AIDS erkrankten Menschen, die in Krankenhäusern gemeldeten wurden, waren 90 unverheiratete Frauen.[19] Ein städtischer Beamter in Teheran berichtete, dass »monatlich 10 bis 12 abgetriebene Föten im Müll gefunden werden«.[20] Obwohl es keine öffentlichen Informationen dazu gab, waren Forscher und Mediziner über das Ausmaß ungewollter Schwangerschaften alarmiert. Ärzte sprachen inoffiziell

18 Interviews des Psychologen Dawood Jeshan mit 120 Teheraner Mädchen, die von zuhause weggelaufen waren, Bericht der Sina Nachrichtenagentur, zitiert unter http://iran-emrooz.net (letzter Zugriff 17. Juni 2004).

19 Aus dem Vortrag von Professor Mahmoud Golzari bei dem Workshop »Young Girls and the Challenges of Life«, Mai 2004, zitiert nach der ISNA Nachrichtenagentur, 22 Ordibehest 1383 (2004), unter www.womeniniran.com. Über die Praxis des vorehelichen Geschlechtsverkehrs im Iran siehe Pardis Mahdavi, Passionate Uprising: Sexual Revolution in Iran (Palo Alto, Calif.: Stanford University Press, 2008).

20 In einem Interview mit Siasat-e Rouz, zitiert nach Mozhgan Farahi, »You Cannot Resolve Sexual Misconduct by Exhortation«, in Gozaresh, Nr. 148, Tir 1382 (2003).

davon, dass »keine Woche verstreicht, in der nicht mindestens zwei oder drei junge Mädchen kommen, um abzutreiben«.[21] Berichten zufolge waren 60 Prozent der Patientinnen, die eine Abtreibung wollten, unverheiratete junge Frauen.[22] Die Beamten des Bevölkerungsfonds der Vereinten Nationen in Teheran wiesen auf eine Umfrage unter jungen Menschen zur »Moral« hin (womit Sexualität gemeint war), doch die Resultate seien so »furchtbar« gewesen, dass die Umfrage unter Verschluss gehalten wurde.[23] Für immer mehr junge Frauen nahm die Aufmerksamkeit für sich selbst, das äußere Erscheinungsbild, Kleidung, Mode und Schönheitschirurgie an Bedeutung zu.

Natürlich stellte Sexualität unter jungen Menschen eine große Herausforderung für den islamischen Staat dar, denn sie stellte gleichsam die Fähigkeit des Islamismus, die Jugend zu integrieren, infrage, da ihre Befindlichkeiten an sich schon als subversiv empfunden wurden. In den frühen 1990er Jahren schlug Präsident Rafsanjani die »Zeitehe« als »islamische« Lösung des Problems vor. Sexuelle Begegnungen sollten mittels fester, kurzfristiger (auch nur mehrstündiger) als »Ehen« bezeichneter Beziehungen, kontrolliert werden. Ayatollah Ha'eri Shirazi regte die »legitime Brautwerbung« (ohne Sex), als eine offen anerkannte, von den Eltern und Verwandten genehmigte Form der Beziehung an.[24] Andere verlangten ein offizielles Dokument, das die Legitimität solcher Beziehungen bestätigt – so etwas wie eine Zeitehe, in der das Paar aber nicht zusammenlebt.[25] Im Jahr 2000 brachten konservative Islamisten schließlich die Idee eines »Keuschheitshauses« auf, in dem Männer Prostituierte »temporär heiraten« sollten, um die Begegnungen zu legitimieren.

Die beharrlichen kulturellen Praktiken der Jugendlichen zerstörten das Bild, das die Islamisten von ihnen entworfen hatten – ein Bild sich selbst aufopfernder, dem Märtyrertum und dem Moralkodex ergebener Individuen. Indem sie die moralische und politische Autorität infrage stellten, unterminierten die jungen Menschen die Produktion dieser »muslimischen Jugend«. Extrem besorgt waren die Behörden auch

21 Interview mit einem anonymen ärztlichen Anthropologen, der zu dem Thema arbeitete, im Frühjahr 2001.

22 Ebenda.

23 Ebenda.

24 Siehe Salaam, 27 Shahrivar 1375 (1996).

25 Siehe Jalil Erfan-Manesh, Iran, 19 Aban 1375 (1996).

über den immer häufiger zu beobachtenden bad-hijabi (nachlässige Verschleierung) bei Schulmädchen und Studentinnen. »Wir sind mit einer ernstzunehmenden kulturellen Offensive konfrontiert. Was ist zu tun?«, lamentierten sie.[26] 1995 verbrachten mehr als 85 Prozent der jungen Menschen ihre Freizeit mit Fernsehen, doch weniger als 6 Prozent interessierten sich für religiöse Programme; von den 58 Prozent Lesern beschäftigten sich weniger als 8 Prozent mit religiöser Literatur.[27] Landesweit waren 80 Prozent der Jugendlichen dem Klerus, den religiösen Pflichten und der religiösen Führung gegenüber indifferent oder feindlich eingestellt,[28] und 86 Prozent der Studierenden verzichteten auf die vorgeschriebenen täglichen Gebete.[29] Offizielle Umfragen bestätigten das tiefe Misstrauen, das die jungen Leute dem Staat und dem, wofür er stand, entgegenbrachten. Die große Mehrheit (80 Prozent) hatte kein Vertrauen in die Politiker[30] und die meisten (mehr als 70 Prozent) machten den Staat für ihre Probleme verantwortlich.

Doch dieses Misstrauen gegenüber den islamistischen Autoritäten bedeutete nicht, dass sich die Jugendlichen von der Religion abgewendet hätten. Eine Studie belegte eine »starke Religiosität« in Bezug auf die religiösen »Glaubenssätze« und »Gefühle«,[31] wobei 90 Prozent angaben, an Gott und die Idee der Religion zu glauben.[32] Religiöse Prak-

26 Beitrag von Muhammad Hadi Taskhiri von der Organization of Islamic Culture and Communication bei dem Second International Seminar on Hijab, 28 Aban 1376, Bericht in Zanan, Nr. 26, Meh/Aban 1376, S. 8-9.

27 Eine Umfrage des Supreme Council of Youth, zitiert nach Golzari in ebenda, S. 9.

28 Dies wurde im nationalen Radio und Fernsehen, von der Organisation der Islamischen Propaganda und der Organisation des Freitagsgebets (Detad-e Namaz) berichtet, zitiert nach Emad Eddin Baaqui, Payam-e Emrouz, Nr. 39, Ordibehesht 1379, S. 14.

29 Aus einem Bericht des Leiters der Teheraner Abteilung für kulturelle und künstlerische Angelegenheiten, 5. Juli 2000, 17:46 EDT (unter www.nandotimes.com; die Seite existiert nicht mehr und wurde auch nicht archiviert).

30 Ministerium für Kultur und Islamische Führung, »An Introduction to Behaviorology of the Youth«, Teheran, 1994, zitiert nach Tahavvolat-e Farhangui dar Iran (Kulturelle Entwicklung im Iran), von Abbas Abdi und Mohsen Goudarzi (Teheran: Entisharat-e Ravesh, 1999), S. 138-39.

31 Seyed Hossein Serajzadeh, »Non-attending Believers: Religiosity of Iranian Youth and Its Implications for Secularization Theory«, Vortrag auf dem World Congress of Sociology, Montreal, 1999.

32 Umfrage der Nationalen Jugendorganisation, Bericht in Aftab, 8 Ordibehesht 1380 (2001).

tiken waren ihnen allerdings größtenteils unwichtig; der Glaube und religiöse Kenntnisse hatten wenig Einfluss auf ihren Alltag. Gott existierte zwar, doch er hielt sie nicht davon ab, Alkohol zu trinken oder mit dem anderen Geschlecht auszugehen. Für sie war Religion eher eine philosophische und kulturelle Realität, denn eine moralische oder doktrinäre. Während Mitte der 1990er Jahre sich die meisten weigerten, eine Moschee zu besuchen, strömten sie in Scharen zu den zahlreichen öffentlichen und privaten Vorträgen »religiöser Intellektueller«.

Wie ihre ägyptischen Altersgenossen erfand auch die globalisierte iranische Jugend ihre Religiosität neu, sie verband das Transzendentale mit dem Säkularen, Glauben mit Freiheit, Göttliches mit Vergnügen.

In einer höchst erfindungsreichen subversiven Anpassung nutzten viele junge Menschen die vorherrschenden Normen und Institutionen, vor allem religiöse Rituale, um ihre jugendlichen Bedürfnisse zu befriedigen, wodurch sie die Beschränkungen dieser Codes und Normen unterminierten und auf kreative Weise umformulierten. Ein gutes Beispiel dieser Strategie war der Umgang der Jugend im Norden Teherans mit dem bedeutenden Ritual des Muharram, dem Gedenken an den Tod Imam Husseins, des Enkels des Propheten Mohammad. Die Idee der Jugendlichen, »Hussein-Partys« zu feiern, verwandelte dieses ernste Ritual des Trauerns in einen Abend des Glamours, des Spaßes und der Geselligkeit. Jungen und Mädchen putzten sich heraus, spazierten durch die Straßen, schlossen sich den Trauerzügen an und nutzten die Gelegenheit, um bis in die frühen Morgenstunden zusammen zu sein, zu flirten, Telefonnummern auszutauschen und sich zu heimlichen Treffen zu verabreden.[33] Ähnlich verfuhren sie bei der Sham-e Ghariban (der elften Nacht im Monat des Muharram), diesem trostlosen und bedrückenden schiitischen Ritual, das sie in eine Nacht der Geselligkeit und Zerstreuung verwandelten. Gruppen von fünfzig bis sechzig Mädchen und Jungen trugen Kerzen durch die Straßen zu den großen Plätzen, wo sie aneinander gelehnt bei Kerzenschein saßen, den melancholischen Nowheh (traurigen religiösen Liedern) lauschten und sich bis zum Morgengrauen leise unterhielten, meditierten, sich träumerischen Fantasien hingaben oder über Politik redeten.[34]

33 Siehe Behzad Yaghmaian, Social Change in Iran (Stony Brook: State University of New York Press, 2002) für die beste Darstellung dieser Ereignisse (S. 61-65).

34 Interview mit Azam, einem anonymen Teilnehmer, Juni 2002.

Diese widerständigen Rituale blieben nicht ungestraft. Gewalttätige Basidsch (inoffizielle Hilfspolizei) und Banden fundamentalistischer Jugendlicher griffen die Zusammenkünfte an und trieben sie auseinander, wodurch sich ihre »subversive Anpassung« in eine widerständige politische Praxis verwandelte – das Kulturelle wurde offen politisch. Im Januar 1995 randalierten hunderttausend junge Zuschauer eines Fußballspiels in Teheran nach einem Streit über das Ergebnis des Spiels. Durch die Ausschreitungen wurden Teile des Stadions zerstört und in Massen skandierten die Jugendlichen: »Tod dem barbarischen Regime« und »Tod den Pasdaran«.[35] 2004 lieferten sich fünftausend Jugendliche Kämpfe mit gewalttätigen Bürgerwehrgruppen im Norden Teherans; einige Zeit davor waren Tausende in der Stadt Tabriz gegen Basidsch-Banden vorgegangen, die sich gegen das »unanständige Verhalten« einiger Personen in der Öffentlichkeit empört hatten. Mehr noch als kollektives Leid oder Gewalt wurde kollektive Freude zu einem Medium der Subversion, denn mit ihrer »Fröhlichkeit« boten die Massen nicht nur den puritanischen Prinzipien der Trauer die Stirn, sondern entzogen sich auch deren repressiven Stimmung. Die Erfolge der iranischen Fußballnationalmannschaft im November 1997 in Australien und gegen die USA bei der Weltmeisterschaft in Paris im Juni 1998 veranlassten Horden junger Menschen in die Straßen größerer Städte zu strömen, wo sie jubelten, tanzten und Hupkonzerte gaben. Fünf Stunden lang hatten die Sicherheitskräfte die Kontrolle verloren, zogen sich zurück und schauten der ekstatisch jubelnden Menge zu.[36] In der Stadt Karadj überrumpelte die Menge die Basidsch mit ihren Rufen: »Die Basidsch müssen tanzen!« Aber auch Niederlagen boten Anlass zu kollektivem Trotz. Stunden, nachdem die iranische Mannschaft 2001 gegen Bahrain verloren hatte, stürmten Hunderttausende auf die Straßen, um ihren Ärger gegen die islamistischen Behörden Luft zu machen. In 54 Bezirken Teherans demonstrierten junge Menschen, riefen politische Parolen, warfen Steine, zündeten selbstgebaute Sprengkörper, zerstörten Polizeifahrzeuge und Ampeln und trugen Kerzen als Zeichen ihrer Trauer um die Niederlage. Ähnliche Proteste fanden in Karadj, Qom, Shiraz, Kashan, Isfahan und Islamabad statt. Erst nachdem 800 De-

35 Al-Hayat, 22. January 1995.

36 Scott Peterson, »Ecstasy in Iran, Agony for Its Clerics«, in Christian Science Monitor, 5. Dezember 1997.

monstranten verhaftet wurden, ebbten die Proteste ab.[37] Vielleicht gab es kein besseres Symbol der Missachtung der Jugend als das Zünden von Feuerwerkskörpern zur Feier des Newroz, des iranischen Neujahrsfests. Der islamische Staat hatte diese uralte persische Tradition verboten. Doch durch das Zünden Millionen von Feuerwerkskörpern widersetzten sich die Jugendlichen dem offiziellen Verbot des Rituals der Freude und verwandelten die städtischen Viertel in Kampfzonen.[38] Das »Rätsel der Feuerwerkskörper«, wie es eine Tageszeitung beschrieb, symbolisierte die Empörung über die Behörden, die in den Augen der Jugendlichen, jegliche Lebensfreude und Ausgelassenheit verboten hatten.[39]

Diese Missachtung der jüngeren Generation vertiefte den Konflikt zwischen Reformern und Konservativen in der Regierung. Die Reformer machten den überaus starken moralischen Druck und die »Unterdrückung von Freude« durch die Konservativen für die jugendlichen Unruhen verantwortlich, und riefen, indem sie eine öffentliche Debatte über die Notwendigkeit von Freizeitaktivitäten initiierten, zu mehr Toleranz und Verständnis auf.[40] Sie boten den Jugendlichen eine Plattform sowie politische und moralische Unterstützung, wodurch diese ermutigt wurden, weitere Forderungen zu stellen, jetzt auch in Bezug auf aktive Bürgerbeteiligung. 2001 waren etwa fünfzig Jugend-NGOs in Teheran und vierhundert landesweit registriert.[41] 2003 waren es schon 1.100, von denen 850 beim ersten Nationalkongress der Jugend-NGOs im selben Jahr teilnahmen.[42] Landesweit existierten Tausende weitere informelle NGOs, die im kulturellen, künstlerischen, karitativen, entwicklungsorientierten und intellektuellen Sektor aktiv waren. Mit zum Teil erstaunlicher Innovationskraft veranstalteten sie Vorträge

37 Siehe Nowrooz, 1 Aban 1380, S. 3.

38 Für mehrere Berichte über Konfrontationen zwischen Jugendlichen und der Pasdaran siehe Dowran-e Emrooz, 25 Esfand 1379 (2001), S. 4.

39 Dies ist gut dargestellt in einem Leitartikel einer reformorientierten Tageszeitung; siehe »The Mystery of Firecrackers«, Aftab, 25 Esfand 1379 (15. März 2001), S. 2.

40 Nowrooz, 29 Mehr 1380 (2001); siehe auch »Leisure Time and Amusement«, Aftab-e Yazd, 3. April 2001, S. 9; »Shad Zistan-e Zanan«, Dowran-e Emrooz, 20 Bahman 1379 (2000), S. 2; Bericht über das Seminar zu »Approaches to the Concept of Living«, zitiert nach Aftab-e Yazd, 9. Januar 2001, S. 7, und 11. Januar 2001, S. 7.

41 Siehe Hayat-e Nou, 10 Ordibehesht 1380 (2001), S. 11, und Nourooz, 15 Mordad 1380 (2001), S. 9.

42 Iran Emrooz, 11. August 2003.

und Konzerte, leisteten karitative Arbeit und organisierten Flohmärkte. Eine Gruppe von Jugendlichen legten Präsident Khatami einen Plan zur Bildung einer »Regierung der Jugend« mit alternativen jungen Kabinettsmitgliedern vor. Allerdings blieb die Wiederaneignung des öffentlichen Raums zur Durchsetzung jugendlicher Anliegen das Hauptthema derjenigen, deren globalisierte Subkulturen (ausgedrückt durch Sexualität, Geschlechterrollen und Lebensstile) sie sogar von den Postislamisten absetzten. Denn diese waren größtenteils den traditionellen moralischen Konventionen verpflichtet.[43] Das Verhalten der Jugendlichen machte die konservativen Puritaner wütend. Sie wetterten gegen das, was sie als kulturelle Invasion, Hooliganismus und antiislamische Haltungen betrachteten und für das sie Khatamis »Versagen bei der Bekämpfung von Arbeitslosigkeit, Armut und Korruption« verantwortlich machten.[44] Wieder gingen sie gegen Veranstaltungen, Zusammenkünfte, Orte und Verhaltenweisen vor, die sie als Ursachen von »Amoral«, »Verderbtheit« und »Unanständigkeit« ansahen, und schickten Spezialeinheiten uniformierter und mit Maschinengewehren und Handgranaten ausgerüsteter Männer los, um die moralische Ordnung der Republik wiederherzustellen.[45]

Dieser Zustand von gleichzeitiger Unterdrückung (von Jugendlichkeit durch die politisch-moralischen Autoritäten) und Chance (Aufwertung und Ermutigung der Jugend) bot den jungen Menschen ein unvergleichliches Gefühl der Selbstachtung und die Möglichkeit, kollektiv zu handeln – ein Status, den ihre ägyptischen und saudiarabischen Altergenossen nicht hatten. Allerdings spielte bei der Entstehung der iranischen Jugendbewegung nicht nur Politik eine Rolle. Die umfassenden gesellschaftlichen und demografischen Veränderungen seit den frühen 1980er Jahren trugen zur Herausbildung von Jugend als gesellschaftliche Kategorie bei. 1996 waren Zweidrittel der iranischen Bevölkerung jünger als 30 Jahre. Davon waren wiederum zwanzig Millionen, also ein Drittel der Bevölkerung, Studierende (ein Anstieg um 266 Prozent seit 1976). Die meisten von ihnen lebten in Städten, wo es Raum für Au-

43 Siehe Hayat-e Nou, 10 Ordibehesht 1380 (2001), S. 11; Nourouz, 15 Mordad, 1380 (2001), S. 9.

44 Siehe Morteza Nabawi in Resalat, 27. Oktober 2001, S. 2.

45 Siehe Jean-Michel Cadiot, AP Bericht, 20. August 2001 unter IranMania.com, 20. August 2001; Michael Theodoulou, »Iran's Culture War Intensifies«, Christian Science Monitor, 21. August 2001; Nourooz, 20 und 21 Mordad 1380 (2001).

tonomie, nichtverwandtschaftliche und weitläufigere gesellschaftliche Beziehungen gab, und wo sie mit den unterschiedlichsten Lebensweisen konfrontiert waren. Das Urbane drang auch in die ländlichen Gebiete vor und ließ eine urbanisierte ländliche Jugend entstehen. Die landesweite Verbreitung der Offenen Universitäten bedeutete zum Beispiel, dass im Schnitt jedes Dorf über zwei Universitätsabsolventen verfügte, was noch in den 1970er Jahren extrem selten war. Die Jugendlichen auf dem Land gewannen aufgrund ihrer Kompetenz und Leistungen an Legitimität und wurden zu wesentlichen Entscheidungsträgern, was in der Vergangenheit aufgrund der Vorrangstellung der Älteren undenkbar gewesen wäre. Diese weitreichenden sozialen Veränderungen in den ländlichen Gebieten und die sich ausbreitenden Kommunikationstechnologien, die zur Verbreitung der Ideen und Lebensweisen junger Menschen beitrugen, lösten allmählich die gesellschaftlichen Grenzen zwischen der ländlichen und städtischen Jugend auf und machten die jungen Menschen im ganzen Land zu einer breiten nationalen Wählerschaft. Derweil führten die Schwächung der elterlichen Autorität (wegen der Aufwertung der Jugend durch den Staat) und die erhöhte Aufmerksamkeit gegenüber den Kindern (wegen der steigenden Alphabetisierung der Frauen und Mütter) zur Individualisierung der Jugend und zu ihrer Militanz.[46]

Mitte der 1990er Jahre waren die postrevolutionären jungen Menschen im Iran zur Jugend geworden, zu einem gesellschaftlichen Akteur. Doch sie bildeten keine konventionelle soziale Bewegung – es handelte sich nicht um ein organisiertes und langfristiges, kollektives Unternehmen mit einer ausformulierten Ideologie und erkennbaren Führungspersönlichkeiten. Vielmehr war es eine Nicht-Bewegung – das kollektive Bewusstsein nicht kollektiver AkteurInnen –, die sich vor allem in ihrer *politischen Praxis der Präsenz*, ihren alltäglichen kulturellen Kämpfen und ihrer Subversion der Normen ausdrückte. Diese fragmentierte Masse von Individuen und Untergruppen brachte gemeinsame Ängste zum Ausdruck, forderte individuelle Freiheiten, bildete und behauptete kollektive Identitäten. Die einzelnen jungen Menschen waren innerhalb verstreuter Gruppen miteinander verbun-

46 Dies schien auch durch größere Umfragen bestätigt worden zu sein. Siehe Azadeh Kian-Thiebaut, »Political Impacts of Iranian Youth's Individuation: How Family Matters«, Vortrag bei MESA, Washington, D.C., 24. November 2002.

den (Jugendzeitschriften, NGOs, Peergroups und Gruppen, die sich an Straßenecken trafen), häufiger aber durch passive Netzwerke. Die Geburt der Jugend als landesweite gesellschaftliche Kategorie, die sich auf einzigartige Weise zugleich mit Repressionen und Chancen konfrontiert sah, führte dazu, dass die iranische Jugend ihre Jugendlichkeit in einem Kampf (zurück)zuerobern versuchte, der sich schließlich gegen den Staat richtete. Den jugendlichen Habitus gegen die staatliche Kontrolle und die moralischen Autoritäten durchzusetzen, definierte ihre Nicht-Bewegung. Es waren genau diese Jugendlichen, die den Kern der breiten Protestbewegung gegen die gefälschten Präsidentschaftswahlen 2009 bildeten. So verband sich diese jugendliche Nicht-Bewegung mit der spektakulären grünen Welle, die Bürgerrechte, politische Offenheit und Rechenschaft von den Herrschenden verlangte.

Die ägyptische Jugend: Von »Anpassender Erneuerung« zur Revolution

Auch in Ägypten bildete sich Jugend als soziale Kategorie heraus. Ähnlich wie im Iran waren 1996 etwa die Hälfte der 60 Millionen ÄgypterInnen jünger als 20 und 64 Prozent jünger als 30 Jahre.[47] Obwohl die Zahl der SchülerInnen und Studierenden 1996 (11,6 Millionen) nur etwa halb so hoch war wie im Iran, hatte Ägypten die gleiche Zahl von Hochschulstudierenden (1,1 Millionen).[48] Die besonderen Merkmale des ländlichen Ägyptens (relativ große Dörfer entlang des Niltals und im Nildelta, die dicht beieinander und nahe den großen Städten liegen) führten in den 1980er und 1990er Jahren zu wachsender Urbanisierung. Die enorme Menge an verfügbarer elektrischer Energie, die neuen Kommunikationsmittel, die Kommerzialisierung, der Strom von Menschen, Waren und Informationen sowie die zunehmende Spezialisierung im Arbeitsleben kennzeichneten die sich verschiebende Sozialstruktur der Post-Infitah-Ära (Politik der Öffnung) in ländlichen Regionen.[49] Die

47 Central Agency for Public Mobilization and Statistics, The Statistical Year Book (Kairo: CAPMAS, 1996).

48 Central Agency for Public Mobilization and Statistics, The Statistical Year Book, 1992-1998 (Kairo CAPMAS, 1999).

49 Eric Denis und Asef Bayat, »Egypt: Twenty Years of Urban Transformation, 1980-2000«, Bericht für das International Institute of Development and Urbanization, London, 2001.

zunehmende allgemeine Schulbildung lieferte das Rohmaterial für die Produktion einer gut ausgebildeten Jugend. Städtische Institutionen wie Hochschulen, sowie Cafés, Einkaufszentren, Konzerthallen, Festspielorte und Straßenecken wurden zu Räumen sozialer Interaktion, der Entstehung von aktiven und passiven Netzwerken und der Bildung jugendlicher Identitäten. Kurz, die Jugendlichen entwickelten sich ähnlich wie im Iran zu gesellschaftlichen Akteuren.

Doch die gleichzeitig stattfindenden Prozesse der Verstädterung, der Islamisierung und der Globalisierung hatten die junge Generation in Ägypten zersplittert. Neben aktiv Gläubigen und provinziell Heranwachsenden, entwickelte sich eine neue Generation globalisierter Jugendlicher, die zunehmend weltweiten kulturellen Strömungen ausgesetzt war. Die Klassen- und Geschlechterunterschiede hatten natürlich auch zum Entstehen verschiedenartiger jugendlicher Identitäten geführt. Während die strengere soziale Kontrolle in der islamischen Republik die männlichen und weiblichen Jugendlichen dazu brachte, ähnliche Ziele zu verfolgen, war der Unterschied zwischen den Geschlechtern in Ägypten wesentlich ausgeprägter. Die gesellschaftlichen Ziele von Heranwachsenden waren in Ägypten so different, dass Beobachter eher von »getrennten männlichen und weiblichen Kulturen denn von einer Jugendkultur sprachen. Besonders ausschlaggebend war die männliche Wahrnehmung der Frauen, die stark die Identität eines gemeinsamen jugendlichen Habitus gefährdete. Selten heirateten Männer (in Ägypten nur 4 Prozent) eine Frau, von der sie annahmen, dass sie vorehelichen Geschlechtsverkehr gehabt hatte.[50] »Niemand geht mit einem Mädchen aus und heiratet sie dann. 99 Prozent der Männer würden nie eine Frau heiraten, die sie zuvor berührt hatten«, sagte ein ägyptischer Student. Und die Mädchen bekamen diese bittere Wahrheit zu spüren. »Das hassen wir an den Jungen, sie heiraten fast nie das Mädchen, mit dem sie ausgehen.«[51]

Doch auch in Ägypten versuchten die der Mehrheitsbevölkerung angehörigen Jugendlichen ihren Habitus und ihre Individualität durchzusetzen, strebten nach Veränderung und schafften jugendliche

50 Ayman Khalifa, »The Withering Youths of Egypt«, Ru'ya, Nr. 7 (Frühling 1995), S. 6-10.

51 Zitiert nach Rime Naguib, »Egyptian Youth: A Tentative Study«, Semesterarbeit, American University in Cairo, Frühling 2002.

Subkulturen, indem sie die existierenden moralischen und politischen Beschränkungen registrierten und versuchten, das Beste aus den existierenden Institutionen zu machen. Im Vergleich zu ihren iranischen Altersgenossen gab es bei den ägyptischen Jugendlichen jedoch keine politische oder zivilgesellschaftliche Mobilisierung. Selbst wenn sie sich politisch betätigen wollten, fehlten ihnen die Mittel dazu. Im Unterschied zum Iran, wo die Bevorzugung älterer Menschen im Schwinden begriffen war, und die Jugend auf bemerkenswerte Weise aufgewertet wurde, trauten die Älteren und die politischen Eliten den jungen Menschen auf der politischen Bühne nicht. Die ägyptische Regierungs- und Oppositionspolitik war fest in den Händen sehr alter Männer, die 2002 im Schnitt 77 Jahre alt waren.[52] Umgekehrt misstrauten die jungen Menschen der Parteipolitik, die als einzig legitime Form politischer Aktivität galt.[53] Eine Umfrage des Ahram Center for Political and Strategic Studies ergab, dass sich vor der Revolution 67 Prozent der jungen Leute nicht für die Wahlen registrieren ließen.[54]

Mangelndes Vertrauen in die Farce der Wahlen entfernte die jungen Menschen noch weiter von der Politik und die Beschränkungen politischer Praxis an den Hochschulen dämpfte die politische Mobilisierung. Die in den 1980er Jahren stattgefundene Mobilisierung der Jugendlichen aus den mittleren und unteren Schichten in der islamistischen Bewegung wiederholte sich nicht in anderen politischen Feldern. In den späten 1990er Jahren gab es an den Hochschulen so gut wie keine politischen Aktivitäten, da die staatlichen Sicherheitsorgane islamistische, linke und nasseristische Kandidaten davon abhielten, für die Studentengewerkschaften zu kandidieren. Erst mit der erneuten israelischen Besatzung der palästinensischen Gebiete Anfang 2000

52 Die Lebensalter der politischen Führer in Ägypten nach Geburtsjahr: Präsident Mubarak, 1928; Dia Eddin Dawoud (Nasser-Partei), 1926; Khalid Mohyeddin (Führer der Tajammo-Partei) 1922; Mustafa Mashur (Führer der Muslimbruderschaft), 1921; Ibrahim Shukri (Führer der Arbeiterpartei), 1916; Noman Gom'a, der jüngste Oppositionsführer der Wafd-Partei, 1934.

53 Bei einer Umfrage sagten nur 16 Prozent der Studierenden an der Kairoer Universität, dass sie sich für Parteipolitik interessierten. Etwa 87 Prozent der Älteren trauten den Jüngeren nicht zu, Politik zu betreiben; siehe Ahmed Tahami Abdel-Hay, »Al-Tawajjohat al-Siyasiyya Lil-Ajyal al-Jadida«, Al-Demokratiya, Nr. 6 (Frühjahr 2002), S. 117-18.

54 Shapiro, »Revolution, Facebook-Style«

kam es zu einer gesellschaftlichen und politischen Mobilisierung.[55] Die beachtliche Beteiligung der ägyptischen Jugend an der Sammlung von Lebensmitteln und Medikamenten für die Palästinenser markierte in der Tat einen Wendepunkt im jugendlichen Voluntarismus, verursacht allerdings durch die einzigartige politische und moralische Bedeutung, die die Belagerung der Palästinenser durch die repressiven Operationen des Likud, für sie hatte. Abgesehen davon zeigten die Jugendlichen in den 1990er und frühen 2000er Jahren nur wenig Interesse an öffentlicher Fürsorge oder Freiwilligenarbeit. Selbst die Jugendlichen aus den Familien der Eliten, deren soziale und finanzielle Ressourcen sie zur Hauptspendenquelle machte, blieben gleichgültig. Von zwanzig ausgewählten Studenten an ägyptischen Universitäten engagierte sich genau einer freiwillig.[56] Ausnahmen waren reine Jugendinitiativen wie beispielsweise die Fathi Kheir NGO. Die vorherrschende Meinung besagte, dass sich der Staat und nicht die Bürger um die Versorgung der Gesellschaft kümmern sollten.

Natürlich trugen die Jugendlichen die Hauptlast der »passiven Revolution« in Ägypten, bei der der säkular-religiöse Staat durch eine einzigartige Mischung aus Konzessionen und Kontrolle die Initiative für Veränderungen an sich gerissen hatte. Die ägyptische Jugend stand nicht unter derselben sozialen und politischen Kontrolle wie ihre Altersgenossen im Iran oder in Saudi Arabien. Abhängig von ihren sozialen und wirtschaftlichen Möglichkeiten konnten sie die Musik hören und die Kleidung tragen, die sie wollten, sich an Dating-Games beteiligen, erschwinglichen Freizeitaktivitäten nachgehen und an globalen Trends partizipieren, solange sie gewisse Spielregeln einhielten – verletzten sie diese, gerieten ihre Aktivitäten in Konflikt mit der moralischen Autorität und dem Staat. Der Staat sollte die Jugendlichen integrieren und leiten. Zu diesem Zweck versorgte er sie mit »wissenschaftlicher Fortbildung« und technischer Ausbildung, um weltweit konkurrenzfähig sein zu können. Gleichzeitig hielt er sie zu religiöser Frömmigkeit an, um sie gegenüber sowohl ausländischen kulturellen Einflüssen als auch dem politischen Islam im Land widerstandsfähig zu machen.[57] Tat-

55 Siehe Andrew Hammond, »Campuses Stay Clear of Politics«, Cairo Times, 15.-28. Oktober 15-28, 1998, S. 7.

56 Berichtet in Khalifa, »Withering Youth of Egypt«.

57 Schlussfolgerung aus einer Debatte in der Majlis el-Shura, berichtet in Al-Ahram, 14. Juli 2000, S. 7.

sächlich offenbarte der präsidiale Erlass 1999, den seit 1965 bestehenden Obersten Rat der Jugend in Ministerium für Jugend und Sport umzubenennen, die Beunruhigung, die durch das »Jugendproblem« entstanden war.[58] Sie vor politischem und moralischem Übel zu schützen, wurde zur Sache der nationalen Sicherheit. Das Ministerium für Jugend und Sport sollte mit den über viertausend von ihm kontrollierten Jugendzentren, zur Durchsetzung dieser Ziele beitragen. Staatliche Kredite sollten jungen Menschen ermöglichen, sich durch den Kauf von Wohnungen niederzulassen und zu heiraten,[59] Zugang zu Informations- und Kommunikationstechnologien und eine technische Ausbildung durch NGOs zu erhalten.[60]

Die Jugendzentren – so etwas wie staatlich kontrollierte NGOs – sollten Ferienlager, Diskussionen, Freizeitveranstaltungen, Trainingsprogramme, religiöse Ausbildungskarawanen und Sportveranstaltungen organisieren. Doch der mangelhafte Zustand der meisten Zentren, der fehlende Komfort, die verdreckten Sportplätze, die schlecht ausgestatteten Bibliotheken und die Kontrolle des Staates machten es unmöglich, diese enorme Aufgabe zu erfüllen. Die Zentren wurden meist nur von männlichen Jugendlichen aus den unteren Schichten besucht. Viele blieben Jugendzentren ohne Jugendliche, wie ein Beamter eingestehen musste.[61] Urteilt man nach dem jährlich ausgestrahlten »Dialog« des Präsidenten mit ägyptischen Jugendlichen, entfremdete ein tiefes Misstrauen die Jugendlichen vom Staat.[62] Sie begnügten sich mit nicht staatlichen Räumen, in denen nur marginal gegen die politischen

58 Diese Information stammt von meinem Interview mit dem Minister für Jugend und Sport, Dr. Ali Eddin Hilal, am 3. November 2001 in Kairo.

59 Das Ministerium für soziale Angelegenheiten berichtete, zwischen 1997 und 2000 Darlehen in Höhe von etwa EL 30 Millionen gewährt zu haben. Siehe Al-Ahram, 14. Juli 2000.

60 Das Ministerium für lokale Entwicklung sollte einige dieser Darlehen gewähren. Siehe Al-Ahram, 14. Juli 2000, S. 7.

61 Siehe Midhat Fuad, »Youth Centers without Youths«, Sawt ul-Azhar, 14. September 2001, S. 2. Ich beziehe mich insbesondere auf Muhammad Shalabi, »Egypt's Youth Centers: Between Ideals and Reality«, Arbeit für das Seminar zur Urbanisierung, American University in Cairo, Frühjahr 2003.

62 Sie präsentierten oft vorinszenierte Sendungen, für die die jugendlichen Teilnehmer sorgfältig ausgewählt wurden. Die Fragen wurden geprobt und die schmeichelnde Art und Weise, wie die Studenten den Präsidenten anredeten, ließ wenig Raum für echte Interaktion.

und moralischen Autoritäten verstoßen wurde, und mit einer kulturpolitischen Alltagspraxis, durch die sie einen Teil ihrer jugendlichen Ansprüche umsetzen konnten.

Mehr als ein Jahrzehnt lang sah man in jungen Ägypter nur das Bild von islamistischen Militanten, die einen Guerillakrieg führten, in Hochschulen eindrangen oder den Koran in den Moscheen der wildwuchernden Slums auswendig lernten. Die moralischen Instanzen, die Eltern und viele ausländische Beobachter erwarteten, dass sie fromm und streng der moralischen Disziplin des Islams verpflichtet wären. Doch im Alltag widersetzten sich diese ganz normalen Jugendlichen dem konstruierten Bild und schockierten die moralischen Autoritäten, indem sie offen und direkt ihre Missachtung zeigten. »Die Jugend in diesem Land rebelliert gegen die alten Traditionen«, sagte eine 21-jährige Studentin in Kairo. »Wir lösen uns von euren Ketten, wir wollen nicht das Leben der älteren Generationen führen. Dass Frauen Shisha rauchen, ist noch die am wenigsten schockierende Form dieser Rebellion. Stellt euch diesen Veränderungen und akzeptiert unsere Generation, versucht uns nicht, wie Kinder zu behandeln. Unsere Generation kriegt viel mehr mit als eure, und das ist schlicht eine Tatsache.«[63]

Berichte über »satanische Jugendliche« im Januar 1997 offenbarten die herrschende moralische Panik angesichts der angeblichen Wehrlosigkeit der Jugend gegen die globale Kultur und der entstehenden Selbstbehauptung dieser Jugendlichen. Jeden Donnerstagabend versammelten sich wohlhabende junge Menschen in einem leerstehenden Gebäude, um zu feiern, Spaß zu haben und vor allem zu Heavy Metal zu tanzen. Eine sechswöchige, sensationslüsterne Berichterstattung in den Medien und die Verhaftung von Dutzenden Jugendlichen wegen Satanismus (die später aus Mangel an Beweisen fallengelassen wurde), belegten die Existenz von Untergrund-Subkulturen, die den allermeisten Erwachsenen entgangen waren. Die Musiksubkultur endete nicht mit dem satanischen Mythos, sondern tauchte in Form von Raves wieder auf. Die ägyptischen Raves begannen mit kleinen Bands vor kleinem Publikum, doch nach 1998 breiteten sie sich durch professionelle Organisation und Kommerzialisierung schnell aus. Es wurde Musik aus der ganzen Welt gespielt, auch ägyptischer Pop, und das Zielpublikum

63 Hodas Antwort auf meine Frage: »Wie ist es, in der heutigen ägyptischen Gesellschaft jung zu sein?«, Frühjahr 2003, Kairo, Ägypten.

waren die jungen Eliten des »Glamours, der Mode und des Lifestyles«.[64] Für viele wurde der Rave zu »einer Gemeinschaft, mit der du vertraut bist, oder die du zumindest erkennst, und der es um das gemeinsame Interesse an Musik geht.«[65] Bei den ägyptischen Raves ging es weniger um Sex, aber es wurde Alkohol und Drogen (v. a. Ecstasy) konsumiert. Untersuchungen zeigten, dass Experimente mit Alkohol nicht nur Sache wohlhabender Jugendlicher war. Jeder dritte Student in den Städten hatte bereits Alkohol getrunken, meist Bier.[66] Auch wenn nur etwa 5 Prozent zugaben, mit Drogen experimentiert zu haben (85 Prozent davon waren Cannabiskonsumenten), verschärfte sich das Problem in den frühen 1990er Jahren. Strafverfolgungsbehörden warnten besonders vor dem zunehmenden Konsum von Ecstasy.[67]

In Bezug auf Sexualität herrschte eine Kultur des Schweigens,[68] doch vorehelicher Geschlechtsverkehr schien trotz des normativen und religiösen Verbots bei der muslimischen Jugend verbreitet gewesen zu sein. In einer kleinen aber bezeichnenden Umfrage von Hundert Oberschülerinnen und Studentinnen in verschiedenen Kairoer Bezirken gaben 8 Prozent an, Geschlechtsverkehr gehabt zu haben, 37 Prozent hatten sexuelle Erfahrungen ohne Geschlechtsverkehr, 23 Prozent hatten geküsst und 20 Prozent nur Händchen gehalten. Von Hundert befragten Schülern und Studenten in Kairo sagten 73 Prozent, sie hätten nichts gegen vorehelichen Sex, solange sie ihre Partnerinnen nicht heiraten müssten.[69] Eine umfassendere Studie stellte »beträchtliche Raten vorehelichen Geschlechtsverkehrs unter Hochschulstudierenden« fest.[70]

64 Der Eintritt kostete zwischen LE75 und LE150; alkoholische Getränke LE20; Wasser LE10. Siehe Nadia Matar, »Glowsticks and Grooves«, Cairo Times, 14.-20. März 2002, S. 16.

65 Ebenda, S. 19.

66 Die Zahl für das Land war 22 Prozent, basierend auf eine Umfrage von 14.656 Oberschülern im Jahr 1990; siehe M. I. Soueif u. a., »Use of Psychoactive Substances among Male Secondary School Pupils in Egypt: A Study of a Nationwide Representative Sample«, Drug and Alcohol Dependence 26 (1990), S. 71-72.

67 Berichten zufolge stieg die von der Polizei beschlagnahmte Menge sprunghaft an, von 2.276 im Jahr 2000 auf 7.008 im Jahr 2001; siehe Cairo Times, 14.-20 März 2002, S. 16.

68 Siehe Population Council, Transitions to Adulthood: A National Survey of Egyptian Adolescents (Kairo, 1999).

69 Siehe Khalifa, »Withering Youth of Egypt«

70 Siehe Fatma El-Zanaty, »Behavioral Research among Egyptian University Students«,

Im AIDS-Aufklärungsunterricht wurden Fragen zu speziellen sexuellen Praktiken gestellt, die die Gesundheitserzieher überraschten.[71] Auch wenn es keine größeren Umfragen zu dem Thema gab, schien der Konsum von Pornografie unter Männern weitverbreitet gewesen zu sein.[72] 90 von 100 Befragten gaben an, regelmäßig zu masturbieren, und 70 Prozent davon glaubten, dies verstöße gegen die Religion und den Körper.[73] Über den Einfluss von Satellitenprogrammen, verbotenen Videos und des Internets hinaus, scheinen auch die Verschiebungen in den familiären Strukturen die sexuellen Praktiken der Jugendlichen verändert zu haben.

Selbst in den Dörfern wandelte sich die einst so wichtige Vaterfigur. Jede dritte Familie war ohne Vater, entweder wegen der Scheidungen, weil sie einfach die Familie verlassen hatten oder, in den meisten Fällen (20 bis 25 Prozent), weil sie im Ausland arbeiteten. So konnten, wenn die Mutter nicht zuhause war, die Kinder die Wohnung für romantische Treffen nutzen.[74] Junge Paare der Kairoer Unterschicht trafen sich auf Bänken unscheinbarer U-Bahn-Stationen, wo sie taten, als warteten sie auf den nächsten Zug.[75]

Die meisten dieser jungen Menschen waren religiös. Sie beteten, fasteten und waren gottesfürchtig. Einige der von mir interviewten Heavy-Metal-»Satanisten« betrachteten sich als fromme Muslime, doch sie liebten Rockmusik, tranken Alkohol und trafen sich mit jungen Frauen.

MEDTEC, FHI, Behavioral Research Unit, Kairo, 1996; berichtet in Barbara Ibrahim und Hind Wassef, »Caught Between Two Worlds: Youth in the Egyptian Hinterland«, in Alienation or Integration of Arab Youth, Roel Meijer (Hrsg.), (London: Curzon Press, 2000), S. 163.

71 Siehe Cairo Times, 15.-28. Mai 1997, S. 12. Ein aktives Sexualleben der Jugendlichen wird auch bestätigt in Mona al-Dabbaqh, »Addiction among Egyptian Upper Class«, Magisterarbeit, American University in Cairo, 1996, für die die Autorin eine Reihe von »devianten« Heranwachsenden in einem Kairoer Krankenhaus interviewte.

72 Interviews mit jungen Menschen von Rime Naguib, Soziologiestudent an der American University in Cairo, Frühjahr 2002.

73 Siehe Khalifa, »Withering Youth of Egypt«

74 Shahida El-Baz, zitiert nach Cairo Times, 15.-28 Mai 1997, S. 12.

75 Ironischerweise machten die teilweise nach Geschlechtern getrennten Züge traditionelle junge Frauen mobiler. Ihre Eltern hatten nichts dagegen, wenn sie den Zug (und danach ein Taxi oder einen öffentlichen Bus) nahmen, da sie davon ausgingen, dass getrennte Züge ihre Töchter vor männlicher Belästigung schützen würden. Seif Nasrawi, »An Ethnography of Cairo's Metro«, Semesterarbeit für das Seminar zu urbaner Soziologie, Herbst 2002, American University in Cairo.

Diese durchschnittlichen Jugendlichen verbanden Gebete mit Partys und Pornografie, Glauben mit Spaß. Ein junger Mann aus der Unterschicht, der in Dahab, einem von vielen ausländischen Frauen besuchten Ferienort, arbeitet, beschreibt die Verbindung von Gott, Frauen und Polizei bei der Suche, seine alltäglichen und spirituellen Bedürfnisse zu befriedigen, wie folgt: »Bevor ich nach Dahab kam, habe ich gebetet. Meine Beziehung zu Gott war seht stark und sehr spirituell. Jetzt ist mein Verhältnis zu Gott sehr merkwürdig. Ich bitte Ihn immer, mir eine Frau zu geben, und wenn ich dann eine Partnerin habe, bitte ich Ihn, mich vor der Polizei zu schützen«.[76]

Dies mag sich wie ein Widerspruch anhören, doch es drückt eher die Suche nach Trostfindung und Neuorientierung aus. Die Jugendlichen liebten es, zu tanzen, zu raven, illegitime Beziehungen einzugehen und Spaß zu haben, fanden aber Trost in ihren Gebeten und ihrem Glauben. »Ich tue sowohl gute als auch böse Dinge, nicht nur böse Dinge. Die guten Dinge löschen die bösen aus«, sagte ein Jurastudent in Kairo.[77] Ein 25-jähriger religiöser Mann, der Alkohol trank und »alles ausprobiert hat«, rauchte auch »mit anderen Hasch, um [meine] Männlichkeit unter Beweis zu stellen«. Er betete regelmäßig in der Hoffnung, Gott möge ihm seine ständigen Missetaten verzeihen. Ein solcher Zustand der Liminalität, des »kreativen Dazwischen-Seins«, veranschaulicht, wie die Jugendlichen versuchten, ihren Islam neu zu definieren, damit ihr jugendliches Begehren nach Individualität, Veränderung, Spaß und »Sünde« einen Platz innerhalb der moralischen Ordnung findet. Sie definierten nicht nur ihre Religion neu, sie erfanden auch neue Vorstellungen von Jugendlichkeit. Ein 19-jähriger Student sagte: »Während der Pubertät tun alle Jungen dasselbe; in dem Alter gibt es kein halal oder haram [richtig oder falsch].«[78] Auf ähnliche Weise betrachteten sich junge Frauen als überzeugte Musliminnen, doch sie bedeckten ihre Haare trotzdem nicht oder trugen nur während des Ramadan oder den Stunden des Fastens ein Kopftuch. Viele, denen es gefiel, ihr Haar zu zeigen, trösteten sich damit, es nach der Heirat, nach dem Ende ihrer Jugend, zu bedecken.

76 Zitiert nach Mustafa Abdul-Rahman, »Sex, Urfi Marriage as Survival Strategy in Dahab«, Semesterarbeit, Herbst 2001, S. 18.

77 Zitiert nach Rime Naguib, »Egyptian Youth: A Tentative Study«, Semesterarbeit, Frühjahr 2002.

78 Zitiert nach ebenda.

Um ihren Habitus unter den vorherrschenden moralischen und politischen Beschränkungen zu behaupten, wählten die ägyptischen Jugendlichen eine Strategie der sich anpassenden Erneuerung, die die herrschenden Normen und traditionellen Mittel umdefinierte und neu erfand, um ihre jugendlichen Ansprüche durchzusetzen. Die jungen Menschen lösten sich allerdings nicht auf radikale Weise vom herrschenden System, sondern nutzten es für ihre Interessen.[79]

Die relativ weitverbreitete Praxis der Orfi (informelle Ehe) seit den späten 1990er Jahren ist ein Beispiel dieser Strategie. Die Orfi-Ehe ist ein religiös akzeptierter, aber inoffizieller, mündlicher Vertrag, der zwei Zeugen benötigt und heimlich geschlossen wird. Der Minister für Soziales sprach davon, dass 17 Prozent der Studentinnen eine Orfi-Ehe hinter sich hatten, was zu einem öffentlichen Aufruhr über die Gefahr für die nationale Sicherheit führte.[80] Die Ursache dieses »beängstigenden Phänomens« lag für die Behörden in der schwindenden sozialen Autorität, dem Fehlen der Väter und der Arbeitslosigkeit der Mütter.[81] Experten wiesen auf die Wohnungsnot und insbesondere auf die fehlende »religiöse Aufsicht« über die Jugend hin.[82] Doch im Wesentlichen nutzten die jungen Menschen diese traditionelle Institution, um ihre Liebe nicht außerhalb der moralischen und wirtschaftlichen Ordnung oder gegen diese zu leben, um die moralischen Restriktionen von Treffen zwischen den Geschlechtern und den wirtschaftlichen Beschränkungen der formalen Ehe zu umgehen.[83]

Mit derselben Logik nutzten die Jugendlichen der unteren Schichten religiöse Anlässe wie den Ramadan, Eid al-Adha (das Opferfest) und die Geburtstage der Heiligen für Geselligkeit und Vergnügen. Das Beispiel von Amr Khaled, Ägyptens beliebtestem jungen Laienprediger,

79 Yousef Boutrous Ghali bezieht diese Technik der Anpassung auf die ägyptische Psyche im Allgemeinen. »Der Ägypter ist erfindungsreich und meistert Probleme, er schlängelt sich um eine Krise herum, ohne eine Konfliktsituation hervorzurufen«, zitiert nach Cairo Times, 15.-28. Mai 1997, S. 13.

80 Al-Wafd, 4. Mai 2000.

81 Ebenda.

82 Ebenda; und Al-Ahram, 6. Mai 2000, S. 13.

83 Der CAPMAS-Bericht über mehr als 5 Millionen Junggesellen und 3,4 Millionen jungen Frauen verursachte einen Aufruhr in den Medien über die Folgen dieses Zustands, in der sich unverheiratete junge Erwachsene befinden. Tatsächlich lag das Heiratsalter der Männer zwischen dreißig und vierzig und das der Frauen zwischen zwanzig und dreißig; siehe Al-Wafd, 1. Januar 2002, S. 3.

der seit den späten 1990er Jahren über Frömmigkeit und die Moral des täglichen Lebens sprach, kann in einem ähnlichen Sinne als Erfindung eines neuartigen religiösen Stils durch die globalisierte Jugend Ägyptens gesehen werden.[84] In gewisser Hinsicht förderte Ägyptens kosmopolitische Jugend eine neue religiöse Subkultur, die sich durch einen neuen Stil, einen neuen Geschmack, eine neue Sprache und neue Botschaften äußerte. Diese Subkultur fand Anklang bei den jungen Menschen, die sich von der bevormundenden Pädagogik und moralischen Autorität abgewendet hatten. Die globalisierte Jugend Ägyptens legte viele scheinbar widersprüchliche Orientierungen an den Tag, sie war gläubig, aber misstraute dem politischen Islam – wenn sie denn eine Vorstellung von ihm hatte. Es gab für sie beides, den Popsänger Amr Diab und den Prediger Amr Khaled, Partys und Gebete. Gleichzeitig unterlagen sie der strengen sozialen Kontrolle ihrer Eltern, Lehrer und Nachbarn. Da die ÄgypterInnen unter kulturellen Bedingungen und in einer Tradition der Erziehung, die ihre Individualität und Erfindungskraft einschränkte, sozialisiert worden sind, brachten sie diese gesellschaftlich durch Mode zum Ausdruck. Für die Jugendlichen war die, um das Phänomen Amr Khaled herum entstandene, religiöse Subkultur zum Teil Ausdruck von Mode im Simmel'schen Sinne – sie diente als Ventil für sich widersprechende menschliche Neigungen: Veränderung und Anpassung, Differenz und Ähnlichkeit, Individualität und gesellschaftliche Normen. Diese Form von Frömmigkeit anzunehmen, erlaubte es der jugendlichen Elite, ihre Individualität zu behaupten, Veränderungen herbeizuführen und doch den kollektiven Normen und dem gesellschaftlichen Ausgleich verpflichtet zu bleiben.[85]

Gleichwohl sie innovativ waren, gingen diese Strategien mit dem herrschenden Machtregime konform, d. h., die ägyptische Jugend befand sich in einem demobilisierten Zustand und beschränkt durch gesellschaftliche und politische Zwänge. Die passive Revolution in Ägypten hat diese Demobilisierung dadurch gewährleistet, dass sie Räume begrenzter Innovation – allerdings innerhalb der politischen Disziplinierung des säkular-religiösen Staats – bereitstellte. Selbst die relativ

84 Für eine Analyse des Amr Khaled-Phänomens siehe Asef Bayat, »Piety, Privilege and Egyptian Youth«, ISIM Newsletter, Nr. 10 (Juli 2002), S. 23, auf das sich dieser Abschnitt bezieht.

85 Für eine detaillierte Diskussion zu Amr Khaled siehe Bayat, Making Islam Democratic, S. 151-155.

gut organisierten und wütenden Ultras, jugendliche Fußballfans, die größtenteils aus der Unterschicht stammen, blieben politisch passiv und wurden von der Polizei überwacht. Einerseits sah das Regime in den Ultras und ihrer Beschäftigung mit den Dramen des Fußballs ein willkommenes Ventil für die Wut dieser Jugendlichen. Andererseits hielt es die potenzielle Volatilität der Ultras permanent in Schach. Die Ultras wurden dann zu den am wenigsten erwarteten politischen Akteuren während der ägyptischen Revolution. Noch 2006 zeigte der Film *Awqat Faragh* (*Freizeit*) ägyptische Jugendliche in einem Schwebezustand, im Stillstand, entwurzelt und ziellos.

Doch in Wahrheit hatten sich die Dinge bereits seit Mitte der 2000er Jahren zu ändern begonnen. Viele junge Menschen beteiligten sich an dem, was später für Ägyptens neue Politik stand, angefangen mit dem Committee of Solidarity with the People of Palestine and Iraq und dann 2005 mit der Kifaya-Demokratiebewegung. Allerdings spielten die Jugendlichen dabei nicht die zentrale Rolle. Der Jugendaktivismus als solcher entwickelte sich in erster Linie in Form ziviler Organisationen zur Förderung von Freiwilligenarbeit, die von jungen Menschen initiiert wurden. Vereine wie das al-Andalus Institute for Tolerance, Nehdat al-Mahrousa und al-Ashanak ya-Baladi, die ab 2002 gegründet worden waren, förderten kulturelle Toleranz, Entwicklungsarbeit, Beschäftigung, Bildung und trugen zur Armutsbekämpfung bei. Mit Hunderten MitarbeiterInnen, Tausenden Freiwilligen und UnterstützerInnen mobilisierten sie den zivilen Aktivismus über Radiosender, Websites und andere Medien.[86]

Doch erst Ende der 2000er Jahre gelang es den ägyptischen Jugendlichen, sich aus der engen Umklammerung des Staats zu lösen und sich zwar immer noch nicht in den Straßen, aber mittels Computern zu mobilisieren. Dank der neuen technologischen Möglichkeiten, E-Mail, Blogs und vor allem Facebook, schlossen sich etwa 70.000 Jugendliche zusammen und bildeten eine Jugendbewegung, die als die Bewegung des 6. April bekannt wurde. Sie nutzten diese Möglichkeiten, um gegen politische Repression, wirtschaftliche Stagnation und Nepotismus anzukämpfen, und gingen so in ihrer Politik noch einen Schritt weiter

86 Siehe Sherine El-Taraboulsi, »Spaces of Citizenship: Youth Civic Engagement and Pathways to the January 25th Revolution«, in Youth Activism and Social Space in Egypt, Cairo, John Gerhart Center, American University in Cairo, 2011

als die Kifaya-Bewegung zuvor.[87] Von der Jugendbewegung des 6. April und der äußerst populären Facebook-Seite »We Are All Khaled Said«, die gegen den Foltertod eines jungen Mannes protestierten, wurde ein spektakulärer Straßenprotest organisiert, der zur ägyptischen Revolution und den großartigen Ereignissen auf dem Tahrir-Platz beitrug.

Wie sind also die Jugendlichen als politische Kraft im Nahen Osten einzuschätzen? Haben Jugendbewegungen bzw. Nicht-Bewegungen die Fähigkeit, einen politischen und demokratischen Wandel herbeizuführen? Falls es den Jugendbewegungen letztendlich um die (Wieder-)Eroberung von Jugendlichkeit geht – was meine These ist –, dann hinge ihr veränderndes und demokratisierendes Potenzial von der Fähigkeit der moralischen und politischen Autoritäten ab, diesen jugendlichen Forderungen nachzukommen. Erfüllte man ihre Ansprüche, würden die so definierten Jugendbewegungen aufhören zu existieren, und die jungen Menschen blieben genauso politisch konservativ wie irgendeine andere gesellschaftliche Gruppe. Um als demokratisierende AkteurInnen zu fungieren, müssen sie politisch denken und handeln, wie es das Beispiel der Jugendbewegung des 6. April 2008 in Ägypten gezeigt hat. Doch weil die gegenwärtigen doktrinär-religiösen Regime im Nahen Osten nur begrenzt fähig sind, den zunehmend globalen Habitus der Jugend einzudämmen, behalten Jugendbewegungen ein beträchtliches veränderndes und demokratisierendes Potenzial. Die muslimischen Jugendlichen bleiben, ähnlich wie ihre nichtmuslimischen Altersgenossen, in einem ständigen Kampf um die Erlangung, Wiedereroberung oder Behauptung ihrer Jugendlichkeit verstrickt, indem sie sich die verfügbaren Räume zunutze machen – und auch, indem sie sich der Religion zuwenden oder sie unterminieren. Das durch die politischen und ökonomischen Verhältnisse vermittelte Abwägen zwischen Jugendlichkeit und Muslimisch-Sein erweist sich als das zentrale Merkmal im Habitus der muslimischen Jugendlichen.

Überarbeitete Fassung von: Asef Bayat, »Making Islam Democratic: Social Movements and the Post-Islamist Turn«, (Palo Alto, Calif.: Stanford University Press, 2007), S. 59-65 u. 161-164.

87 Shapiro, »Revolution, Facebook-Style«, Kapitel 7.

6

STRASSEN DER »REVOLUTION«

Am 11. Februar 1979 verkündete der Teheraner Radiosender mit überschwänglichem Jubel den Sieg der Iranischen Revolution und läutete damit das Ende der 2.500-jährigen Monarchie ein.[1] Die aufgewühlte Bevölkerung strömte in Massen auf die Straßen. Junge Menschen tanzten, Frauen liefen durch die Menge und verteilten Süßigkeiten und *Scharbat*, ein süßes Getränk. Hupende Autokorsos fuhren mit Scheinwerferlicht die Straßen auf und ab, wo noch vor wenigen Tagen blutige Kämpfe zwischen den Revolutionären und der imperialen Armee stattgefunden hatten. Tatsächlich wurden einige dieser Straßen Mittelpunkt des weltweiten Fotojournalismus, zum Sujet überwältigender Momentaufnahmen der Iranischen Revolution, und lieferten damit die üblichen Bilder großer politischer Wendepunkte – Menschenmassen, die auf öffentlichen Plätzen demonstrieren, brennende Barrikaden, Revolutionäre, die verwundete Kameraden tragen, der emotionslose und doch nervöse Gesichtsausdruck der Soldaten und natürlich das Umstürzen von Denkmälern und das gewaltsame Öffnen von Gefängnistoren. Etwa drei Jahrzehnte später war die Welt Zeuge einer erstaunlichen Aufeinanderfolge von Revolutionen in der arabischen Welt, die einen Diktator nach dem anderen wegfegte. Von Tunis und Kairo bis Amman und Algier, von Sanaa und Rabat bis Tripolis und Manama verwandelten ausgedehnte Proteste der Bevölkerung die Stadtzentren in Bühnen des nationalen Unmuts und zwangen die Regime sich zurückzuziehen. Insbesondere die zentralen Viertel Kairos wurden zu einem ikonischen Raum der Revolution par excellence, Ehrfurcht einflößend, Kühnheit ausstrahlend und Zugehörigkeit signalisierend.

Diese Vorkommnisse waren alle Ausdruck einer Straßenpolitik in Ausnahmezeiten. Es waren die gemeinsamen Merkmale vieler großer

1 Ich beziehe mich hier im Wesentlichen auf meinen Text »Revolution Without Movement, Movement Without Revolution: Comparing Islamic Activism in Iran and Egypt«, Comparative Studies in Society and History 42, Nr. 1 (Januar 1998), S. 136-69.

Erhebungen, die sich an ganz bestimmten Schauplätzen ereignen: in den »Straßen des Unmuts«.

In Teheran gehörte der Enghelab-Platz zu diesen Orten, und besonders die Enghelab-Straße; in Kairo der Tahrir-Platz; in Tunis der Borghiba Boulevard, in Manama der Perlenplatz und in Istanbul der Taksim-Platz. Warum werden ganz spezifische Orte zu Schauplätzen von Auseinandersetzungen und Solidaritätsbekundungen? Was unterscheidet diese Orte von anderen? Viele der wegweisenden theoretischen Beiträge zum Thema Raum und Politik, etwa von Foucault und Lefebvre, konzentrieren sich auf die Art und Weise, wie Macht(politik) den Raum konfiguriert, wie z. B. die modernen Strafanstalten oder die räumlichen Trennungen durch Straßen und Gassen benutzt wurden, um die Körper der modernen Subjekte zu disziplinieren (die Art, wie sie sich in der Öffentlichkeit bewegen); wie die funktionelle Aufteilung der Haushalte (die Trennung von Küche, Schlafzimmer und Wohnzimmer) der moralischen Besserung der Arbeiterklasse dienen sollte; und wie die modernen offenen Alleen (als transparente Räume) Ausschreitungen durch polizeiliche Überwachung eindämmen sollten.[2] Dieses Kapitel wirft einen Blick auf die andere Seite der Medaille, auf die Räumlichkeit des Unmuts, d. h., wie bestimmte räumliche Gegebenheiten aufständische Haltungen und Solidaritäten formen, anziehen und ihnen entgegenkommen. Zur Veranschaulichung beschreibe ich die revolutionäre Mobilisierung und ihre räumlichen Dimensionen während der Iranischen Revolution 1979 und den arabischen Aufständen, besonders der ägyptischen Revolution 2011, indem ich mich auch auf die Straßenpolitik und ihre Schauplätze in Istanbul während der späten 1990er Jahre beziehe.

2 Siehe Michel Foucault: Überwachen und Strafen. Die Geburt des Gefängnisses. 9. Auflage, Suhrkamp-Taschenbuch 2271, Frankfurt am Main; Henri Lefebvre, The Production of Space (Oxford: Basil Blackwell, 1991); Charles Tilly, »Spaces of Contention« Mobilization: An International Quarterly 5, Nr. 2 (fall 2000), S. 135-159; Eric Hobsbawm, »Städte und Aufstände«, in Revolution und Revolte. Aufsätze zum Kommunismus, Anarchismus und Umsturz im 20. Jahrhundert. Suhrkamp, Frankfurt 1977.

Die Revolutionen

Im Iran markierte der Siegestag den Höhepunkt der über achtzehn Monate währenden Ereignisse von Massenkundgebungen, gewalttätigen Zusammenstößen, großen Streiks, einem Generalstreik und vielen politischen Manövern. Doch die Ursprünge der Revolution lagen weit in der Vergangenheit, in den strukturellen Veränderungen, die bereits in den 1930er Jahren mit dem einsetzenden Modernisierungsprozess begannen. Dieser Prozess beschleunigte sich nach dem durch die CIA gesteuerten Staatsstreich 1953, der zur Folge hatte, dass der nationalistische Premierminister Muhammad Mossadegh gestürzt und der Schah wieder eingesetzt wurde. Die strukturellen Veränderungen führten zu zahlreichen Konflikten und insbesondere zu einer Spannung zwischen der sozioökonomischen Entwicklung und der politischen Autokratie.[3] Die staatliche Ineffizienz, die Korruption und das damit verbundene Gefühl der Ungerechtigkeit, das in vielen Bereichen der iranischen Gesellschaft vorherrschte, verschärften den politischen Konflikt.

Die durch Reza Schah (1925-46) und seinem Sohn Schah Mohammad Reza Pahlavi eingeführte Politik der Modernisierung und ökonomischen Veränderung führte zum Aufstieg neuer sozialer Kräfte – sehr zum Unmut der traditionellen gesellschaftlichen Gruppen. In den späten 1970er Jahren war die Gesellschaft schließlich von einer großen, wohlhabenden und modernen Mittelschicht, einer modernen Jugend, öffentlich agierenden Frauen, einer industriellen Arbeiterklasse und einer neuen armen Schicht von Slumbewohnern und Besetzern dominiert. Mit Ausnahme der letzteren waren diese Gruppen die Nutznießer der ökonomischen Entwicklung. Sie genossen einen relativ hohen gesellschaftlichen Status und wurden ökonomisch entsprechend belohnt. Doch die fortdauernde Herrschaft der uralten Autokratie des Schahs hinderte diese erfolgreichen sozialen Schichten – zu deren großen Missfallen – daran, am politischen Prozess teilzunehmen. Gleichzeitig waren auch Teile der althergebrachten gesellschaftlichen Gruppen – die

3 Siehe Ervand Abrahamian, Iran Between Two Revolutions (Princeton, N.J.: Princeton University Press, 1983); Nikki Keddie, Roots of Revolution: An Interpretive History of Modern Iran (New Haven, Conn.: Yale University Press, 1981); Mohsen Milani, The Making of the Islamic Revolution in Iran (Boulder, Colo.: Westview Press, 1986); Fred Halliday, Iran: Dictatorship and Development (London: Penguin Books, 1979).

traditionellen Bazaaris, die städtische Mittelschicht, der Klerus und andere Anhänger islamischer Institutionen – von der Politik der Modernisierung frustriert, da sie ihre wirtschaftlichen Interessen und ihren sozialen Status unterminierte.

Die Unmöglichkeit, ihren, durch die Repressionsmaßnahmen hervorgerufenen Unmut über konventionelle institutionelle Kanäle auszudrücken, führte zu einer zunehmenden Entfremdung der Bevölkerung vom Staat. Sozialpsychologisch wirkte sich derweil die grassierende Korruption, bürokratische Ineffizienz, ein verbreitetes Gefühl von Ungerechtigkeit und moralischer Verkommenheit prägend auf viele Iraner aus. In den spannungsgeladenen 1970er Jahren, dem Höhepunkt der autoritären Herrschaft des Schahs und einer bemerkenswerten wirtschaftlichen Entwicklung, schienen sehr viele Menschen (vielleicht mit Ausnahme der Oberschicht und der Bauernschaft) aus ganz unterschiedlichen Gründen unzufrieden zu sein. Einigkeit herrschte jedoch bei allen darüber, dass der Schah und seine westlichen Verbündeten für die herrschenden Zustände verantwortlich waren. Es überraschte also nicht, dass die Sprache des Dissens und des Protests überwiegend antimonarchisch, antiimperialistisch, an der Dritten Welt orientiert und nationalistisch war und sich schließlich zu einem religiösen Diskurs entwickelte.

Die Chance einer breiten Mobilisierung ergab sich durch die sogenannte »Carter-Brise« (Nasseem-e Carteri), wie wir Studierenden es damals nannten. Präsident Carters Menschenrechtspolitik in den späten 1970er Jahren zwang den Schah, einen wenn auch begrenzten politischen Raum für freie Meinungsäußerung zuzulassen. In Folge dieser Zugeständnisse wurde die Monarchie in weniger als zwei Jahren hinweggefegt. Alles begann mit der vorsichtigen Lockerung der Zensur, was einige literarische/intellektuelle Aktivitäten (z. B. am Goethe-Institut und an den Universitäten in Teheran) sowie öffentliche Versammlungen politischer Islamisten (in der Quba-Moschee) ermöglichte. Intellektuelle und liberale Politiker adressierten kritische offene Briefe an hohe Staatsbeamte. In dieser Phase löste ein Artikel in der Tageszeitung Ettelaat, in dem Ayatollah Khomeini beleidigt wurde, eine Demonstration in der Schreinstadt Qom aus, bei der mehrere Demonstranten getötet wurden. Zum Gedenken an diese Toten fand ein großer Protestmarsch in der aserbaidschanischen Stadt Tabriz im Norden des Landes statt und dies bildete den Auftakt zu einer Kette von Ereignissen, die in eine landesweite, revolutionäre Protestbewegung mündete, an der große Teile der Bevölkerung – moderne und traditionelle, religiöse und säkulare Menschen, Männer und Frauen – teilnahmen und die ›Ulama‹ schließlich ihre Führungsrolle durchsetzen konnte. Doch warum setzte sich insbesondere der Klerus an die Spitze der Revolution?

Nach über 25 Jahren autokratischer Herrschaft – seit dem Staatsstreich 1953 – waren alle handlungsfähigen, säkularen, politischen Parteien und Nichtregierungsorganisationen abgeschafft oder beseitigt worden. Der von den Vereinigten Staaten dirigierte Staatsstreich eliminierte sowohl die nationalistische als auch die kommunistische Bewegung; Gewerkschaften wurden von der Geheimpolizei SAVAK infiltriert, Veröffentlichungen unterlagen einer strengen Zensur und es existierten so gut wie gar keine handlungsfähigen NGOs.[4] Der maßgebliche organisierte politische Dissens war der von Guerillaorganisationen, die aus dem Untergrund agierten, von der marxistischen Fedaian und der radikal-islamistischen linken Mujahidin-e Khalq, deren Aktivitäten sich auf kleine bewaffnete Operationen beschränkten.[5] Auch der studentische Aktivismus war auf die Bildungspolitik innerhalb des Landes oder die Politik der iranischen Studierenden im Ausland begrenzt. Kurz, den säkularen Gruppen, obgleich sie extrem unzufrieden waren, fehlte es an organisatorischer Führung.

Im Unterschied zu den säkularen Kräften hatte der Klerus den relativen Vorteil, über ausgezeichnete institutionelle Kapazitäten zu verfügen, darunter die eigene hierarchische Ordnung mit mehr als 10.000 Moscheen, Husseiniehs (informelle oder spontane religiöse Versammlungen), Huwzehs (theologische Seminare) und Vereinigungen, die als unerlässliche Kommunikationskanäle für die Revolutionäre dienten. Junge IslamistInnen und Kleriker koppelten die Institution der ›Ulama‹ an das Volk. Eine hierarchische Ordnung vereinfachte einheitliche Entscheidungsfindungen und ein systematisch geordneter Informationsfluss gewährleistete Disziplin. Entscheidungen auf höherer Ebene wur-

4 Zur undemokratischen Natur des Schah-Regimes und den politischen Auswirkungen siehe Fred Halliday, Iran: Dictatorship and Development (London: Penguin, 1977), dt. Ausgabe: Iran: Analyse einer Gesellschaft im Entwicklungskrieg (Berlin: Rotbuch, 1979); Habib Lajevardi, Labor Unions and Autocracy in Iran (Syracuse, N.Y.: Syracuse University Press, 1985); Homa Katouzian, The Political Economy of Modern Iran (London: Macmillan, 1982).

5 Über Guerilla-Aktivitäten im Iran siehe Halliday, Iran; Abrahamian, Iran Between Two Revolutions.

den in den Moscheen getroffen und den Aktivisten und der breiteren Öffentlichkeit dort verkündet. Die institutionelle Macht der Kleriker sicherte zusammen mit ihrer bemerkenswert allgemeingültigen, aber auch mehrdeutigen revolutionären Botschaft ihre Führerschaft. Diese wurde durch das Fehlen glaubwürdiger Alternativen und der raschen Abfolge der revolutionären Ereignisse aufrechterhalten – es gab kaum Zeit für Debatten und Dissens, für die Entwicklung einer sozialen Bewegung oder der Herausbildung einer alternativen Führung. Die aufkeimende islamistische Bewegung der 1970er Jahre mündete rasch in einen neuen Staat. Die »Islamisierung« setzte also in weiten Teilen nach dem Sieg der Revolution ein und wurde in erster Linie vom neuen islamischen Regime von oben durchgesetzt. Sie manifestierte sich in der Etablierung der klerikalen Herrschaft, dem islamischen Rechtssystem, neuen kulturellen Praktiken und Institutionen und der moralischen Überwachung des öffentlichen Raums.

Nach mehr als drei Jahrzehnten wurde die arabische Welt von einer Welle von Aufständen und Revolutionen erfasst. In Tunesien zwangen Massenproteste den Diktator Ben Ali am 14. Januar 2011, das Land zu verlassen. Ausgelöst wurden die Proteste am 17. Dezember durch den Straßenhändler Mohamed Bouazizi, der sich aufgrund der schlechten Behandlung durch die kommunalen Behörden in der darniederliegend Provinzstadt Sidibouzid selbst verbrannte. Diese Selbstverbrennung führte zu Straßenprotesten der örtlichen Bevölkerung und wurde über soziale Medien landesweit verbreitet. Gewerkschafter schlossen sich den Protesten an; sie streikten und setzten ihre organisatorischen Fähigkeiten ein, während die Straßenproteste sich auf andere Städte und Gemeinden ausweiteten. Als die Massenproteste die Hauptstadt Tunis erreichten, unterstützten die Mittelschichten, besonders Anwälte und andere Fachleute, bereits die Revolution. Trotz der Brutalität der Polizei gewann die Protestbewegung an Stärke; die Demonstranten forderten soziale Gerechtigkeit, Würde und die Absetzung von Zein al-Abedin Ben Ali, der Tunesien mehr als dreißig Jahre lang mit eiserner Faust durch einen modernisierenden und säkularen Polizeistaat regiert hatte.[6]

Beflügelt durch den Sieg der tunesischen Revolution gingen ÄgypterInnen am 25. Januar 2011 massenhaft auf die Straße, um gegen die Brutalität der Polizei – symbolisiert durch den Foltertod des jungen

6 Nizar Shaqroun, Rawaya al-Thawra al-Tunisiya, Tunis, Al-Dosari, 2011.

Khaled Said – zu protestieren. Junge Demonstranten – Muslime und Christen, Männer und Frauen – besetzten den riesigen Tahrir-Platz im Zentrum Kairos und andere öffentliche Orte in den Provinzstädten Alexandria, Suez, Port Said und Asyout und es entstand eine revolutionäre Dynamik, an der sich eine große Zahl ganz normaler BürgerInnen aller Schichten, Altergruppen und Regionen beteiligten. Es ging ihnen in erster Linie um einen Regimewechsel. Der Aufstand erhielt durch ArbeiterInnenstreiks eine neue Schlagkraft; das Mubarak-Regime, das inzwischen verzweifelt versuchte, die Revolte (durch gewalttätige Razzien, aber auch Konzessionen) zu vereiteln, wurde umzingelt, und am 11. Februar 2011 wurde Mubarak zum Rücktritt gezwungen. Die Macht wurde an den Obersten Rat der Streitkräfte übertragen, um den Boden für eine neue Verfassung zu bereiten, die Notstandsgesetze aufzuheben und Parlaments- und Präsidentschaftswahlen vorzubereiten. Nach dem Aufstand in Ägypten kam es zu massenhaften Revolten in Libyen, im Jemen, in Bahrain, Jordanien, Algerien, Marokko und Syrien. Der Libyer Muammar Al-Gaddafi wurde durch einen von der NATO unterstützten revolutionären Krieg gestürzt. Erst durch ein Abkommen mit der Opposition nach Monaten des Widerstands übertrug der jemenitische Diktator Ali Salih im Februar 2012 die Macht an seinen Vizepräsidenten (der daraufhin zum Präsidenten gewählt wurde). In Marokko sah sich König Mohammed zu Wahlen für eine neue Verfassung gezwungen, die der Opposition etwas Macht zugesteht, während der jordanische König politische Reformen versprach. In Syrien und Bahrain gehen die Aufstände weiter.

Diese Revolutionen fanden in einer Zeit statt, die sich von der der iranischen Revolution 1979 stark unterscheidet. Die arabischen Aufstände begannen nach dem Ende des Kalten Kriegs, als die Idee der »Revolution« zugunsten allmählicher und friedlicher »Reformen« in den Hintergrund getreten war und die wesentlichen postkolonialen Ideologien des Nationalismus, Marxismus-Leninismus und Islamismus eine Legitimitätskrise erlebten. Intern fanden die Revolutionen vor dem Hintergrund einer expandierenden Urbanisierung, einer Zunahme der jugendlichen Bevölkerung, eines Anstiegs der Alphabetisierungsrate und besserer Bildung statt, gekoppelt mit einer um sich greifenden wirtschaftlichen Liberalisierung und folglich Ungleichheit, sozialer Ausgrenzung und räumlicher Marginalisierung. Diese strukturellen Veränderungen haben zur Entstehung dissidenter gesellschaftlicher Gruppen geführt (wie die marginalisierte Jugend und atomisierte ArbeiterInnen), die die korrupten autoritären arabischen Regime, die einst diese Veränderungen veranlassten, nun herausforderten.

Straßen des Unmuts

Revolutionen sind natürlich nicht nur außergewöhnliche Ereignisse, bei denen Revolten und Regimewechsel stattfinden, »Momente des Wahnsinns«, wie sie genannt wurden. Und Revolutionäre sind nicht nur diejenigen, die sichtbar in den Straßen agieren. Millionen wirken bei diesen äußerst komplexen Dramen hinter den Kulissen: FabrikarbeiterInnen, landlose Bauern, SchülerInnen, Büroangestellte und Führungspersönlichkeiten, die in vielen Fällen hinter verschlossenen Türen operieren. Doch am Ende sind es die Straßen, diese öffentlichen Räume schlechthin, in denen die scheinbar unbesiegbaren Machthaber kollektiv herausgefordert werden und sich das Schicksal politischer Bewegungen oft entscheidet. Mit anderen Worten besitzen Revolutionen im Sinne von Aufständen jenseits ihrer zeitlichen Komponente zwangsläufig auch eine räumliche Dimension. Man sollte daher nicht nur über die Gründe für Revolutionen nachdenken, darüber, wer an ihnen teilnimmt und wie die Ereignisse sich entwickeln, sondern auch darüber, *wo* sie stattfinden. Man muss genauer fragen, warum manche Räume/Orte, wie etwa die Straßen der Stadt, mehr als andere zur Bühne für Handlungen und Äußerungen öffentlicher Unzufriedenheit werden.

Die iranische und die arabischen Revolutionen waren vor allem eine urbane Bewegungen. Massendemonstrationen, Proteste und gewaltsame Auseinandersetzungen ereigneten sich zum überwiegenden Teil in den großen Städten, vor allem in den Hauptstädten.[7] Viele Landbewohner, Bauern und landwirtschaftliche Arbeitskräfte wurden zwar ebenfalls mobilisiert, doch sie gingen in die Städte, um ihren kollektiven Unmut zu bekunden. Die Vorstellung von Städten als Zentren der Unzufriedenheit ist womöglich so alt wie die Städte selbst.[8] Als Orte,

7 Siehe Asef Bayat, Street Politics: Poor People's Movements in Iran (New York: Columbia University Press, 1997).

8 David Harvey, Rebel Cities: From the Right to the City to the Urban Revolutions, London, Verso, 2012.

an denen sich Reichtum, Macht, die unterschiedlichsten Menschen und Bedürfnisse konzentrieren, sind Städte Orte größter Gegensätze und sozialer Konflikte.[9] Es sind genauer gesagt drei Aspekte des urbanen Lebens, die mit politischer Dissidenz in Verbindung gebracht werden können: erstens städtische AkteurInnen mit speziellen Forderungen, Wünschen, Bedürfnissen und auch Möglichkeiten; zweitens die »städtische Problematik«, Themen, die mit städtischen Prozessen, Verpflichtungen und Ansprüchen zu tun haben; und drittens der städtische Raum – sowohl physische als auch soziale Räume, die eine politische Mobilisierung begünstigen. Das Leben in der Stadt stellt harte Ansprüche an die Fähigkeiten und Ressourcen der Menschen. Es erzeugt Wünsche, Forderungen und Ansprüche, insbesondere das »Recht auf Stadt« (bezahlte Arbeit, ordentliche Behausungen, städtische Annehmlichkeiten und Respekt), das die autoritären Regime häufig nicht erfüllen können. Städte geben ihren Einwohnern Anlass, bestimmte Rechte und Ansprüche zu erheben, die, wenn sie nicht erfüllt werden, zu tiefer Unzufriedenheit führen. Eine in die Stadt immigrierte Hausfrau betrachtet fließendes Wasser in ihrer Küche als eine Notwendigkeit und als ein Recht – was, lebte sie noch in ihrem Dorf, wo sie das Wasser wahrscheinlich von einem weit entfernten Brunnen oder Bach holen musste, so nicht der Fall wäre. Gleichzeitig bieten Städte ihren Einwohnern aber auch immense Möglichkeiten der Ermächtigung, des Wohlergehens und der Verbindung zu weiteren Welten. In diesen Städten entstehen neue Identitäten und die Forderung nach sozialer Inklusion wird verstärkt. An Straßenecken, in Teestuben, Schulen und Hochschulen, und nun auch in der virtuellen Welt und den sozialen Medien verwandeln sich fragmentierte junge Menschen in die Jugend als kollektiver Akteur. Mit etwa fünf Millionen Einwohnern zur Zeit der Revolution 1979 herrschte in Teheran eine außergewöhnliche und vielleicht einzigartige Klassenhierarchie (in wirtschaftlicher, sozialer und kultureller Hinsicht). Auf einem sich von Norden nach Süden erstreckenden Hang gelegen, spiegelte die geographische Pyramide der Stadt auch ihre soziale und ökonomische Hierarchie wider. Weit im Norden, im höchst gelegenen Stadtteil wohnten die wohlhabenden Bürger in luxuriösen Nachbarschaften, gekrönt vom königlichen Palast auf dem Gipfel. In

9 Für eine hervorragende Diskussion siehe Manuel Castells, The City and the Grassroots (Berkeley: University of California Press, 1983).

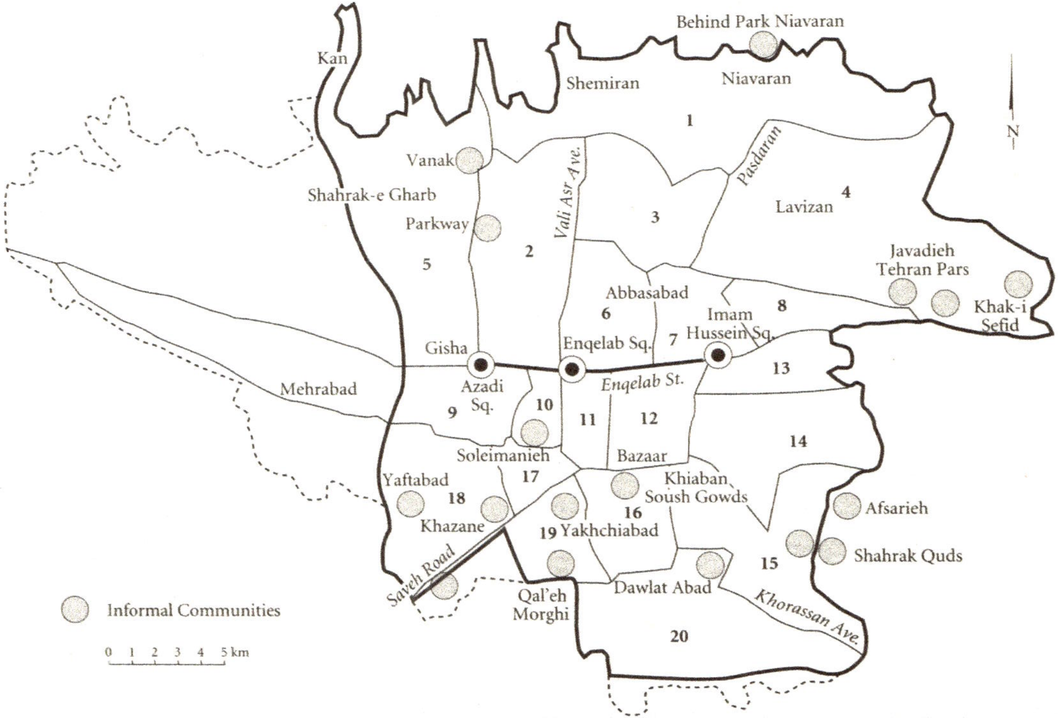

Teheran in den 1980er Jahren. Aus: Asef Bayat, Street Politics: Poor People's Movements in Iran. New York: Columbia Press, 1997, S. 28

den mittleren, sich vom Osten nach Westen erstreckenden Stadtteilen wohnten die relativ großen Mittelschichten, die Staatsangestellten, Fachkräfte und Familien mit kleinen Unternehmen. Die Armen (neue MigrantInnen vom Land und die unteren Schichten der Arbeiterschaft) wurden verdrängt und suchten Behausungen in den niedrig gelegenen Vierteln der Stadt, in Slums und Besetzersiedlungen mit nur wenigen städtischen Annehmlichkeiten und Versorgungsleistungen.[10] (Siehe Karte) Tatsächlich verkörperte diese Ungleichheit in der Hauptstadt die herrschende gesellschaftliche, ökonomische und politische Ordnung des gesamten Landes. Zusätzlich zur tiefen sozioökonomischen Kluft bot die räumliche Dimension Teherans, die strategischen Straßen, Plätze und Institutionen der Stadt – ein weiteres Element für den Ausdruck einer widerständigen Politik.

Von den vielen »revolutionären Hauptverkehrsstraßen« wie Takht-e Jamshid Avenue, Khiaban Kargar und Maidan Zhaleh, rangierte eine große, von Osten nach Westen verlaufende Straße – die passenderweise in »Straße der Revolution« umbenannt wurde – als kontroversester Ort des Landes. Hier machte die internationale Presse die eindruckvollsten Bilder der revolutionären Kämpfe. Ich erinnere mich, wie meine Freunde und ich als junge Intellektuelle und Aktivisten zu dieser Straße eilten, um Neuigkeiten zu erfahren, zu demonstrieren, an Literatur heranzukommen, an Diskussionen teilzunehmen oder uns mit GenossenInnen zu treffen. Dort fanden auch die meisten gewaltsamen Auseinandersetzungen sowohl während als auch nach der Revolution statt – und zwar in solchen Dimensionen, dass dieser Ort in der allgemeinen Vorstellung als der räumliche Kern der Revolution galt.

In den arabischen Städten zeigen sich in diesen neoliberalen Zeiten auch alarmierende Ungleichheiten und räumliche Trennungen. In den späten 2000er Jahren war es die ungeheure Diskrepanz im Konsum, die das arabische städtische Gewebe in disparate kulturelle Universen auseinanderbrechen ließ. In Kairo zeigte sich die soziale Kluft am deutlichsten in der räumlichen Trennung. Die armen und sich mühenden Mittelschichten wurden in die anwachsenden städtischen Slums und die Ashwaiyyat (informelle Siedlungen) von Dar el_Salam, Helwan, Imbaba, Doqqiya oder Ezbat Hajjana verdrängt, die sich wie große Tintenkleckse um die Stadtlandschaften ausbreiteten, während die Rei-

10 Siehe Bayat, Street Politics, S. 25-26.

chen zu einer historischen Reise antraten – heraus aus den zunehmend verstopften schicken Vierteln von Zamalek, Mohandessin oder Maadi und hinein in die opulenten geschlossenen Wohnanlagen, deren Namen wie Dreamland, Utopia oder Beverly Hills bereits auf eine neue kulturelle Anomalie hinweisen. Doch der Kairoer Tahrir-Platz behielt seinen Status als der räumlich-politische Kern der Stadt. Auch wenn Massenproteste in Alexandria, Suez, Port Said und anderen Provinzstädten stattfinden, bleibt Tahrir der emblematische Raum der ägyptischen Revolution par excellence. Im Herzen der Stadt in der Nähe des Nils gelegen, mit Regierungsgebäuden, dem staatlichen Radio- und Fernsehsender und internationalen Hotels, zog dieser riesige Platz die größten Massen unzufriedener Menschen an. Auf diesem monumentalen Kreisel fanden Massendemonstrationen statt, Bühnen wurden errichtet, große Spruchbänder gezeigt und provisorische Zelte für die Revolutionäre errichtet. Kurze Zeit später wurden medizinische Teams, Reinigungskräfte und Sicherheitspersonal organisiert. In den Zentralen rund um den Platz diskutierten verschiedene Anführer Strategien, verteilten Aufgaben und Ressourcen – Lebensmittel und Kommunikationsmittel, sorgten für Ruhepunkte und verfassten Traktate und dergleichen. Bald breitete sich die Idee von Tahrir auf andere arabische Städte aus – Jemens Taghiir-Platz in Sanaa, Syriens Deir Ezzor und der Grüne Platz in Tripolis. Als die aufständischen Truppen am 21. August 2011 in Tripolis einmarschierten, um in ihrem letzten Kampf die gaddafi-treuen Truppen zu besiegen, konzentrierten sie sich mehr als alles andere darauf, den Grünen Platz (der inzwischen Platz der Märtyrer heißt) einzunehmen. Polizisten und Revolutionäre kämpften um die Kontrolle dieser städtischen Räume als hinge das Schicksal der Revolten davon ab, wer sie kontrolliert.

Warum zogen ganz bestimmte Straßen und Plätze so viele Mitstreiter an?

Straßen repräsentieren von Natur aus moderne städtische Bühnen der Auseinandersetzung. Wir müssen uns nur daran erinnern, welche Rolle »die Straße« bei entscheidenden politischen Wendepunkten wie der Französische Revolution, den Arbeiterbewegungen des 19. Jahrhunderts, den antikolonialen Kämpfen, der Bewegung gegen den Vietnamkrieg in den USA, den »samtenen Revolutionen« in Osteuropa und – vielleicht – der gegenwärtigen, weltweiten Antikriegsbewegung spielt(e). Die Straße ist der wichtigste Ort der Politik für ganz normale

Menschen, die aus strukturellen Gründen keinen Zugang zu den institutionellen Machtzentren haben. Die Straße ist zugleich gesellschaftlich und räumlich, beständig und hochaktuell, ein Ort des Bekannten und Unbekannten, des Sichtbaren und Hörbaren und repräsentiert daher ein komplexes Gebilde, in dem Meinungen und Zukunftsvisionen geformt werden, sich ausbreiten und auf einzigartige Weise zum Ausdruck kommen. Die Straße ist der physische Ort, an dem kollektiver Dissens sich äußert und auch produziert wird. Das räumliche Element der Straßenpolitik unterscheidet diese von Streiks oder Sit-ins, denn Straßen sind Orte, an dem Menschen nicht nur protestieren, sondern ihren Protest auch über ihren unmittelbaren Kreis hinaustragen. Deswegen findet man in den Straßen nicht nur Marginalisierte – Arme und Arbeitslose – sondern auch AkteurInnen, die über ein gewisses Maß an institutioneller Macht verfügen, wie Studierende, ArbeiterInnen, Frauen, Staatsangestellte und Ladenbesitzer, die mit Straßenprotesten ihren Kampf ausdehnen wollen. Denn Straßenproteste bringen die »TeilnehmerInnen« mit »Fremden« zusammen, die vielleicht für ähnliche, reale oder imaginierte Anliegen Partei ergreifen könnten. Es ist dieses epidemische Potenzial, und nicht einfach die durch Ausschreitungen verursachte Störung oder Unsicherheit, die eine Gefahr für die Behörden darstellt, die mittels Polizeistreifen, Verkehrsregeln und räumlicher Trennungen eine umfassende Kontrolle über den öffentlichen Raum ausüben. Die Polizeitaktik, Demonstranten in eine Ecke zu drängen, sie vom normalen Fluss des Straßenlebens zu isolieren – wie dies 2002 häufig während des Kairoer Frühlings der Unzufriedenheit geschah – sollte genau diese potenzielle Ausbreitung auf Passanten verhindern.

Doch jenseits dieser allgemeinen Merkmale weisen die Straßen der Unmuts verschiedenartige Soziologien auf, eine Mischung aus unterschiedlichen sozio-räumlichen Charakteristiken. Erstens sind es Orte, an denen sich eine bewegliche Menschenmenge problemlos und schnell versammeln kann – bevor sie wieder auseinandergetrieben wird. Daher sind Straßen in der Nähe zum Campus einer städtischen Universität (wie in Teheran) oder einer großen Moschee (wie al-Azhar in Kairo) oder Straßen mit vielen Buchhandlungen und Theatern, die ein intellektuelles Publikum anziehen, potenzielle Orte der Auseinandersetzung. Die beiden in der Nähe liegenden Kairoer Straßen Kasr El-Nil und Tal'at Harb, mit ihren Buchhandlungen und Cafés, darunter das historische Café Riche, wo, wie es heißt, die ägyptische Revolution 1952 geplant wurde, sind für den Kairoer Tahrir-Platz in intellektueller Hinsicht ebenso wichtig wie die Istiqlal Straße für den Istanbuler Taksim-Platz und die Straße der Revolution für den Platz der Revolution in Teheran. Zweitens besitzen die Straßen des Unmuts meist eine historische oder symbolische Bedeutung, ob in Form eingeschriebener Erinnerungen an Aufstände oder Siege oder, wie der Tahrir-Platz in Kairo oder die historische Qasba Plaza in Tunis, hinsichtlich der Stätten und Symbole staatlicher Macht – der Paläste, des Parlaments, der Gerichtshöfe, des Justiz- oder Innenministeriums und dergleichen.

Drittens ist es die öffentliche Verkehrsanbindung – Busse, Taxis, U-Bahn, die sie für Demonstranten leicht erreichbar machen – die diese Straßen des Unmuts von Slumvierteln in den Vororten unterscheiden, wo die Proteste der Armen (gegen den Abriss von Slums, Wasserknappheit oder Stromunterbrechungen) meist lokal und begrenzt bleiben. So musste in den späten 1970er Jahren der geplante lange Marsch der wütenden BesetzerInnen aus dem Süden Teherans zum Palast des Schahs ganz im Norden der Stadt wegen der großen Entfernung abgesagt werden. Aus ähnlichen Gründen breiteten sich die Massenproteste der BesetzerInnen gegen die städtischen Abrisstrupps in der Vorortgemeinde Khak-e Safid trotz ihrer Intensität und der Gewalttätigkeit nicht weiter aus.[11] Sogar die Massendemonstrationen der ArbeiterInnen in Helwan am Rande Kairos im Frühjahr 2008, wie auch die Proteste der SlumbewohnerInnen gegen die Trinkwasserknappheit, waren im Vergleich zu den von der Kifaya-Bewegung und anderen Pro-Demokratie-Gruppen initiierten politischen Kundgebungen im Zentrum der Stadt recht begrenzt. Die zentrale Lage, die Nähe und die Erreichbarkeit – sowohl in zeitlicher wie räumlicher Hinsicht – sind wesentliche Merkmale aller Straßen des Unmuts.

Und der vierte Aspekt ist die ebenso wichtige Rolle der Flexibilität. Die Straßen des Unmuts müssen gewährleisten, dass Demonstranten vor der Polizei fliehen können. Es müssen offene Räume sein, die aber von engen Gassen, Geschäften oder Wohnhäusern umgeben sind, die den Fliehenden Ruhepausen ermöglichen oder Zuflucht bieten können. Es ist also kein Zufall, dass der Tahrir-Platz in Kairo, der Enghelab-Platz in Teheran und der Taqsim-Platz in Istanbul ausgewählt werden, denn sie sind von einem Gewirr aus Seitenstraßen und Gassen umge-

11 Ebd., S. 105-106.

ben, in die die Flüchtenden im Falle einer polizeilichen Verfolgungsjagd verschwinden können. Einer der Gründe, die großen modernen Boulevards in Europa so anzulegen, war es, der politischen Herausforderung, die genau solche unübersichtlichen und engen Räume der Auseinandersetzung darstellten, zu begegnen. Im Nahen Osten wurden die offenen und ungeschützten Boulevards nicht von Aufständischen benutzt, sondern meist von Regimetreuen, die dort aufmarschierten, weil sie sich vor polizeilicher Verfolgung nicht fürchten mussten. Tatsächlich war Haussmanns modernistischer Entwurf des modernen Kairo oder Tunis mit ihren weiten Plätzen und großen Boulevards von Vorteil für die Straßenproteste und Präsenz der Massen. Die Revolutionäre nutzen die Kreisel und Prachtstraßen wegen ihrer zentralen Lage, ihrer Symbolkraft, der Bewegungsfreiheit, die sie boten, und vor allem wegen ihrer Offenheit und Größe. Während diese gewöhnlichen Räume also zu außer-gewöhnlichen Plätzen voller politischer Bedeutung wurden, stellten sie für die Behörden ein großes Problem dar. Sie errichteten Barrieren, Straßensperren, blockierten Brücken und gestalteten sie sogar um, um sie ihrer politischen Bedeutung zu berauben. Bahrains Herrscher planierten den monumentalen Perlenplatz, den Tahrir-Platz Manamas, um die Bedeutung, die er für die Demonstranten hatte, zu eliminieren.

Schließlich bergen die Straßen des Unmuts jenseits ihrer rein physischen Eigenschaften eine eigene Form von Gesellschaftlichkeit in sich, bei der über die unmittelbare Umgebung hinaus Solidarität vermittelt, Unmut ausgeweitet und Neuigkeiten verbreitet werden. Ich beziehe mich hier auf die Rolle der Bus-, Taxi- oder Bahnterminals, die Menschen, Nachrichten und Wissen über die Stadtgrenzen hinaus in entlegene Provinzen und ins Ausland transportieren. Ein Ort wie der Tahrir-Platz, in dessen unmittelbarer Umgebung sich Pressezentren, Fernsehsender, ausländische Hotels, Touristen und Journalisten und eben auch Busterminals befinden, wird leicht zu einem Anziehungspunkt für unzufriedene Aufständische.

Die »Straße der Revolution« in Teheran besaß viele dieser sozioräumlichen Qualitäten. Der imposante, 1934 gegründete, sich über mehrere Blocks erstreckende Teheraner Universitätscampus mit über 20.000 Studierenden trug sicherlich zur Militanz in diesem Viertel bei. Gegenüber des Universitätskomplexes befanden sich Hunderte Buchhandlungen und Verlagshäuser, die diese wenigen Straßenzüge zum intellektuellen Epizentrum der Nation machten. Auf diesem exklusiven Bücherbasar gab es nicht nur akademisches Material, sondern auch revolutionäre Untergrundliteratur. Wie die traditionellen, dicht gedrängten Basare, besaß auch dieser Büchermarkt eine eigene Identität und ein solides internes Netzwerk – es war ein Ort, an dem sich Neuigkeiten verbreiteten und Gerüchte bestätigt wurden. Während der Revolution boten viele dieser Buchläden in der Straße der Revolution den fliehenden Demonstranten Schutz. Die säkulare, linke Aura des Ortes und die offerierten Waren standen in krassem Widerspruch zu den eher religiösen, aber weit weniger aufsehenerregenden Vierteln um den traditionellen Großen Basar im Süden Teherans, der als Zentrum der politischen Aktivitäten in den 1950er und 60er Jahren galt. Sicherlich trug die Universität von Teheran zur Politisierung der Gegend bei. Doch vielleicht spielten andere Faktoren eine noch wichtigere Rolle.

Anfang der 1950er Jahre beispielsweise, versammelten sich politische Gruppen nicht um die Teheraner Universität, sondern meist auf dem großen Baharestan-Platz um das Parlament im Süden Teherans. Ende der 1970er Jahre hatte die soziale und räumliche Transformation der Stadt, das physische und »politische Zentrum« Teherans nach Norden, zur Straße der Revolution hin verschoben. Diese Straße zwischen den nördlichen und südlichen Bezirken teilte die Stadt in zwei geografische und gesellschaftliche Universen. In gewisser Hinsicht markierte sie eine virtuelle »grüne Linie« zwischen dem »reichen Norden« (bala-ye shahr) und dem »armen Süden« (pain-e shahr) – eine Unterscheidung, die sich unmissverständlich in der Vorstellung und Sprache der Bevölkerung niederschlug. Hier trafen nicht nur die reichen und armen Zonen aufeinander, sondern auch das Urbane und Ländliche. Am äußersten östlichen Ende der Straße, am Stadtrand, war der riesige Shahyad-Platz (nach der Revolution in Azadi [Befreiungs-] Platz umbenannt), zusammen mit dem benachbarten Reza Schah-Platz (später Revolutionsplatz) der Ort der größten Massenversammlungen von Aufständischen vor (und auch nach) der Revolution. Als Knotenpunkte der überregionalen Bus- und Taxilinien verbanden diese beiden Plätze die Hauptstadt mit den Dörfern und Provinzstädten der Umgebung. Reisende nach Teheran stiegen an diesen rieseigen Kreisplätzen aus, erholten sich auf den Bürgersteigen, nahmen an den billigen Essensständen oder in den Teehäusern ein Imbiss zu sich, kauften Geschenke bei den Straßenhändlern, erfuhren Neuigkeiten und sahen womöglich

Demonstrationen bevor sie die Stadt wieder verließen. Da es keine freie Presse und Medien gab, waren es Plätze wie diese, von denen aus die Reisenden die Nachrichten über die Revolution verbreiteten. Die Straße der Revolution verband also auf einzigartige Weise die Reichen mit den Armen, die Elite mit den ganz normalen Menschen, die Intellektuellen mit den Laien, die Städter mit der Landbevölkerung. Sie war ein bemerkenswertes politisches Raster, in dem sich das Soziale, Räumliche und Intellektuelle überschnitt, in der nicht nur unterschiedliche gesellschaftliche Gruppen, sondern auch Institutionen der Mobilisierung (die Universität) und die Verbreitung von Wissen und Neuigkeiten (die Buchläden) zusammengebracht wurden.

Die ersten Ereignisse des kollektiven Protests 1977 hatten ihren Ausgangspunkt in der Straße der Revolution. Die Demonstration der Studierenden für das Recht auf freie Meinungsäußerung, die nach zehn Abenden literarisch-politischer Zusammenkünfte im Goethe-Institut im Herbst stattfand, löste eine Welle von Massenprotesten, Ausschreitungen und militärischen Konfrontationen aus, die schließlich zum Sturz der Monarchie führten. Der große Siegestag markierte nicht das Ende der Straßenaktionen. Nach der Revolution kam es zu neuen, komplexer konfigurierten Episoden von Straßenpolitik. Doch die Straße der Revolution hat bis heute eine zentrale Bedeutung für Irans Geographie der Auseinandersetzung, so wie der Tahrir-Platz zweifelsfrei der wichtigste Raum für Straßenpolitik in Ägypten bleiben wird.

Überarbeitete Fassung von: Asef Bayat, »Streets of Revolution«,
in *Unsent Dispatches from the Iranian Revolution*,
Hg. Akbar Nazemi (Vancouver, BC: Presentation House Gallery, 2005)

7

DIE »ARABISCHE STRASSE«

In der angespannten Zeit zwischen den Terroranschlägen des 11. September und den ersten US-amerikanischen Bombenangriffen auf Afghanistan bis zum Sturz der Taliban waren Kommentatoren ernsthaft über das besorgt, was das *Wall Street Journal* später als die »irrationale arabische Straße« bezeichnete.[1] Wenn die USA ein muslimisches Land angreift, so die Befürchtung von Experten, würde sich dann die »arabische Straße« nicht hinter Osama bin Laden und andere radikale Islamisten stellen und so die amerikanischen Interessen in der Region gefährden? Würde dann nicht George W. Bushs »Krieg gegen den Terror« von Anfang an zu einem äußerst schwierigen, wenn nicht zum Scheitern verurteilten Unterfangen werden? Als die US-Truppen sich darauf vorbereiteten, in Afghanistan einzumarschieren, baten Regierungsbeamte in Washington Israels Premierminister Ariel Sharon inständig, sich bei der gewaltsamen Niederschlagung des palästinensischen Aufstands zurückzuhalten. Sollten die israelischen Einfälle in die palästinensischen Gebiete während des amerikanischen Angriffs auf die Taliban fortgesetzt werden, befürchteten sie ein »Überkochen« der Emotionen der arabischen Massen. Die örtlichen Sicherheitskräfte wären dann machtlos und könnten die wütenden Menschenmengen nicht davon abhalten, Amerikaner zu verletzen, amerikanisches Eigentum zu zerstören und die Stabilität der befreundeten arabischen Regime zu gefährden. Senator Joseph Biden sprach von der Möglichkeit, dass »jede US-Botschaft im Nahen Osten niedergebrannt [werden könnte]«.[2]

Seit dem Krieg in Afghanistan bis zu den großen israelischen Offensiven in der Westbank und den Vorbereitungen von Bushs Krieg gegen den Irak, wurde die arabische Straße im Westen zu einem feststehenden Begriff und in den Medien mit großer Furcht, Angst und Gering-

---

1 Robert Bartley, »Resolution, Not Compromise, Builds Coalition«, Wall Street Journal, 12. November 2001.

2 Zitiert nach Robert Satloff, »The Arab ›Street‹ Poses No Real Threat to US«, Newsday, 27. September 2002.

schätzung verwendet. Die arabische Straße – und damit die »muslimische Straße« – wurde zu einem Codewort, das sofort eine verdinglichte und im Grunde genommen »anormale« Mentalität heraufbeschwor, einen seltsamen Ort voll wütender Menschen, die uns lautstark verfluchen, weil sie uns hassen oder einfach nicht verstehen. »Arabische oder muslimische Aktionen« wurden fast ausschließlich im Sinne von »Mobs, Krawallen und Aufständen«[3] beschrieben, was zu der logischen Schlussfolgerung führte, dass in der arabischen Welt »westliche Maßstäbe zur Einschätzung der öffentlichen Meinung einfach nicht gelten«. Jederzeit, so wurden die amerikanischen LeserInnen unablässig erinnert, könnten die protestierenden arabischen Massen ihr eher unauffälliges Erscheinungsbild abstreifen und »sich plötzlich in einen Mob verwandeln, der stark genug ist, Regierungen hinwegzufegen« – vor allem die »moderaten« arabischen Regierungen, die nach wie vor treue Alliierte der Vereinigten Staaten sind.[4]

Trotz aller Befürchtungen im Hinblick auf die arabische Straße, rückten amerikanische Truppen in Afghanistan ein, töteten amerikanische Bomben Tausende afghanische Zivilisten, »ebbte« der israelisch-palästinensische Konflikt nur kurz »ab« und trieb Bush seine Pläne, den Irak anzugreifen, voran. Obgleich es zu zahlreichen Protesten in der muslimischen und arabischen Welt kam, wurde keine US-amerikanische Botschaft niedergebrannt. Ebenso wenig stellten sich die arabischen und muslimischen Massen hinter bin Laden. Erst als Israel im Frühjahr 2002 in die Westbank eindrang, gab es einen Ausbruch kollektiver Empörung unter den ganz normalen Menschen in der arabischen Welt. Millionen arabischer Bürger strömten in die Straßen Kairos, Ammans, Rabats und vieler anderer Städte, um ihre Sympathie mit den Palästinensern zu bekunden. Dies weckte Erinnerungen an die Zeit nach dem Zweiten Weltkrieg, als die antikolonialen Bewegungen in der arabischen Welt von der Basis angetrieben wurden. Da es selbst in Anbetracht einer möglichen amerikanischen Bombardierung Afghanistans während des Ramadan nicht zu Unruhen der »arabischen Straße« kam, wurde dieses sehr reale Beispiel einer latenten bevölkerungsweiten Empörung in der arabischen Welt leichthin abgetan. Plötzlich verschob sich das Bild der »arabischen Straße« von dem eines unkalkulierbaren Pulverfasses

3 Ebd.
4 John Kifner, »Street Brawl«, New York Times, 11. November 2001.

zu dem eines »Mythos« und »Bluffs«, das irgendwie am Leben erhalten wurde, trotz der Tatsache, dass in den arabischen Ländern »manipulierte« und in »Apathie« gefangene Menschen lebten.[5] Die Bedeutung, die dies für die US-amerikanische Politik hatte, war klar: Die Araber hätten nicht den Mut, einen Angriff auf den Irak oder andere unpopuläre Maßnahmen der Amerikaner zu verhindern, und daher sollten die Vereinigten Staaten angesichts der Proteste den arabischen Alliierten gegenüber »nicht Sensibilität, sondern Entschlossenheit« zeigen.[6] Daher mussten weder die Parolen der Demonstranten noch das Insistieren der arabischen Regierungen darauf, dass sie mit einem gewaltigen Druck ihrer Bevölkerungen konfrontiert sind, ernst genommen werden. Der *Economist* erklärte, die arabische Straße sei ein für alle Mal »tot«. Es dauerte nicht lange, bis die amerikanische Sicherheitsberaterin Condoleezza Rice zu dem Schluss kam, dass, da die arabischen Völker zu schwach seien, Demokratie zu fordern, die USA intervenieren sollten, um die arabische Welt von ihren Tyrannen zu befreien.[7]

Straßenpolitik und die politische Straße

In den Erzählungen der westlichen Medien wird die arabische Straße so oder so verdammt – entweder sei sie »irrational« und »aggressiv« oder »apathisch« und »tot«. Es gibt kaum eine Chance, in ihr etwas zu sehen, was westlichen Gesellschaften als ihnen vertraut und erhaltenswert erscheinen würde. Die arabische Straße wurde daher zur Ergänzung eines anderen fragwürdigen Begriffs, dem der »arabischen Mentalität«, womit die Kultur und das kollektive Verhalten ganzer Bevölkerungen in einer ebenso gewaltsamen Abstraktion verdinglicht werden.[8] Es handelte sich um ein anderes Sujet der orientalistischen Imagination und

5 Siehe z. B. Reuel Marc Gerecht, »Better to Be Feared than Loved«, The Weekly Standard, 29. April2002, und »The Myth of the Arab Street«, Jerusalem Post,11. April 2002. Autoren, die mit den arabischen Protesten sympathisieren, können ähnliche Ansichten vertreten. Siehe z. B. Ashraf Khalil, »The Arab Couch«, Cairo Times, 26. Dezember 2002 und Robert Fisk, »A Million March in London, but Faced with Disaster, the Arabs Are Like Mice«, Independent, 18. Februar 2003.

6 Wall Street Journal, 12. November 2001.

7 Al-Hayat, 6. November 2002.

8 Raphael Patai, The Arab Mind (London: MacMillan, 1983).

erinnerte an die koloniale Repräsentation des »Anderen«, die bedauerlicherweise von manchem Araber selbst verinnerlicht wurde. Es war kein Versehen, dass die arabische Straße nur selten als Ausdruck der *öffentlichen Meinung* und kollektiver Haltungen betrachtet wurde, wie es bei ihrer Entsprechung im Westen der Fall ist, sondern primär als ein physisches Gebilde, eine rohe Kraft, die sich durch Ausschreitungen und die Gewalt des Mobs äußert. Die arabische Straße war nur noch von Bedeutung, wenn sie als gewaltsam imaginiert wurde, als Bedrohung von Interessen oder übergreifenden Strategien. Die Straße, die kollektive Befindlichkeiten vermittelte, war kein Thema, denn die USA konnten und können sie immer noch ohne Gefahr ignorieren. Solche Sichtweisen der »arabischen Straße« haben Washingtons Haltung zum Nahen Osten geprägt – unter Missachtung der öffentlichen Meinung in der arabischen Welt und gleichzeitig mit rückhaltloser Unterstützung Ariel Sharons in der Phase, als er dabei war, die palästinensische Autonomiebehörde zu zerschlagen, und der Entschlossenheit Krieg gegen den Irak zu führen.

Doch Straßenpolitik im Allgemeinen und die arabische Straße im Besonderen sind weitaus komplexer. Die Straße ist nicht nur ein physischer Raum, und die arabische Straße ist weder eine rohe Kraft noch ist sie tot. Die arabische Straße ist nicht einfach ein Ausdruck von Straßenpolitik, sondern hauptsächlich Ausdruck von dem, was ich die »politische Straße« nenne. Straßenpolitik repräsentiert den modernen städtischen Austragungsort von Auseinandersetzungen par excellence. Man denke nur an die bedeutende Rolle »der Straße« bei entscheidenden politischen Wendepunkten wie der Französischen Revolution, den Arbeiterbewegungen des 19. Jahrhunderts, den antikolonialen Kämpfen, der Bewegung gegen den Vietnamkrieg in den USA, den »samtenen Revolutionen« in Osteuropa und – vielleicht – der gegenwärtigen, weltweiten Antikriegsbewegung. In diesem Sinne ist die Straße der wichtigste Ort der Politik für ganz normale Menschen, die aus strukturellen Gründen keinen Zugang zu institutionellen Machtpositionen haben – Arbeitslose, GelegenheitsarbeiterInnen, MigrantInnen und Hausfrauen. Sie dient als ein zentrales Medium, in dem Meinungen und Zukunftsvisionen geformt werden, sich ausbreiten und auf einzigartige Weise zum Ausdruck kommen. Straßenpolitik besitzt eine weitere Dimension, die über den Konflikt zwischen den Behörden und entinstitutionalisierten oder informellen Menschen bezüglich der aktiven Nutzung des öffentlichen Raums und der Kontrolle der öffentlichen Ordnung hinausgeht. Als Räume der Ströme und Bewegungen sind Straßen nicht nur Orte, an denen Menschen protestieren, sondern auch Orte, an denen sie diesen Protest über ihren unmittelbaren Kreis *hinaustragen* und »Unbekannte«, die womöglich für ähnliche, reale oder imaginierte Anliegen eintreten, mit einbeziehen. Deswegen sind die Straßen nicht nur für entinstitutionalisierte Gruppen eine Plattform zur Verbreitung ihrer kollektiven Anliegen, sondern auch für AkteurInnen, die über ein gewisses Maß an institutioneller Macht verfügen, wie ArbeiterInnen oder Studierende. Es ist dieses epidemische Potenzial, das für die Behörden eine Gefahr darstellt, die mittels Polizeistreifen, Verkehrsregeln und räumlicher Aufteilungen eine umfassende Kontrolle über den öffentlichen Raum ausüben. So demonstrierten Studierende der Kairoer Universität häufig auf dem Campus. Doch sobald sie die Straßen betraten, erwartete sie ein massives Polizeiaufgebot – sie wurden umzingelt und in eine Ecke außer Sichtweite der Öffentlichkeit gedrängt, um so den Protest einzudämmen. Tatsächlich deutet die schwer bewachte reale Straße auf die Tatsache hin, dass die metaphorische Straße weniger verlassen ist, als vielmehr kontrolliert.

Jenseits ihrer Funktion als physische Räume für Straßenpolitik, kommt den städtischen Straßen auch eine andere, allerdings wesentliche, symbolische Bedeutung zu, die die kollektiven Anliegen einer Nation oder Gemeinschaft vermittelt. Dies bezeichne ich als *politische Straße* – ein Begriff, der von Straßenpolitik zu unterscheiden ist. Die politische Straße bezeichnet die kollektiven Befindlichkeiten, gemeinsamen Gefühle und das öffentliche Urteil ganz normaler Menschen in ihren täglichen Äußerungen und Praktiken, die umfassend im öffentlichen Raum zum Ausdruck gebracht werden – in Taxis, Bussen, Geschäften, auf Bürgersteigen oder lautstark bei Straßenprotesten. Die arabische Straße (und damit die ›muslimische Straße‹) sollte im Sinne der Äußerung kollektiver Anliegen in der arabischen Öffentlichkeit verstanden werden.

Die sich wandelnde arabische Straße

Was ist für die arabische Welt in Hinblick auf ihre »politische Straße« zu bemerken? Die arabischen antikolonialen Kämpfe bezeugen die aktive Geschichte der »arabischen Straße«. In den späten 1950er Jahren, nachdem Nasser den Suezkanal verstaatlicht hatte, entstanden Volksbewegungen in Syrien, im Irak, in Jordanien und im Libanon. Der gescheiterte Angriff Großbritanniens, Frankreichs und Israels im Oktober 1956, der die Wiedererlangung der Kontrolle über den Kanal zum Ziel hatte, führte in den arabischen Ländern zu Massenprotesten zur Unterstützung Ägyptens. Auch wenn dies vermutlich die letzte große panarabische Solidaritätsbewegung bis zur Welle pro-palästinensischer Kundgebungen im Jahre 2002 war, gab es soziale Proteste von ArbeiterInnen, Handwerkern, Frauen und Studierenden – beispielsweise für gesellschaftliche Entwicklung, für Bürgerrechte und politische Teilhabe.[9] Arbeiterbewegungen im Libanon, in Syrien, Ägypten, im Jemen und in Marokko organisierten Streiks und Straßenproteste sowohl gegen die prekäre wirtschaftliche Situation der Menschen als auch im Hinblick auf politische Themen. Seit den 1980er Jahren, während der Zeit der vom IWF empfohlenen Strukturanpassungsprogramme, versuchten arabische Gewerkschaften gegen die Aufhebung der Subventionen für Verbrauchsgüter, gegen Preiserhöhungen, Lohnkürzungen und Entlassungen vorzugehen. Trotz der Abkommen, auf Streiks zu verzichten, und der Repression gegen AktivistInnen kam es zu wilden Streiks. Die Angst vor breitem Widerstand in der Bevölkerung haben Regierungen wie die in Ägypten, Jordanien und Marokko häufig dazu gezwungen, die Strukturanpassungsprogramme zu verzögern oder bestimme Elemente der Sozialpolitik beizubehalten.[10]

Wurden die traditionellen Gesellschaftsverträge gebrochen, reagierten die arabischen Bevölkerungen schnell. In den 1980er Jahren gab es in den Städten zahlreiche Proteste gegen die stark steigenden Lebenshaltungskosten. Im August 1983 kürzte die marokkanische Regierung die Subventionierung von Verbrauchsgütern um 20 Prozent und löste damit Unruhen unter anderem in den Städten des Nordens aus. Ähnliche Proteste gab es 1984 in Tunis und 1982 und 1985 in Khartum. Im Sommer 1987 schlossen sich die rivalisierenden Gruppen im libanesi-

9 Siehe Edmund Burke und Ira Lapidus (Hrsg.), Islam, Politics and Social Movements (Berkeley: University of California Press, 1990); und Zachary Lockman (Hrsg.), Workers and Working Classes in the Middle East: Struggles, Histories, Historiographies (Albany: State University of New York Press, 1994).

10 Zu Arbeitskämpfen siehe Alan Richards und John Waterbury, A Political Economy of the Middle East (Boulder: Westview Press, 1990) und Marsha Pripstein Posusney, Labor and the State in Egypt (New York: Columbia University Press, 1997).

schen Bürgerkrieg zusammen, um einen massiven Straßenprotest gegen die Abwertung der libanesischen Währung zu organisieren. In Algerien kam es wegen der gestiegenen Lebenshaltungskosten im Herbst 1988 zu Ausschreitungen und 1989 fanden in Jordanien landesweite Proteste wegen der Lage der Palästinenser und der allgemeinen wirtschaftlichen Not statt. Daraufhin sah sich der inzwischen verstorbene König Hussein gezwungen, eine vorsichtige politische Liberalisierung in die Wege zu leiten. Die Aufhebung von Subventionen führte 1996 zu erneuten Protesten, woraufhin der König das Recht auf freie Meinungsäußerung und die Versammlungsfreiheit einschränkte.[11] 1986 gingen in Ägypten Unteroffiziere auf die Straße, um gegen die angestrebte Verlängerung des Militärdiensts durch das Mubarak-Regimes zu protestieren. Die Unruhen breiteten sich schnell auf andere Teile der Bevölkerung aus.

Während meist die unteren und mittleren Schichten den Kern der urbanen Proteste bildeten, beteiligten sich oft auch Studierende. Doch die Studierendenbewegungen haben ihre eigenen konfliktreichen Agenden. In Ägypten markierten die 1970er Jahre den Höhepunkt des von linken Strömungen dominierten studentischen Aktivismus. Empörter Widerstand gegen das Friedensabkommen von Camp David und die Sparpolitik brachten Tausende Studierende auf die Straßen der Städte. In den Jahren davor organisierten die Studierenden Konferenzen, Streiks, Sit-ins, Straßendemonstrationen und machten Wandzeitungen – »die freieste aller Publikationen«.[12] 1991 demonstrierten Studierende in Ägypten, Algerien, Marokko, Jordanien, im Jemen und im Sudan gegen den irakischen Einmarsch in Kuwait und gegen den von den USA angeführten Krieg, um die Iraker aus Kuwait zu vertreiben. Seit 1986 haben sich vornehmlich palästinensische Studierende an den Aktionen der Intifada beteiligt, keineswegs entmutigt durch die israelischen Armee, die Studierende verhaftete, auf sie schoss und palästinensische Universitäten schloss.

Die arabische Straße veränderte sich jedoch im Laufe der 1990er Jahre gewaltig. Es gab nur noch wenige Proteste gegen die hohen Lebenshaltungskosten, da die Regierungen die Strukturanpassungspro-

11 Lamis Andoni und Jillian Schwedler, »Bread Riots in Jordan«, Middle East Report 201, Herbst 1996.

12 Ahmed Abdalla, The Student Movement and National Politics in Egypt (London: Saqi Books, 1985).

gramme langsamer und vorsichtiger umsetzten, Sicherheitsnetze wie Sozialfonds einrichteten (in Ägypten und Jordanien) und islamischen NGOs und karitativen Organisationen erlaubten, den Armen zu helfen. Tatsächlich war, bezogen auf alle Entwicklungsregionen weltweit, extreme Armut in der arabischen Welt am wenigsten verbreitet.[13] Unterdessen wurde der Unmut der verarmten Mittelschichten zum einen durch islamische Bewegungen und zum anderen durch die Politisierung der Berufsverbände kanalisiert.

In dieser Periode schienen die eher traditionellen, klassenorientierten Bewegungen – vor allem die Bauernorganisationen, die Genossenschaftsbewegung und die Gewerkschaften – einen relativen Rückgang zu erfahren. Da Bauern vom Land in die Stadt zogen oder ihr Land verloren und daraufhin gezwungen waren, als Tagelöhner zu arbeiten, wurde die soziale Basis der Bauern- und Genossenschaftsbewegungen ausgehöhlt. Die stark mit der Strukturanpassung zusammenhängende Schwächung des wirtschaftlichen Populismus führte zum Rückgang der Beschäftigung im öffentlichen Sektor, der einst den Kern der staatlich sanktionierten Gewerkschaftsbewegung gebildet hatte. Durch Reformen, Stellenabbau, Privatisierung und Standortverlagerungen unterminierte die Strukturanpassung den gewerkschaftlich organisierten öffentlichen Sektor. Neue private, durch internationales Kapital finanzierte Unternehmen blieben größtenteils gewerkschaftsfrei. Obwohl die Staatsbürokratie weiterhin eine bedeutende Rolle spielte, waren ihre Angestellten nicht organisiert, und viele lebten von Zweit- oder Drittjobs im informellen Sektor. Gegenwärtig sind viele arabische Erwerbstätige selbständig. Viele Lohnabhängige arbeiten in kleinen Unternehmen, in denen patriarchalische Verhältnisse vorherrschen. Im Schnitt sind zwischen einem Drittel und der Hälfte aller städtischen Beschäftigten im unregulierten, nicht organisierten, informellen Sektor tätig.

Obwohl der rasante Anstieg der Zahl von NGOs seit den 1980er Jahren einen autonomen, zivilgesellschaftlichen Aktivismus eingeläutete, basieren NGOs auf einer Politik der Fragmentierung. Sie teilen die potenziellen NutznießerInnen ihres Aktivismus in kleine Gruppen, ziehen Wohltätigkeit den Prinzipien des Rechts und der Rechenschaftspflicht vor und unterstützen eher Lobbyarbeit durch Insider, statt Stra-

13 UNDP, Arab Human Development Report 2002 (New York: United Nations Development Program, 2002) S. 90.

ßenpolitik zu fördern. Es sind zum größten Teil die NGOs, die sich für Menschenrechte, Frauenrechte und Demokratisierung einsetzen – und sich nicht mit Besitz- und Einkommensunterschieden befassen –, die in den 1990er Jahren andere und neue Räume für eine gesellschaftliche Mobilisierung in der arabischen Welt boten.

Während die Menschen zunehmend von informellen Tätigkeiten abhängig und gleichzeitig ihre Loyalitäten fragmentiert wurden, gerieten die Kämpfe für höhere Löhne und bessere Arbeitsbedingungen in den Hintergrund. Sorgen um Jobs, informelle Arbeitsbedingungen und erschwingliche Lebenshaltungskosten standen jetzt im Mittelpunkt. Zudem erhöhte die rasante Urbanisierung die Forderungen nach städtischen Versorgungsleistungen, angemessenem Wohnraum, besserer Gesundheitsversorgung und Bildung. Unter diesen Umständen griffen die arabischen Graswurzelinitiativen nicht auf eine Politik des kollektiven Protests zurück, sondern auf die individualistische Strategie des »stillen Vordringens«. Einzelne und Familien versuchten ihre Grundbedürfnisse (Land zur Errichtung von Unterkünften, den städtischen Kollektivkonsum, informelle Jobs und Geschäftschancen) auf eine langwierige und bescheidene – wenn auch illegale – Weise zu befriedigen. Statt zum Beispiel für Strom zu demonstrieren, zapften die Entrechteten einfach das kommunale Stromnetz an.

In den 1950er und 60er Jahren war in der arabischen Welt die politische Klasse par excellence die gut ausgebildete Mittelschicht – Staatsangestellte, Studierende, Fachkräfte und die Intelligenz. Sie mobilisierten die »Straße« mit den umfassenden Ideologien des Nationalismus, Baathismus und Sozialismus und mit Forderungen nach sozialer Gerechtigkeit. Der Islamismus war die letzte dieser großen Weltanschauungen. Im Wesentlichen von den ärmeren Teilen der Mittelschicht unterstützt, gelang es den islamistischen Bewegungen zwei Jahrzehnte lang, große Gruppen der enttäuschten Bevölkerung mit einer Islamisierung zu aktivieren, die wenig kostete – moralische und kulturelle Reinheit, erschwingliche karitative Arbeit und Identitätspolitik. Doch Mitte der 1990er Jahre wurde deutlich, dass es die Islamisten mit einer kostspieligeren Islamisierung – der Herstellung eines islamischen Gemeinwesens und einer islamischen Ökonomie, der Aufrechterhaltung internationaler Beziehungen mit der nationalen und globalen Bürgerschaft – nicht sehr weit bringen würden. Dort, wo eine islamistische Herrschaft installiert wurde, geriet sie in die Krise (wie im Iran und

Sudan). Anderenorts versagten gewalttätige Strategien (wie in Ägypten und Algerien), und daher entwickelten sich neue Vorstellungen eines islamischen Projekts. Die islamistischen Bewegungen wurden entweder unterdrückt oder revidierten ihre früheren Anschauungen und Perspektiven.

Die antiislamischen Stimmungen im Westen nach den Anschlägen des 11. September und dem darauf folgenden »Krieg gegen den Terror« bekräftigten zweifellos das Gefühl, der Islam werde weltweit angegriffen, was wiederum die Sprache religiös und nativistisch auflud. Mehrere islamistische Parteien, die u. a. ihren starken Widerstand gegen die US-amerikanische Politik zum Ausdruck brachten, erzielten beachtliche Erfolge bei nationalen Wahlen. Die Partei für Gerechtigkeit und Entwicklung in Marokko verdoppelte ihren Stimmenanteil auf 42 Sitze bei den Wahlen im September 2002. Im Oktober des gleichen Jahres wurde die islamistische Bewegung in Algerien zur drittstärksten Kraft bei den Kommunalwahlen und ein Bündnis religiöser Parteien gewann in Pakistan 53 der 150 Parlamentssitze. Im November sicherten sich die Islamisten in Bahrain 19 der 40 Sitze im Parlament und die türkische Partei für Gerechtigkeit und Aufschwung kam bei den Parlamentswahlen auf 66 Prozent der Stimmen. Dennoch deuten diese Wahlgewinne weniger auf ein »Wiederaufleben des Islam«[14] hin, als auf eine Verschiebung des Islamismus von einem politischen Projekt mit nationalen Anliegen hin zu stärker fragmentierten Anliegen, bei denen es um individuelle Frömmigkeit und eine globale, antiislamische Bedrohung geht. Wenn überhaupt, befinden wir uns an der Schwelle zu einer postislamistischen Wende.[15]

Was auch immer seine Verdienste gewesen sein mögen, ein Vermächtnis des Islamismus besteht darin, die arabischen Staaten verändert zu haben. Er machte sie religiöser (dadurch, dass die Staaten versuchten, den Islamismus seiner moralischen Autorität zu berauben), nativistischer oder nationalistischer (da die Staaten versuchten, ihre arabische Authentizität zu behaupten, und Demokratie als ein westliches Konstrukt ablehnten) und repressiver, weil die Liquidierung radi-

14 Siehe Reda Hilal, »Blowback: Islamization from Below«, al-Ahram Weekly, 21.-27. November 2002. Siehe auch Ali Abu al-Khayr, »al-Islam al-Siyasi wa al-Dimuqratiyya«, al-Wafd, 15. Februar 2003.

15 Siehe Asef Bayat, Making Islam Democratic: Social Movements and the Post-Islamist Turn (Palo Alto: Stanford University Press, 2007).

kaler Islamisten den Staaten die Möglichkeit gab, auch andere Formen des Dissens zu kontrollieren. Dieses Vermächtnis der islamistischen Bewegungen hat dissidentes politisches Handeln in der heutigen arabischen Welt weiter verkompliziert.

Eine Erneuerung

Die Wiederbelebung der »arabischen Straße« aus Solidarität mit den Palästinensern im Jahre 2002 war in der Tat spektakulär. Für kurze Zeit entglitt den Staaten die scharfe Kontrolle und es entstand eine Vielzahl unüberhörbarer Oppositionsgruppen, auch unter den »verwestlichten« und »unpolitischen« Studierenden der American University in Kairo. Die Solidaritätsbewegungen mit den Palästinensern zeigten, dass es der arabischen Straßenpolitik um mehr als den Islamismus ging, und sie trieben die Erneuerung einer politischen Tradition voran.

Im Januar 2003, als die Vereinigten Staaten kurz davor standen, den Irak anzugreifen, marschierten eine Million Jemeniten in den Straßen Sanaas und riefen: »Eine Kriegserklärung ist Terrorismus.« Mehr als zehntausend protestierten in Khartum, Tausende in Damaskus und Rabat, und Hunderte in Manama, der Hauptstadt Bahrains.[16] Zwanzigtausend Christen in Jordanien beteten für das irakische Volk und verurteilten Bushs Krieg.[17] Tausend jemenitische Frauen demonstrierten in den Straßen gegen die Verhaftung eines jemenitischen Staatsbürgers in Deutschland, der mit einem Mitglied von Al-Qaida verwechselt worden war.[18] Große und kleine Protestaktionen gegen den Krieg im Irak setzten sich in Ägypten und anderen arabischen Ländern fort, wobei es zu massiven Polizeieinsätzen kam. Und als die USA und das Vereinigte Königreich im Irak einmarschierten, erreichten die Straßenproteste in der gesamten arabischen Welt eine neue Dynamik.

Allerdings fanden diese massiven Aufstände der »arabischen Straße« – zumindest in Bezug auf Palästina – mit dem stillschweigenden Einverständnis der arabischen Staaten statt. Die extreme Härte des israelischen Vorgehens im Jahre 2002 und die spätere amerikanische In-

16 Al-Hayat, 28. Januar 2003.
17 Al-Hayat, 15. Februar 2003.
18 Al-Hayat, 20. Januar 2002.

vasion des Iraks vereinten die Politiker und die Bevölkerungen in ihren gemeinsamen nationalistischen Ansichten. Zudem war der Dissens auf den Straßen größtenteils gegen einen *externen* Feind gerichtet; die gegen die eigenen Regierungen gerichteten Parolen wurden in erster Linie von ideologischen Anführern und nicht von den normalen Protestteilnehmern geäußert.[19] Erst bei den späteren Demonstrationen in Kairo 2005 und 2006 verlangten die Massen die Aufhebung der seit 30 Jahren geltenden Notstandsgesetze, die die Versammlungsfreiheit einschränkten, sowie das Ende der Präsidentschaft von Mubarak. Diese Proteste wurden dann zu einer explizit demokratischen Bewegung, die von der Kifaya und anderen politischen Gruppierungen angeführt wurde.

Die arabischen Staaten waren daher in dieser Zeit bemüht, die politische Klasse durch die Verbreitung eines gemeinsamen nationalistischen, religiösen und antizionistischen Diskurses zu neutralisieren. Lange Zeit gelang es der arabischen Intelligenz – fest verankert in einem »altmodischen panarabischen Nationalismus« und von einer religiösen Sprache und einer moralischen Politik verführt – nicht, ihren eigenen autoritären Staaten politische Konzessionen abzuringen. Die israelische Besatzung der palästinensischen Gebiete, materiell und diplomatisch von den USA unterstützt, hatte Generationen arabischer Intellektueller in der Falle eines engstirnigen Nativismus und kulturellen Nationalismus gefangen gehalten, woraus die autoritären Staaten großen Nutzen zogen und gleichzeitig ihre Intoleranz gegenüber jeglichem unabhängigen Dissens fortsetzen. Seit 2000 ignorierten die Behörden die Forderungen nach kollektiven Protesten gegen die USA und Israel, während inoffizielle Straßenaktionen attackiert, Aktivisten schikaniert und verhaftet wurden.[20] Am 15. Februar 2003, als weltweit mehr als zehn Millionen Menschen gegen den Irakkrieg demonstrierten, umzingelten Tausende ägyptische Bereitschaftspolizisten etwa 500 Demonstranten und isolierten sie von der Öffentlichkeit.

Allerdings änderten sich die Dinge ab Mitte der 2000er Jahren. Die arabischen Gesellschaften erlebten neue Formen der Mobilisierung und stellten bis zum Ende des Jahrzehnts eine »neue Öffentlichkeit« her.

19 Abgesehen von Ägypten gab es in anderen arabischen Staaten kaum Hinweise auf Demonstranten, die die Politik der eigenen Regierung kritisierten.

20 Nach Berichten von Human Rights Watch wurden in Ägypten im Februar 2003 11 Aktivisten von Sicherheitskräften verhaftet. Cairo Times, 6.-19. Februar 2003.

Konfrontiert mit großen Schwierigkeiten, ihren Forderungen auf der Straße Nachdruck zu verleihen, entwickelten arabische AktivistInnen neue Wege, ihren Dissens zu artikulieren – meist in Form zivilgesellschaftlicher Kampagnen wie Boykottaktionen, des zivilen Engagements Jugendlicher, Cyberaktivismus oder Protestkunst. Die staatliche Überwachung der Straßen verlagerte den Aktivismus in die zivilen Institutionen – Universitäten, Schulen, Moscheen, zivilgesellschaftlichen Vereinen, Berufsverbände und NGOs. In Ermangelung eines offenen politischen Klimas, boten Berufsverbände Plattformen für politische Kampagnen, und zwar in einer solchen Dimension, dass sie oft die Rolle von politischen Parteien, inklusive eines intensiven Wettbewerbs um Führungspositionen, übernahmen. Ihre Zentralen dienten als Orte für politische Kundgebungen, Versammlungen, karitative Arbeit und internationale Solidaritätskampagnen. Andere zivilgesellschaftliche Organisationen, vornehmlich die neuen Interessens-NGOs, förderten öffentliche Debatten über Menschenrechte, Demokratisierung, die Lage der Frauen und Kinder und Arbeitnehmerrechte. In den frühen 2000er Jahren arbeiteten etwa 90 bis 100 Menschenrechtsorganisationen in der arabischen Welt. Hinzu kamen Hunderte Sozialzentren und eine noch größere Zahl von Wohlfahrtseinrichtungen, die ebenfalls begannen, die Frage nach gesellschaftlichen und politischen Rechten zu thematisieren.[21] Nach Jahren der Stagnation nahm die Freiwilligenarbeit unter Jugendlichen wieder zu.

Neue Formen der Mobilisierung und Kommunikationsweisen und organisatorische Flexibilität sorgten Mitte der 2000er Jahre für frischen Wind in der stagnierenden Innenpolitik. So repräsentierte bspw. das »ägyptische Volkskomitee für die Unterstützung der palästinensischen Intifada« (EPCSPI) eine solche Entwicklung. Im Oktober 2000 gegründet, versammelte das Komitee VertreterInnen verschiedenster politischer Strömungen in Ägypten – Linke, Nationalisten, Islamisten, Frauen- und Menschenrechtsgruppen. Es richtete eine Website ein, erstellte Verteilerlisten, initiierte Spendensammlungen, organisierte den Boykott amerikanischer und israelischer Produkte, belebte Straßenaktionen neu und sammelte 200.000 Unterschriften für eine Petition zur Schließung der israelischen Botschaft in Kairo. Das ägyptische globali-

21 Interview mit Fateh Azzam, Koordinator von Menschenrechtsprogrammen, Ford Foundation, Kairo, Februar 2003.

sierungskritische Netzwerk EAGG (Egyptian Anti Globalization Group) und die nationale Kampagne gegen den Irakkrieg (National Campaign Against the War on Iraq) sowie das nationale Komitee zur Verteidigung von Arbeiterrechten NCDWR (National Committee for the Defense of Workers' Rights) und einige Menschenrechts-NGOs machten sich ähnliche Formen des Aktivismus zu eigen.[22] Diese Organisationen und ihr Mobilisierungsstil dienten als Vorläufer für die Entstehung einer neuen Form von Politik in Ägypten, die später von der Kifaya und anderen Pro-Demokratie-Bewegungen genutzt wurden.[23]

Karitative Basisarbeit, Boykottaufrufe und Produktkampagnen wurden zum neuen Medium politischer Mobilisierung. Tausende junge Freiwillige und Hunderte Firmen und Organisationen beteiligten sich an einer Hilfsaktion, um Lebensmittel und Medikamente für die Palästinenser zu sammeln. Durch eine solche Aktion im April 2002 wurden von Studierenden der American University in Kairo innerhalb von vier Tagen und Nächten dreißig 250-Tonnen-Lkw-Ladungen Hilfsgüter gespendet von Fabriken, Firmen und Privathaushalten gesammelt und zu den Palästinensern in Gaza transportiert. Millionen AraberInnen und MuslimInnen boykottierten amerikanische und israelische Produkte, darunter McDonald's, KFC, Starbucks, Nike und Coca-Cola. Wegen des bemerkenswerten Erfolgs der lokalen Produkte büßte Coca-Cola in manchen Ländern Marktanteile von 20 bis zu 40 Prozent ein, ebenso ging der Verkauf von Fastfood zurück.[24] Die iranische *Zam Zam Cola* gewann einen beträchtlichen Anteil des nahöstlichen Markts; innerhalb von vier Monaten exportierte das Unternehmen zehn Millionen Dosen nach Saudi Arabien und in die Golfstaaten. Neben *Zam Zam* wurde auch *Mecca Cola* in Paris von europäischen AraberInnen und MuslimInnen anstelle der amerikanischen Getränke gekauft. Innerhalb von zwei Monaten wurden in Frankreich 2,2 Millionen Flaschen abgesetzt. Zehn Prozent der Einnahmen erzielte *Mecca Cola* durch palästinensische Kinder.

Die Informationstechnologie wurde ebenfalls zunehmend für politische Kampagnen genutzt. »Kleine Medien« haben eine lange Tradi-

22 Hossam el-Hamalawy, »Closer to the Street«, Cairo Times, 6.-19. Februar 2003.

23 Für eine Analyse der Kifaya und den neuen Demokratiebewegungen in Ägypten siehe Asef Bayat, Making Islam Democratic, ebd., S. 181-186.

24 Payvan Iran News, 14. Oktober 2002; Asia Times, 24. Januar 2003; al-Qahira, 7. Januar 2003.

tion im Nahen Osten. Die Predigten islamischer Prediger wie Sheikh Kishk, Yusuf al-Qaradawi, Sheikh Fadlallah und des populären ägyptischen Fernsehpredigers Amr Khalid wurden bereits massenhaft auf Audio- und Videokassetten verbreitet. Anhänger von Amr Khalid, der seit Ende 2002 nicht mehr predigen durfte, sammelten über Websites mehr als 10.000 Unterschriften, um ihn zu unterstützen. Später nutzten AktivistInnen E-Mails, um Forderungen zu stellen und Kundgebungen und Demonstrationen zu mobilisieren. Diese Medien erwiesen sich als entscheidend für die Verbreitung von Neuigkeiten, den Aufruf zu Kundgebungen und die Mobilisierung auf der Straße. Im Februar 2003 planten die ägyptischen Koalitionen in Solidarität mit Palästina und dem Irak, eine Million Petitionen per Internet an die UNO und die amerikanischen und britischen Botschaften zu senden. Alternative Nachrichtenportale, soziale Netzwerke und Satellitenfernseher wurden die wichtigsten Mittel zur Schaffung von Netzwerken kritischer und informierter Wählerschaften. Die zunehmende Verwendung von Facebook ermöglichte es der ägyptischen Jugend 2008, die »Bewegung des 6. April« ins Leben zu rufen. Diese Bewegung mobilisierte etwa 70.000 meist gut ausgebildete Jugendliche, die sich für freie Meinungsäußerung und wirtschaftliches Wohlergehen und gegen Korruption einsetzten. Den AktivistInnen gelang es, Straßenproteste und Kundgebungen zu organisieren, und am 6. April 2008 sogar zu einem Generalstreik zur Unterstützung der streikenden TextilarbeiterInnen aufzurufen. Die Plattform zur Bildung von Netzwerken hat in den meisten arabischen Ländern an Raum gewonnen, wobei Facebook dort zu den zehn meistbesuchten Websites gehört.[25] Darüber hinaus hat sich das Satellitenfernsehen in der arabischen Welt schnell verbreitet und liefert alternative Informationen zu den öden einheimischen Nachrichtensendern. Die vor Satellitenschüsseln strotzende Skyline von Damaskus veranschaulicht die Seelenlosigkeit der Zeitungskioske in den Straßen, bei denen man nur die Tageszeitungen der herrschenden Partei findet.

Während Internetkampagnen (trotz des zunehmenden Gebrauchs des Mediums) sich meist auf die Eliten beschränken, erreicht die politisierte Kunst ein Massenpublikum. Die israelische Wiederbesetzung der Westbank im Jahre 2002 führte zu einer Neubelebung des politischen

25 Siehe Samantha Shapiro, »Revolution, Facebook-Style«, New York Times, 29. Januar 2009.

Vermächtnisses von Ägyptens Umm Kulthoum, Libanons Fairouz und Marokkos Ahmad Sanoussi. Arabische Künstler, Filmstars, Maler und vor allem Sänger gaben der öffentlichen Empörung eine Stimme. In Ägypten produzierten große Popstars wie Amr Diab, Muhammad Munir und Mustafa Qamar Bestselleralben mit ausschließlich religiösen und nationalistischen Texten. Muhammad Munirs hoch geschätzte Single »Land and Peace, O Prophet of God« verkaufte sich innerhalb kürzester Zeit 100.000 Mal. Andere Sänger wie Ali al-Hajjar, Muhammad Tharwat und Hani Shakir schlossen sich zusammen und produzierten das religiös-nationalistische Album »Al-Aqsa, O God«, das die arabischen Märkte im Sturm eroberte.

Das Ausmaß und die Wirksamkeit dieser neuen Räume des Kampfes schienen zunächst bescheiden zu sein. Doch die Versuche der meisten arabischen Regierungen, sie zu kontrollieren – die Schließung von NGOs, das Verbot von Publikationen oder Songs und die Verhaftung von Webdesignern – verwies auf deren Potenzial, die Hindernisse der »arabischen Straße« zu überwinden. Solange die jeweiligen Regime oder die globalen Mächte die Ansichten der breiten Bevölkerung ignorieren, bleibt die Straße der wichtigste Ort für die unüberhörbaren Äußerungen kollektiver Meinungen. Wie die Revolutionen im Jahre 2011 gezeigt haben, war die arabische Straße weder »irrational« noch »tot«. Sie erlebte stattdessen einen großen Wandel, der durch die alten Beschränkungen und neuen Chancen der globalen Restrukturierung verursacht wurde. So ist die arabische Straße wieder zu einem wirkungsmächtigen Vehikel für den Ausdruck kollektiven Unmuts geworden.

Überarbeitete Fassung von: Asef Bayat, »The ›Street‹ and the Politics of Dissent in the Arab World«, *Middle East Report*, Nr. 226 (Frühling 2003), S. 10-17

8

DER ARABISCHE FRÜHLING – POSTISLAMISTIISCHE REFO-LUTIONEN

Das Jahr 2011 wird sich wahrscheinlich als die bedeutendste Zeit in der modernen Geschichte des Nahen Ostens herausstellen. Von Marokko bis Syrien, von Ägypten bis zu den Königreichen am Golf, brachten Volksaufstände die langjährigen autoritären Regime in große Bedrängnis. Die aufsehenerregenden Revolten gaben Anlass zur Hoffnung, gefährdeten etablierte Interessen und stießen tief verwurzelte Paradigmen um. Wie kann die Entwicklung dieser bemerkenswerten Aufstände in einer Region beschrieben werden, die lange aus orientalistischer Perspektive als kulturell stagnierend, politisch unfähig und im Wesentlichen traditionell galt, und angeblich die Herausbildung autoritärer Persönlichkeiten fördert? Es ist vielleicht »zu früh, darüber zu urteilen«, aber schon heute gibt es unzählige Einschätzungen zum Wesen dieser politischen Aufstände. Viele haben sie als »Jugendrevolutionen« beschrieben, andere sprechen von »Revolutionen der Multitude« – einer Art postmodernen Revolte, die sich ausbreitet, führungslos und ohne klare Ideologie ist. Während manche sie als liberale Revolutionen bezeichnet haben, behaupten andere, sie exemplifizierten Proteste gegen die neoliberalen Ökonomien, die sich seit den 1990er Jahren nachteilig auf die arabischen Gesellschaften ausgewirkt hätten. Schließlich wird der arabische Frühling unweigerlich im Sinne säkularer, demokratischer Erhebungen betrachtet – eine Position, die im Widerspruch zu denjenigen (etwa den Anhängern der erschütterten Regime, Al-Qaida, dem islamischen Staat Iran, den Rechten bei den amerikanischen Republikanern und in der israelischen Regierung) steht, die behaupteten, die arabischen Revolten seien durch den Islam oder eine islamistische Politik inspiriert worden.[1]

1 Mona Fayad, »The Arab Youth Revolution Paradigm«, The Arab World Geography, vol. 14, Nr. 2, Sommer 2011. Jean-Pierre Filiu, The Arab Revolution (2011, Hurst, London); Mohammad Bamye, »Anarchist, Liberal, and Authoritarian Enlightenments:

In Wahrheit blieb bei den meisten politischen Aufständen die Anführerschaft diffus – es beteiligten sich sehr viele Jugendliche als Initiatoren der Mobilisierung, aber ebenso die städtische Mittelschicht und subalterne Gruppen, meist fromme Muslime. Die Mehrzahl verfolgte demokratische Ziele. Doch sowohl die ideologische Zusammensetzung als auch die Zielrichtung der politischen Veränderungen erweisen sich als wesentlich komplexer. Eine zentrale Frage besteht darin, auf welche Weise sich diese größtenteils zivilgesellschaftlichen und demokratischen Erhebungen wie ein Flächenbrand in einer Region ausgebreitet haben, die bis vor Kurzem von einer nationalistisch-nativistischen und fundamentalistisch-islamistischen Politik beherrscht war. Was waren die Gründe für diese Kehrtwende? Welche Rolle spielten die Nicht-Bewegungen – diese verstreuten und oft verzweifelt geführten Kämpfe von Millionen städtischer Armer, Frauen und Jugendlichen im Alltag – bei den landesweiten revolutionären Bewegungen? Und worin unterschieden sich diese Revolutionen von jenen des 20. Jahrhunderts?

2008 schrieb ich in einem Text über die Zukunft der islamischen Revolutionen in dieser Region, dass die iranische Erfahrung »womöglich die erste und letzte islamische Revolution unserer Zeit bleiben wird«. Denn die »Zunahme demokratischer Stimmungen und Bewegungen [im Nahen Osten] wird den Islamismus wahrscheinlich in eine postislamistische Richtung drängen und damit den Weg für einen demokratischen Wandel, in dem ein inkludierender Islam eine bedeutende Rolle spielen könnte, freimachen. Das Resultat könnte als postislamistische »Refo-lution« bezeichnet werden« [d. h. eine Mischung aus Reform und Revolution]. Meiner Meinung nach war der arabische Frühling 2011 durch eine postislamistische Subjektivität und einen refo-lutionären Verlauf gekennzeichnet.

Postislamistische Revolten

Der Postislamismus ist sowohl eine Kritik des Islamismus aus seiner eigenen Tradition heraus als auch ein alternatives Projekt, das die eigene politische Theologie, den religiösen Staat und die Verletzung von

Notes from the Arab Spring«, Jadaliyya, Juli 2011; Michael Hardt und Antonio Negri, »Arabs are Democracy's new Pioneers«, Guardian, 24. Februar 2011.

Bürgerrechten überwinden will. Dem Postislamismus, der weder antiislamisch noch säkular ist, ist die Religion ein Hauptanliegen, doch ebenso großen Wert haben die Menschenrechte. Er zielt auf eine Gesellschaft, in der Religiosität mit Rechten, Glaube mit Freiheit, Islam mit Demokratie einhergehen. Der Postislamismus strebt nach einer gläubigen Gesellschaft innerhalb eines zivilen (säkularen) demokratischen Staats. Frühe Beispiele hierfür waren die Reformbewegung in den späten 1990er Jahren im Iran, die Partei für Gerechtigkeit und Wohlstand in Indonesien, die al-Wasat-Partei in Ägypten, die Partei für Gerechtigkeit und Entwicklung in Marokko und die regierende AKP in der Türkei. Doch inwieweit sich die Postislamisten in der Praxis den demokratischen Werten verpflichtet fühlen, variiert sehr.[2]

Die arabischen Revolten des Jahres 2011 und die grüne Bewegung im Iran 2009 scheinen eine weitestgehend postislamistische Orientierung aufzuweisen. Die meisten dieser Revolten, bei denen eine religiöse Sprache auffällig abwesend war, lehnten explizit die Vorstellung eines religiösen Staats ab, auch wenn die beteiligten überwiegend Gläubige waren. Fest im Glauben, strebten die Menschen nun danach, ihre Freiheit zu sichern. Im Iran verwandelte sich die grüne Bewegung – die außergewöhnlich friedlichen Proteste gegen die gefälschten Präsidentschaftswahlen 2009 – in eine breite Demokratiebewegung zur Beseitigung des autoritären islamischen Staats. In Tunesien bestand das wesentliche Ziel der Revolution darin, die korrupte Diktatur des Zeinal-Abedin Ben Ali zu stürzen und ein demokratisches Gemeinwesen zu etablieren, das das schwelende Problem der sozialen Ausgrenzung thematisieren sollte. Obgleich die verbotene islamische Nahda-Bewegung in Tunesien existierte, waren während der Revolution kaum religiöse Parolen zu vernehmen.

Die islamische Ennahda-Partei lehnte eine an Khomeini orientierte Revolution und einen dementsprechenden Staat öffentlich ab, und ihr Anführer Rachid al-Ghannouchi betrachtete einen zivilen demokratischen Staat als mit dem Geist des Islam vereinbar. Die Ennahda-Partei hat sich in einem Abkommen mit den säkularen Parteien formell dazu verpflichtet, die gesetzlichen Bestimmungen zum Personenstand beizubehalten – wohl die progressivsten in der gesamten arabischen Welt.

2 Zu den unterschiedlichen Typen islamischer Bewegungen siehe Asef Bayat, »Islamic Movements«, Encyclopedia of Social and Political Movements.

Als die Partei später die Macht erlangte, entschied sie sich für eine säkulare, nicht-religiöse und demokratische Staatsform.

Die ägyptische Revolution wurde weitgehend vom Volk getragen und war zivil ausgerichtet – eine religiöse Sprache, Nationalismus und antiwestliche Stimmungen traten in den Hintergrund. Tatsächlich waren die maßgeblichen religiösen Gruppen – die Salafisten, Al-Azhar und die koptische Kirche – zunächst gegen die Revolution. Und die alte Garde der Muslimbruderschaft nahm widerwillig erst dann teil, als sie von ihren jungen Mitgliedern dazu gedrängt wurde, enger mit den Liberalen und Linken in der *Coalition of the Youth of the Revolution* des 25. Januar zusammenzuarbeiten. In Ägypten waren die wesentlichen Forderungen nach wie vor »Wandel, Freiheit und soziale Gerechtigkeit«, auch wenn einige konservative salafistische Gruppen in den Monaten nach der Revolution eine religiöse Herrschaft forderten.

Die Führungsorganisation des Aufstands in Libyen, der Nationale Übergangsrat, bestand nicht aus Islamisten oder Mitgliedern von Al-Qaida, sondern aus Ärzten, Anwälten, Lehrern und einigen Abtrünnigen des Ghaddafi-Regimes, die sich plötzlich in der Rolle sahen, an der Spitze einer Revolution zu stehen. Nach Angaben eines Sprechers der Rebellen, Abdel-Hadidh Ghoga, spielten islamistische Extremisten deswegen kaum eine Rolle, weil die meisten von Ghaddafi beseitigt worden waren. »Die Libyer als ganzes Volk wollen eine zivile Demokratie«, bestätigte er, »keine Diktatur, kein Tribalismus und keinen Staat, der sich auf Gewalt oder Terrorismus stützt«. Auch im Jemen wollten die größten Oppositionsgruppen die Diktatur von Ali Salih beenden und einen verantwortlichen zivilen Staat etablieren. Außer der religiös orientierten Islah-Partei gab es keine Hinweise auf eine Präsenz von Islamisten und es wurden auch keine religiösen Parolen während der Erhebungen laut. Ähnliches gilt für Syrien, wo die wichtigste religiöse Gruppe, die Muslimbruderschaft, vor langer Zeit von Hafiz al-Assad vernichtet wurde und sich die maßgeblichen konservativen Ulema (Kleriker) offensichtlich auf die Seite des Regimes schlagen. Die politische Spaltung in Bahrain (wo eine sunnitische Minderheit über die schiitische Mehrheit herrscht) wurde von religiösen Kämpfen überlagert und schien auch deren Form anzunehmen. Doch auch hier strebten die meisten Oppositionellen nach einem Wandel des Landes hin zu einer konstitutionellen Monarchie. Sie forderten eine gewählte Regierung, eine freie Presse, unabhängige zivilgesellschaftliche Organisationen und ein Ende der diskriminierenden Praktiken gegen die schiitische Mehrheit (z.B. bei der Beschäftigungspolitik und der Verteilung des Reichtums). Als Zeichen ihrer Unabhängigkeit wehrten sich die Revolutionäre gegen Irans Versuche, die schiitische Opposition manipulierend zu vereinnahmen. Die Protestbewegungen in Marokko und Jordanien forderten mehr Demokratie, was die beiden Monarchien zu vorsichtigen politischen Reformen veranlasste.

Diese größtenteils zivilen und nicht-religiösen Revolten markieren einen radikalen Abschied von der Politik, die ab Mitte der 1980er bis in die 1990er Jahre in dieser Region betrieben wurde, als es der politischen Klasse um nationalistische und islamistische Inhalte ging. Wie kam es zu dieser Veränderung?

Im Iran tauchten postislamistische Ideen bereits Mitte der 1990er Jahre während des »Wiederaufbaus« in der Nachkriegszeit unter der Herrschaft des technokratischen Präsidenten Rafsanjanis auf. In dieser Zeit stellte eine Reihe von sozialen (Nicht-)Bewegungen der Frauen, Jugendlichen und religiösen Intellektuellen den autoritären Staat infrage. Die Reformbewegung der 1990er Jahre, die unter Präsident Khatami (1997-2004) die Regierungsmacht erlangte, war ein Ausdruck dieser postislamistischen und demokratischen Bestrebungen. In der arabischen Welt, die im Unterschied zum Iran keine »islamische Revolution« erlebt hatte, fand diese politische Wende erst ein Jahrzehnt später statt. Frühe Anzeichen einer »neuen Politik« sah man in Ägypten Mitte der 2000er Jahre. Sie manifestierte sich zunächst in den Aktivitäten des *Popular Committee for Solidarity with the Palestinian and Iraqi People* und später noch auffälliger bei der pro-demokratischen Kifaya-Bewegung – Vorbote der postnationalen (mit einem Fokus auf Demokratie und Menschenrechte im eigenen Land statt auf externe Herrschaft), postideologischen (über ideologische Trennlinien hinweg, v. a. religiöse und säkulare Trennungen, Linke und Nationalisten) und postislamistischen Politik, die ihren Höhepunkt in der Revolution des 25. Januar erreichte.

Strukturelle Veränderung und die neue arabische Öffentlichkeit

Aus welchen Gründen und wie ist dies passiert? Die zugrunde liegenden Elemente für diese Umkehr bestanden unter anderem in neuen

AkteurInnen, einem veränderten politischen Klima und neuartigen Formen der Mobilisierung, die alle durch eine Reihe struktureller Veränderungen, die die arabischen Gesellschaften seit den frühen 1990er Jahren erlebt hatten, entstanden sind. In gewissem Sinne brachten die autoritären Staaten, die nun zutiefst von der Globalisierung betroffen waren, unabsichtlich das Klima und die AkteurInnen, die die Logik dieser Staaten infrage stellten, hervor.

Die nahöstlichen Gesellschaften wurden in den letzten beiden Jahrzehnten urbaner und zunehmend globalisiert – so leben bspw. 65% der Menschen derzeit in Städten.[3] Bestimmte urbane Merkmale (Institutionen, Kommunikationsmittel und Alphabetisierung) sind verbreitet in ländlichen Gebieten zu finden, wodurch das dörfliche Leben zu einem Teil der nationalen Gesellschaft und Politik geworden ist. In vielen Dörfern gibt es mittlerweile Strom, Telefonleitungen, Fernsehen, Beschäftigung im Dienstleistungsbereich (Mechaniker, Bäckereien, Schulen), es herrscht Arbeitsteilung und junge Menschen besitzen Autos und Hochschulabschlüsse. Das städtische Leben erweckte wiederum Wünsche, Forderungen und Ansprüche, vornehmlich das Recht auf Stadt (bezahlte Arbeit, anständige Behausungen, städtische Annehmlichkeiten und Respekt), die die autoritären Regime kaum erfüllen konnten. Städte rufen bei ihren Bewohnern die Forderung nach bestimmten Rechten und Ansprüchen hervor, die, wenn sie verletzt oder nicht erfüllt werden, tiefe Unzufriedenheit verursachen. Eine in die Stadt immigrierte Hausfrau betrachtet fließendes Wasser in ihrer Küche als eine Notwendigkeit und als ein Recht – was, lebte sie noch in ihrem Dorf, wo sie das Wasser wahrscheinlich von einem weit entfernten Brunnen holen musste, so nicht der Fall wäre.

Andererseits hat eine dramatische demografische Entwicklung diese Gesellschaften extrem verjüngt; schätzungsweise 70% der Bevölkerung sind jünger als 35 Jahre. In diesen übervölkerten Stadtvierteln sind viele junge Menschen beim Versuch, ihre Wünsche zu verwirklichen – mit den städtischen Konsumgewohnheiten mitzuhalten, autonom zu leben und eine eigene Zukunft zu sichern –, mit extremen Einschränkungen konfrontiert (ökonomischer Entbehrung, sozialer Kontrolle und moralischem Druck). Aber es sind just diese Städte, die ihren BewohnerInnen auch vielfältige Möglichkeiten bieten, gemeinsame Identitäten zu

3 Siehe Arab Human Development Report 2010 (New York, UNDP, 2010)

stiften und soziale Inklusion zu fordern. In genau diesen Städten haben sich (bei Zusammentreffen an Straßenecken, in Teestuben, Schulen, Universitäten und seit einiger Zeit in der virtuellen Welt und den sozialen Medien) die fragmentierten jungen Menschen zur *Jugend* als einer kollektiven Handlungsmacht entwickelt.

Diese urbanisierten und jungen Gesellschaften sind mittlerweile weitgehend alphabetisiert; 90% der 14- bis 24-Jährigen können lesen und schreiben oder haben einen Hochschulabschluss.[4] Mit der rasanten Zunahme von Hochschulen in den letzten Jahren (zurzeit gibt es mehr als 280 Universitäten in der MENA-Region – Nahost und Nordafrika) strömen jährlich Tausende HochschulabsolventInnen auf die stark segmentierten Arbeitsmärkte, die seit den 1990er Jahren durch die von der Weltbank und dem IWF durchgesetzte Politik der Strukturanpassung auf aggressive Weise liberalisiert wurden. Im Zuge dieser neuen ökonomischen Restrukturierung erging es den intelligenten und gut vernetzten Gruppen in den globalisierten Sektoren der Hochtechnologie, Unterhaltung, Grundstückserschließung und Kommunikation sowie des Import-Export-Sektors sehr gut, während für unverhältnismäßig viele die erhofften Früchte dieser Entwicklung ausblieben.

Angesichts dieser wirtschaftlichen Verhältnisse litt die MENA-Region unter der weltweit höchsten Arbeitslosenquote, vor allem bei Jugendlichen (über 25%).[5] Die Arbeitslosigkeit bei den gut ausgebildeten Kräften wuchs im Nahen Osten etwa zweimal so stark wie im Weltdurchschnitt. In Ägypten war es zehn Mal wahrscheinlicher, dass HochschulabsolventInnen ohne Job blieben als Menschen mit einer Grundschulausbildung. Mehr also 75% der saudiarabischen Frauen mit Hochschulabschluss blieben arbeitslos.[6]

Im Iran führten die Liberalisierung der Wirtschaft und der staatliche Angriff auf informelle Siedlungen in den frühen 1990er Jahren zu Unruhen in den großen Städten. Widerstand an der Basis zusammen mit internen Machtkämpfen, dem erratischen Populismus und der Pseudo-Privatisierung (der Transfer von öffentlichem Eigentum an halbstaatliche Institutionen wie den Revolutionswächtern) machten die

4 Ebd.

5 UNDP, Arab Human Development Report, 2010 (New York, UNDP, 2010).

6 Tony Camplin, »Egypt's Revolution and Higher Education«, in http://www.popecenter.org/commentaries/article.html?id=2474; zu saudischen Frauen siehe »Saudi Women, a new Workforce«, in http://mashallahnews.com/?p=2267

ökonomische Liberalisierung zunichte. Die Wohlfahrtspolitik blieb klientelistisch, selektiv und ungleich. In der arabischen Welt hatten Subventionskürzungen, unsichere Arbeitsplätze und schwindende Sozialleistungen in den 1980er und frühen 1990er Jahren zu Ausschreitungen in Kairo, Khartum, Tunis, Rabat, Beirut und Amman geführt. Um den destabilisierenden Auswirkungen der sozialen Ausgrenzung entgegenzuwirken, wiesen viele arabische Staaten einen Großteil der Entwicklungs- und Wohlfahrtsaufgaben den rapide anwachsenden NGOs, religiösen Wohlfahrtsverbänden und Mikrokreditprojekten zu. Doch es gelang durch diese oft in eine neoliberale Logik eingefassten Vereinbarungen nicht, den Bedürfnissen nach Wohlfahrt nachzukommen, ganz zu schweigen davon, der tiefen Ungleichheit, die das Ende des Gesellschaftsvertrags und die schwindende Rolle des Staats verursacht hatte, etwas entgegenzusetzen. In dieser Notlage behalfen sich die Subalternen mit Subsistenzwirtschaft, Selbsthilfe oder einem stillen Vordringen (z.B. dem illegalen Wohnungsbau oder der illegalen Beschäftigung). Oder sie warteten auf eine Gelegenheit, ihrer Wut Ausdruck zu verleihen. Als die Lebensmittelpreise in den späten 2000er Jahren stark anstiegen, kam es zu einer erneuten Serie von Unruhen in den großen Städten Ägyptens und in den von neoliberaler Rationalisierung und Restrukturierung betroffenen Industrien brachen Streiks aus.[7] Monate vor dem Beginn der Revolution in Tunesien hatte es bereits soziale Proteste und Selbstverbrennungen in den zentral gelegenen Provinzen Gafsa, Qasrein und Sidibouzid gegeben – Regionen, in denen sich der Stand der Entwicklung, die Korruption der Eliten und die räumlichen Auswirkungen von Tunesiens neoliberaler Wende deutlich zeigten.[8]

Ein Resultat dieser ungleichen Entwicklung im Nahen Osten bestand in der Zunahme der Armen der Mittelschicht, einer Klasse, die eine Schlüsselrolle bei den Revolten im Jahre 2011 spielen sollte. Die Mitglieder dieser von Paradoxien gekennzeichneten Klasse haben einen Hochschulabschluss, sind weltgewandt, benutzen die Neuen Medien und erwarten einen Lebensstil der Mittelschicht. Doch wirtschaftliche Entbehrung und Marginalisierung zwingen sie, das Leben der immer

7 Rabab el-Mahdi und Phil Marfleet, Egypt: The Moment of Change (London, Zed Books, 2009).

8 Habib Ayeb, »Social Geography of the Tunisian Revolution«, Review of African Political Economy, vol. 38, Nr. 129, Sept. 2100, S. 473-485.

schon Enteigneten in Slums und besetzten Siedlungen zu führen, und Jobs in der größtenteils prekären und schlecht angesehenen Parallelökonomie anzunehmen – als Taxifahrer, Obstverkäufer, Straßenhändler oder Aushilfskellner.

Die Armen der Mittelschicht bestehen aus einem Segment von etwa 46% der AraberInnen, die zurzeit in Slums wohnen, und von 40-50%, die ihren Lebensunterhalt in der unsicheren informellen Ökonomie bestreiten.

Die Armen der Mittelschicht sind keine neue Erscheinung. Es gab sie bereits seit den 1980er Jahren, doch ihre Zahl stieg deutlich im Zuge der Liberalisierung der arabischen Ökonomien seit den 1990er Jahren. In den 1980er und 90er Jahren haben sich große Teile dieser Gesellschaftsschicht mit einer politischen Klasse verbunden, die in erster Linie von nationalistischen und islamistischen Haltungen bestimmt war, auch wenn viele von ihnen im Alltagsleben – wie auch andere unzufriedene Cluster – in oft individualisierten und stillen alltäglichen Kämpfen zur Durchsetzung ihre Forderungen eingebunden waren. So sicherten sich die städtischen Armen ihrerseits Behausungen, konsolidierten ihre Gemeinden und verdienten sich ihren Lebensunterhalt durch Arbeit in der Subsistenz- und Straßenökonomie. Doch wenn ihre Fortschritte gefährdet wurden, leisteten sie häufig kollektiven Widerstand. Muslimische Frauen suchten ihre Präsenz in der Öffentlichkeit durchzusetzen, Hochschulen zu besuchen und Gerechtigkeit vor Gericht zu erlangen. Und die Jugendlichen nutzten jede Gelegenheit, ihre Autonomie zu behaupten, die sozialen Kontrollinstanzen infrage zu stellen und ihre Zukunft selbst zu planen. Auch wenn viele atomisiert und demoralisiert blieben und davon träumten, in den Westen zu emigrieren. Diese stillen Kämpfe, diese Nicht-Bewegungen, verbanden sich zwangsläufig mit den normalen Alltagspraktiken, errangen einen gewissen Grad an Einfluss und boten Chancen für ganz normale Menschen, die durch die repressiven Regime daran gehindert wurden, sich offen zu mobilisieren und widerständige kollektive Aktionen zu entwickeln. Als sich Ende der 2000er Jahre die politische Gelegenheit ergab, schlossen sich diese subalternen Gruppen, die bereits in Nicht-Bewegungen zur Verbesserung ihrer Lebensbedingungen aktiv waren, den inzwischen postideologisch geprägten politischen Kämpfen an.

Drei Entwicklungen trugen zu dieser politischen Neuorientierung bei. Erstens ist es der arabischen nationalistischen Politik nicht gelungen, das Selbstbestimmungsrecht der palästinensischen Bevölkerung durchzusetzen. Die politische Klasse merkte, dass ihre nationalistischen, antiimperialistischen und antizionistischen Positionen so lange wirkungslos blieben, wie sie mit der demagogischen Rhetorik ihrer autoritären Regime in Zusammenhang gebracht wurden. Es war also an der Zeit, Befreiungskämpfe auf ein internes Thema zu lenken – Demokratisierung. Zweitens begann die islamistische Politik nach dem 11. September ihre hegemoniale Stellung im Nahen Osten einzubüßen. Das iranische Modell war bereits aufgrund seiner Repression, Frauenfeindlichkeit, ausgrenzenden Haltungen und nicht eingehaltenen Versprechen in eine tiefe Krise geraten.

Der iranische Postislamismus war die interne Antwort auf diese Krise. Andererseits hatten die brutale Gewalt und der Extremismus von Al-Qaida zu einer weitverbreiteten Islamfeindlichkeit geführt, unter der in erster Linie die ganz normalen Muslime litten. Der türkische Islamismus hatte in seiner Auseinandersetzung mit starken säkularen Einstellungen und dem türkischen Militär sowie mit der Aussicht auf eine Mitgliedschaft in der Europäischen Union zur Entstehung der angesehenen postislamistischen AKP geführt. Die islamistische Politik in der Region sah sich mit gravierenden internen und externen Problemen konfrontiert – sowohl seitens der Säkularen als auch der Gläubigen, die die Narben spürten, die die islamistische Geringschätzung von Menschenrechten, Toleranz und Pluralismus in der Körperpolitik und dem religiösen Leben hinterlassen hatten. Die Gläubigen waren nicht länger bereit, die Verwertung des Islams als Werkzeug zur Erlangung von Macht und Privilegien durch die Islamisten zu akzeptieren.

Es war an der Zeit, sowohl den Islam als auch den Staat durch die Aufgabe der Idee eines islamischen Staats zu retten. Die Veränderungen in den subjektiven Einstellungen hinsichtlich Religion und Politik unter den AraberInnen wurde in einer zwischen Juni und August 2011 in Ägypten, im Libanon, in Saudi Arabien und im Irak durchgeführten Werte-Studie bestätigt.

Die Umfrage zeigte beispielsweise, dass 84% der ÄgypterInnen Demokratie und wirtschaftliches Wohlergehen als wesentliche Ziele der arabischen Revolten ansahen. Nur 9% waren der Meinung, die Revolutionen hätten die Etablierung einer islamischen Regierung zum Ziel. 2001 identifizierten sich 80% der ÄgypterInnen zuallererst als Muslime, 2001 sank diese Zahl auf 48%. Ihre Identifikation als Ägypter stieg von nur 8% im Jahre 2001 auf 50% in 2011. 2001 bevorzugten 68% der ÄgypterInnen die Demokratie, 2011 waren es 84%.[9]

Diese Denkweisen drangen auch in die inneren islamistischen Kreise ein und zwangen Aktivisten und Ideologen ihr ausgrenzendes, nativistisches und undemokratisches politisches Projekt zu überdenken. Einige Islamisten, etwa im Iran oder in Indonesien, lehnten explizit ihre früheren ausgrenzenden und schädlichen Visionen ab, während andere, wie die Muslimbrüder in Ägypten, nur dann eher unsystematische und pragmatische Schritte unternahmen, wenn sie durch die Ereignisse dazu gezwungen wurden. Allgemein bestimmte das postislamistische Denken eine Art Rahmen, in dem eine alternative, eher inklusive Vision einer religiösen Politik vorstellbar wurde. Muslime konnten nun selbstsichere Muslime bleiben und sich dennoch einen demokratischen Staat vorstellen. Die türkische AKP lieferte hierfür ein attraktives Modell. Die Herausforderung bestand jetzt darin, einen Weg zu finden, Aktionen zu organisieren und Unterstützung zur Herbeiführung eines politischen Wandels zu mobilisieren. Schließlich boten die neuen Kommunikationstechnologien die Möglichkeit dazu.

Eine wesentliche Schwierigkeit für die politische Klasse im Nahen Osten bestand schon immer darin, wie das Überleben in einem repressiven Staat, der offene und freie Mobilisierung verhindert, möglich ist, und wie dieser Staat kollektiv infrage gestellt werden könnte. Seit den 1980er Jahren war der politische Aktivismus lange Zeit auf die traditionelle Parteipolitik beschränkt. Eine unbefriedigende Methode, die deshalb in den letzten Jahren an Effektivität und Attraktivität eingebüßt hat. Darüber hinaus hatten sich militante Islamisten im Untergrund auf leninistische Weise organisiert; der Aktivismus der Studierenden war gezwungen sich auf den Campus zu beschränken; ArbeiterInnen, die nicht in den konventionellen Gewerkschaften organisiert waren, veranstalteten wilde Streiks; die Fachkräfte der Mittelschicht griffen auf die Mitarbeit in NGOs zurück; und alle wendeten sich – wenn dies erlaubt war – der Straßenpolitik zu, etwa zur Unterstützung der palästinensischen Sache. Doch der allergrößte Teil der Wählerschaften –der

9 Von den insgesamt 3.500 Befragten sagten lediglich 14%, dass sie ihre Informationen aus dem Internet beziehen; 50% verlassen sich auf Satellitenfernsehen. Dies deutet darauf hin, dass nicht nur Wohlhabende und junge Menschen an der Umfrage teilnahmen. Siehe Mansoor Moaddel, »What Do Arabs Want?«, http://www.project-syndicate.org/commentary/what-do-arabs-want-

städtischen Armen, der Frauen, der Jugendlichen und anderer Gruppen wandte sich Nicht-Bewegungen zu, um ihre Lebensaussichten zu verbessern.

Nachhaltige soziale Bewegungen (mit einer offenen, bewussten und dauerhaften Organisation) wurden häufig zu Opfern von Razzien durch die Regime; ihre Anführer wurden verhaftet und ihre Netzwerke zerschlagen. Während die Regime also in der Lage waren, kollektive AkteurInnen (die sich in Parteien oder organisierten Bewegungen zusammenschlossen), zu unterdrücken, konnten sie die kollektiven Aktionen der Nicht-Bewegungen nicht verhindern. Aus diesem Grund entstanden die Nicht-Bewegungen in erster Linie, um die Unterdrückung kollektiver AkteurInnen und Organisationen zu umgehen und die Kosten sozialer und politischer Mobilisierung zu reduzieren. Die sich seit Mitte der 2000er Jahre ausbreitenden elektronischen Kommunikationsmittel (Satellitenschüsseln, Mobiltelefone, Internet, Weblogs und später Facebook und Twitter) revolutionierten die kollektiven Proteste – sie erweiterten und beschleunigten die Mobilisierung und boten eine noch nie da gewesene öffentliche Bühne, um bewusst zu kommunizieren, zu debattieren und Unterstützung zu mobilisieren – ohne die ökonomischen und politischen Kosten traditioneller Organisationen. Obwohl, und genau weil, die AktivistInnen nicht organisiert, temporär und ohne bekannte Führungspersönlichkeiten agierten, blieben sie weitestgehend vor Unterdrückung geschützt und konnten umfassend mobilisieren. Die Jugend des 6. April in Ägypten, die mehr als 60.000 Menschen zur Unterstützung der streikenden TextilarbeiterInnen im Jahre 2008 mobilisierte, war die Erste dieser durch soziale Medien entstandenen Kampagnen. Im Jahr darauf benutzte die grüne Bewegung im Iran erstaunlich konsequent diese Bühne, wodurch die Kampagne sehr schnell in aller Welt wahrgenommen wurde. Als die Revolten in der arabischen Welt begannen, hatten etwa 20% aller AraberInnen, d. h. 50 Millionen Menschen, Zugang zum Internet und etwa 20 Millionen benutzten Facebook. In Tunesien benutzen 3 der 10 Millionen Einwohner das Internet – darunter 70% der Jugendlichen.[10]

Somit produzierten die arabischen Länder durch diese unzufriedenen AkteurInnen, mit einer neuen politischen Denkweise und neuar-

10 http://samer-baydoun.com/2010/03/24/statistics-of-internet-usage-in-the-arab-world-mena-region/

tigen Formen der Kommunikation und Mobilisierung eine neue Öffentlichkeit, die postnational, postideologisch und postislamistisch orientiert ist. Nachdem sie die wesentlichen ideologischen Paradigmen der 1980er und 90er Jahre – Marxismus, arabischer Nationalismus und Islamismus – überwunden hatte, stand diese neue Öffentlichkeit an der Spitze der arabischen Erhebungen. Mit einer gemeinsamen Sprache, einer ähnlichen politischen Kultur und grenzübergreifenden aktivistischen Verbindungen, erfassten die Codes und Formen der Aufstände die arabischen Länder wie eine Flutwelle – »wenn es Tunesien schafft, warum nicht auch wir?«

Revolution als Bewegung – Revolution als Veränderung

Die arabischen Revolutionen waren hinsichtlich ihrer Rasanz, ihres Ausmaßes und ihrer breiten Mobilisierung wahrlich spektakulär. Viele Beobachter verglichen sie mit den Revolutionen des Jahres 1848, den Unruhen 1968 in Europa und insbesondere mit Osteuropa im Jahr 1989.[11] Die Straßenproteste erschienen als die Vorboten des neuen Modells einer genuin demokratischen Ordnung, die die ProtagonistInnen zu etablieren suchten. Der Tahrir-Platz und das dort stattfindende soziale Leben – die Proteste, Barrikaden, Debatten, Besetzungen, das Aufräumen (Reinigen des Platzes) und die Organisation von Lebensmitteln und medizinischer Versorgung – verkörperten nach Ansicht des französischen Philosophen Alain Badiou den »Kommunismus der Bewegung«, eine neue politische Ordnung als Alternative zum heutigen begrenzten, liberalen demokratischen Staat.[12] Für Slavoj Žižek repräsentierte das »Wunder von Tahrir« die universellen Werte der Freiheit, Gerechtigkeit und Würde, die sofort von allen Menschen weltweit zu erkennen waren.[13] Andere, wie Anthony Barnett und Paul Mason, brachten die

11 Siehe Tariq Ali, »This is an Arab 1848. But US hegemony is only Dented«, Guardian, 22. Februar 2011. Immanuel Walerstein, »The Contradictions of Arab Spring«, Aljazeera Website, 14. November 2011.

12 Alain Badiou, »Tunis, Egypt... The Universal Reach of Popular Uprisings«, www.lacan.com/thesymptom/?page_id=1031.

13 Slavoj Žižek, »For Egypt, This is the Miracle of Tahrir Square«, Guardian, 10. Februar 2011.

arabischen Aufstände mit den Occupy-Bewegungen im Westen in Zusammenhang und sahen beide als Vorboten eines neuen revolutionären Zeitalters mit identischen Wurzeln und Beweggründen.[14]

Diese Beobachtungen hatten natürlich nur mit einem, wenn auch wesentlichen Aspekt der Revolutionen zu tun, nämlich Revolutionen im Sinne von *Bewegung*, mit außergewöhnlichen Episoden von großer Solidarität und Aufopferung, Altruismus und einem gemeinsamen Willen, in denen es zu einem raschen Umdenken und zeitweiligen Veränderungen im Verhalten kommt. Tatsächlich ist eine solche außergewöhnliche Episode das Kennzeichen jeder Revolution – im Sinne einer schnellen und radikalen Transformation des Staats, ausgelöst durch eine breite Bewegung von unten. Doch betrachtet man Revolution nicht nur als Bewegung, sondern auch als *Veränderung*, ergibt sich ein anderes Bild. Denn dann müssen wir uns fragen, was am Tag nach dem Sturz des Diktators passiert, wenn die Anziehungskraft des Tahrir- oder Pearl-Platzes nachlässt, wenn die Normalität einsetzt und die alltäglichen Belange des Lebens, der Ordnung und der politischen Allianzen in den Vordergrund treten.

In Wahrheit ist jede postrevolutionäre Zeit von beträchtlichen Paradoxien, intensiven Kämpfen und quälenden Instabilitäten geprägt. Nachdem die Menschen während der revolutionären Kämpfe eine Zeit der Trauer und des Opfers erlebt haben, sind ihre Erwartungen sehr hoch – um sich dann mit zerrütteten staatlichen und wirtschaftlichen Verhältnissen konfrontiert zu sehen, die für die Sicherheit und das alltägliche Auskommen eine Gefahr darstellen. Konterrevolutionen tragen in diesen Zeiten zur Vertiefung der Unsicherheit bei. Angesichts von Kapitalflucht, Arbeiterprotesten, einer kaum mehr aufrechtzuerhaltenden öffentlichen Ordnung und ständiger Unsicherheit, versuchen die ganz normalen Menschen, die nun in einem freieren Klima leben, ihre Ansprüche durch Streiks, Sit-ins, Landbesetzungen oder Selbstverwaltung durchzusetzen. Erhöht sich der Druck der Basis – in den Fabriken, auf den Straßen, in landwirtschaftlichen Betrieben oder an Universitäten –, verschärfen die neuen politischen Machthaber ihre Kontrolle über die Gesellschaft. Sie schränken Freiheiten ein, verhaf-

14 Anthony Barnett, »We Live in Revolutionary Times… But What does It Mean?«, Open Democracy, 16. Dezember 2011; Paul Mason, Why It's Kicking off Everywhere: The new Global Revolutions (London, Verso Press, 2012).

ten Militante, verbieten Organisationen und delegitimieren die neuen Revolutionäre – Maßnahmen, die nur zu gesteigerter Unzufriedenheit führen. In diesen kritischen, höchst angespannten Momenten kann es leicht zu einer Spaltung der Revolutionäre kommen, da die einen Mäßigung statt Radikalität oder stillschweigende Übereinkünfte mit dem neuen Regime verlangen, während die anderen weitergreifende Veränderungen fordern. Es kommt dann zu einer plötzlichen Verschiebung und Konfusion darüber, wer revolutionär, konservativ oder konterrevolutionär ist. Wie Hannah Arendt einst bemerkte: »Der radikalste Revolutionär ist ein Konservativer am Tag nach der Revolution.«

Die arabische Welt sah sich im Jahr nach der Revolution von 2011 mit aufkommenden Widersprüchen konfrontiert. Ein Gefühl nationaler Erneuerung, Hoffnung, Freiheit und Furchtlosigkeit gingen einher mit ständiger Ungewissheit, sektiererischen Zwistigkeiten und konterrevolutionären Intrigen. In diesen brisanten Zeiten zählten die eher bescheidenen städtischen Armen zu den Ersten, die anfangs ruhig und dann lautstark ihre Forderungen erhoben, und zwar sowohl während als auch nach den Revolutionen. In Tunesien waren es bekanntlich provinzielle und ökonomisch marginalisierte Gruppen, die mit den Protesten begannen. Sie wurden dann von den Gewerkschaften und später von Fachkräften der Mittelschicht, die sich der Revolution anschlossen, unterstützt. Während der ägyptischen Revolution drohten landesweite Streiks, die Wirtschaft lahmzulegen. Doch noch bevor die Streiks begannen, beteiligten sich junge Menschen aus armen Stadtvierteln an Protesten in Seitenstraßen und auf großen Plätzen. Die Ultras, fanatische Fußballfans, von denen viele aus dem *Ashwaiyyat*, den informellen Siedlungen, stammten, spielten im Kampf gegen die Schläger und Sicherheitskräfte des Mubarak-Regimes eine Schlüsselrolle. Es stimmt wahrscheinlich, dass sich die ländlichen Migranten und die Älteren unter den Armen eher aus den großen nationalen Bewegungen heraushielten. Vielen blieben die Dynamik, die Ziele und vor allem das Ergebnis solcher Erhebungen unklar. Also zogen sie es vor, das Resultat abzuwarten. Für die meisten Menschen sind Revolutionen viel zu abstrakte Ereignisse, als dass sie sie in ihr prekäres Leben integrieren könnten. Sie neigen stattdessen dazu, sich an überschaubareren, konkreteren und örtlich begrenzten Kämpfen zu beteiligen – Kämpfe, die für sie zu bewältigen und sinnvoll sind. Daher führen die Armen bei revolutionären Aufständen, die die zentrale Autorität unterminieren, ihre eigenen Revolutionen mittels eines stillen Vordringens in ihrer direkten Umgebung fort. In Syrien war Berichten zufolge die Polizei gezwungen, Verstöße gegen städtische Verordnungen zu ignorieren, sodass als Folge der laxeren Strafverfolgung Straßenhändler, die sonst von der Polizei verjagt wurden, vorteilhaftere Orte in den Stadtzentren einnehmen konnten, um dort ihre Waren zu verkaufen. Auf ähnliche Weise verwandelte die Revolution die innerstädtischen Straßen von Tunis. Zur Bestürzung der Eliten und Behörden besetzten Arme zahlreiche Bürgersteige im zentralen Viertel neben der Medina und verwandelten sie in lebendige Märkte – Szenen, die mich an die zentralen Stadtteile Teherans nach der Revolution 1979 und die Straßen Kairos kurz nach Mubaraks Sturz erinnerten.

In Kairo, Alexandria und anderen ägyptischen Städten setzten sich die illegalen Wohnungsneu- und -ausbauten fort, nachdem die Revolutionäre die Sicherheitskräfte von den Straßen verdrängt hatten. Im Rohbau befindliche Mietwohnungen wurden besetzt und auf öffentlichem Gelände an den Stadträndern wurden Wohnungen gebaut. In der Besetzersiedlung Duqquiyya übernahmen Bewohner die vom Staat neu errichteten Wohneinheiten, um ein neues Leben zu beginnen. Der plötzliche Anstieg des Zementpreises (im Vergleich zum eher unveränderten Preisniveau im Allgemeinen) war ein Zeichen weitverbreiteter illegaler Bebauung während der Revolution, und zwar nicht nur seitens der Armen, sondern auch durch opportunistische Bauunternehmer.[15]

In den unmittelbaren postrevolutionären Phasen werden häufig die individualisierten Armen mobilisiert, um kollektive Forderungen an die neuen Autoritäten zu stellen. Sich der Abwesenheit der Unterdrücker gewiss und innerhalb eines neuen Freiraums steigt ihr Interesse an der Organisierung und dem Aktivismus für Angelegenheiten, die mit ihrer direkten Umgebung zu tun haben. So bildete sich in Kairo nach dem Sturz Mubaraks eine stadtweit agierende *Association of Ashwaiyyat* für die Sicherung und Aufwertung der Slumgemeinden und der Entlassung korrupter Kommunalbeamter. Mehr als 1.000 arme Mieter und deren Familien veranstalteten ein Sit-in auf dem Tahrir-Platz, um Wohnraum von der Regierung zu fordern, nachdem sie von den Eigentümern, die Angst vor Besetzungen hatten, zur Räumung ihrer Wohnungen gezwungen wurden. Bewohner der Menshyat Na-

15 Interview mit Hossam, April 2011, Alexandria.

ser Besetzergemeinde blockierten eine große Verkehrsstraße, um die Entlassung korrupter Kommunalbeamter zu erzwingen und ihre Siedlung vor dem Abriss zu schützen. In ländlichen Gebieten organisierten sich Kleinbauern (mit weniger als vier Hektar Land) in unabhängigen Verbänden. Gleichzeitig gründeten Industriearbeiter neue unabhängige Gewerkschaften und kämpften gegen die neoliberalen Arbeitgeber, die ihnen traditionelle Ansprüche wie einen anständigen Mindestlohn, Vergünstigungen und Arbeitsplatzsicherheit vorenthielten. Es kam zu einer Welle von Streiks und Arbeitsniederlegungen in der verarbeitenden Industrie, im Bergbau, bei der Post, an Häfen, bei der U-Bahn, in Handelsunternehmen und anderen Sektoren. Im Jahr 2011 zählte die ägyptische Regierung 335 Arbeiterproteste, 258 Sit-ins und fast 4.500 an das Arbeitsministerium gerichtete Beschwerden von Einzelnen und Gruppen.[16] In dieser Zeit gab es 513 Arbeiterstreiks in Tunesien, von denen 460 legal waren. Darunter waren auch Arbeitsniederlegungen im südlichen Bergbaugebiet, in dem die Produktion um 50% zurückging.[17]

Neben sozialen und ökonomischen Konflikten bestimmten politische Uneinigkeiten zwischen den verschiedenen Kräften das Jahr nach der Revolution in Ägypten. Bereits mit dem am 19. März 2011 gehaltenen Referendum tat sich eine tiefe Kluft zwischen den alten Verbündeten, den Muslimbrüdern auf der einen Seite und den säkularen und liberalen Kräften auf der anderen Seite, auf. Als im Januar 2012 bei den Parlamentswahlen die Partei der Freiheit und Gerechtigkeit der Muslimbruderschaft und die salafistische Al-Nour-Partei als Sieger hervorgingen, erreichten die Streitigkeiten einen neuen Höhepunkt. Die säkularen und liberalen Revolutionäre beschuldigten die religiösen Parteien, sich bei der herrschenden Junta anzubiedern. Doch nichts schien beunruhigender als der Ausbruch sektiererischer Gewalt. Das bewegende Bild von koptischen Christen und Muslimen, die gemeinsam auf dem Tahrir-Platz beteten, war schon lange vorher durch die erschreckenden Berichte über sektiererische Zwietracht, brennende Kirchen, zerstörtes Eigentum und Tote getrübt worden. Die Kluft zwischen den Salafisten und den Säkularen in Tunesien führte zu sporadischen Gewaltausbrü-

16 Nach einem Bericht des ägyptischen Ministry of Manpower; zitiert nach al-Masry al-Youm, 17. Januar 2012.

17 MENA Solidarity network, »Tunisia: Workers Still Fighting One year on from the Revolution«, 19. Januar 2012, in http://menasolidaritynetwork.com/2012/01/19/tunisia-workers-still-fighting-one-year-on-from-the-revolution/

chen auf den Straßen und breitete sich auf die Universitäten und ebenso im kulturellen Bereich aus.

In diesen unbeständigen Momenten der Hoffnung und Besorgnis wuchs die Angst vor einem gesellschaftlichen Zusammenbruch, als intrigante Konterrevolutionäre die Misserfolge dazu nutzten, die neuen Machthaber zu zwingen, aggressivere Maßnahmen zu ergreifen, um die Kontrolle zu behalten. So verbot die von Al-Nahda dominierte Regierung als Reaktion auf den Widerstand der Arbeiter und politischen Opposition schlicht alle Demonstrationen auf dem Bourguiba Boulevard in Tunis.[18] Als in Ägypten der herrschende Oberste Rat der Streitkräfte (SCAF) ein Verbot von Arbeiterstreiks erließ und protestierende Arbeiter verhaftete, brodelte es erneut auf dem Tahrir-Platz, um das Streikrecht als einer der größten Errungenschaften der Revolution wieder durchzusetzen. Tatsächlich führten die anhaltenden politischen Kämpfe im ersten Jahr nach Mubarak, die ihren Höhepunkt mit den Ereignissen im Maspero-Viertel und »Tahrir 2« erreichten, zur Verhaftung und Anklage von etwa 14.000 Revolutionären durch das herrschende Militär.

Revolution oder Refo-lution?

Die Tatsache, dass die provisorisch herrschenden Militärs Streiks verbieten und sogar Revolutionäre verhaften konnten, deutet auf etwas Eigentümliches in der Natur dieser Revolutionen hin. In Wahrheit blieben sowohl in Ägypten als auch in Tunesien viele Schlüsselinstitutionen der alten Regime, der Sicherheitsapparat, die Medien, Kulturorganisationen und mächtige Wirtschaftsverbände, mehr oder weniger unangetastet. Die revolutionären Gruppen waren selbstverständlich alarmiert und warnten vor den Gefahren einer Konterrevolution und eines Kidnapping der Aufstände. Doch wie revolutionär waren diese Revolutionen wirklich, um die Gefahren einer Restauration abzuwehren? Während die bevölkerungsweiten Proteste in Libyen mit Unterstützung der NATO in einen revolutionären Krieg mündeten, der den Staat vollständig transformierte, war der Verlauf der Veränderungen

18 Bouazza ben Bouazza, »Tunisia Protest: Demonstrators, Police Clash in Tunis«, Huffington Post, 21. April 2012.

in Ägypten, im Jemen und zu einem gewissen Grad in Tunesien nicht revolutionär an sich, sondern refo-lutionär, also eine Mischung aus revolutionären Bewegungen und einer reformistischen Zielsetzung.

Allgemein gesprochen mobilisieren sich soziale und politische Bewegungen in einem reformistischen Kurs meist in lang anhaltenden Kampagnen, um gemeinsam Druck auf die herrschenden Regime auszuüben, um diese zu zwingen, Reformen durch die bestehenden staatlichen Institutionen durchzuführen. Mit ihrer gesellschaftlichen Macht – der Mobilisierung der Basis – zwangen die Oppositionsbewegungen die politischen Eliten, sich, ihre Gesetze und Institutionen zu reformieren – häufig durch eine Art Gesellschaftsvertrag. Veränderungen finden also im Rahmen der *existierenden* politischen Ordnung statt. Der Übergang zur Demokratie in Ländern wie Mexiko und Brasilien in den 1980er Jahren vollzog sich auf diese Weise. Die Führung der Grünen Bewegung im Iran verfolgte einen ähnlichen reformistischen Kurs. Dabei gibt es Unterschiede in der Intensität und dem Ausmaß der Reformen. Der Wandel kann oberflächlich bleiben; doch er kann auch tiefgreifend sein, wenn er sich kumulativ durch rechtliche, institutionelle und kulturpolitische Reformen realisiert.

Ein derartiger reformistischer Kurs unterscheidet sich erheblich von einem aufständischen, bei dem sich eine revolutionäre Bewegung über einen relativ langen Zeitraum herausbildet. Dabei entstehen eine erkennbare Führerschaft und Organisation sowie die Umrisse einer künftigen politischen Ordnung. Während das herrschende Regime mit seinem Polizei- und Militärapparat sich dieser Bewegung widersetzt, entstehen durch allmähliche Aushöhlung und Illoyalität Risse in den regierenden Organen. Das revolutionäre Lager prescht voran, zieht Abtrünnige an sich, bildet eine Schattenregierung und alternative Machtorgane. Derweil erstarrt die Gouvernementalität des Regimes und es entsteht ein Zustand dualer Macht zwischen den Herrschenden und der Opposition. Dieser Zustand dualer Macht wird durch einen aufständischen Kampf, in der das revolutionäre Lager die Staatsmacht gewaltsam an sich reißt, beendet; es entfernt die alten Organe der Autorität und etabliert neue. Wir haben es hier mit einer umfassenden Erneuerung des Staats zu tun, mit neuen Funktionären, einer neuen Ideologie und einer neuen Regierungsform. Die iranische Revolution von 1979, die sandinistische Revolution in Nicaragua oder die kubanische Revolution von 1953 sind Beispiele hierfür. Libyen unter Ghaddafi war mit einem vom Nationalen Übergangsrats angeführten, revolutionären Aufstand konfrontiert, der von der befreiten Stadt Benghasi ausging und schließlich die Hauptstadt Tripolis erreichte.

Es gibt noch eine dritte Möglichkeit – die Implosion des Regimes. Dabei kann eine Revolte durch Generalstreiks und breiten zivilen Ungehorsam entstehen, oder dadurch, dass eine revolutionäre Kriegsführung das Regime nach und nach einkreist, bis es schließlich implodiert. Es bricht zerrüttet und in totaler Unordnung zusammen, und es gibt eine große Zahl von Überläufern. Ersetzt wird es durch alternative Eliten und Institutionen. 1989 implodierte Ceausescus Regime in Rumänien begleitet von dramatischem politischen Chaos und Gewalt, doch es entstand schließlich eine ganz andere politische und wirtschaftliche Ordnung unter der neu etablierten Nationalen Heilsfront. Sowohl beim Aufstand als auch bei der Implosion – und im Unterschied zum reformistischen Weg – finden die Versuche, die politische Struktur zu reformieren, nicht innerhalb der staatlichen Institutionen, sondern zum überwiegenden Teil *außerhalb* von ihnen statt.

Weder die ägyptische noch die tunesische oder jemenitische Revolutionen waren vergleichbar. In Ägypten und Tunesien verwandelten sich die gewaltigen politischen Erhebungen zu den rasantesten Revolutionen unserer Zeit. Es gelang den TunesierInnen innerhalb eines Monats und den ÄgypterInnen innerhalb von nur achtzehn Tagen, die langjährigen autoritären Herrscher aus dem Amt zu vertreiben und dabei eine Reihe von mit ihnen verbundenen Institutionen, die Regierungsparteien, die gesetzgebenden Körperschaften und viele Ministerien aufzulösen. Dabei wurden konstitutionelle und politische Reformen versprochen. All dies geschah bemerkenswerterweise auf relativ zivile, friedliche und zügige Art und Weise. Doch diese erstaunlich schnellen Siege (im Unterschied zu den vergleichsweise langen Revolten im Jemen und in Libyen, oder den noch andauernden in Syrien und Bahrain) ließ den Oppositionellen kaum die Möglichkeit – wenn sie dies denn vorhatten –, parallel verantwortliche Organe aufzubauen, die in der Lage wären, den neuen Staat zu kontrollieren. Stattdessen wollten die Revolutionäre, dass die Institutionen des amtierenden Regimes, in Ägypten zum Beispiel das Militär, die wesentlichen Reformen im Namen der Revolution durchführten, also die Verfassung zu ändern, freie Wahlen durchzuführen, unabhängige politische Parteien zu erlauben und längerfristig eine demokratische Regierungsform zu institutionalisieren. Darin bestand die wesentliche Anomalie dieser Revolutionen: Sie besaßen eine enorme gesellschaftliche Macht, aber keine behördliche Autorität; sie erlangten eine bemerkenswerte Hegemonie, regierten aber nicht im eigentlichen Sinne. Daher existierten die alten Regime fort, es gab kaum neue staatliche Institutionen oder regierende Körperschaften und keine neuen, adäquaten Mittel und Methoden des Regierens, die zusammengenommen den Willen der Revolution hätten verkörpern können.

Es stimmt, dass die osteuropäischen Revolutionen der späten 1980er Jahre wie auch die arabischen gewaltlos, zivil und erstaunlich schnell vonstatten gingen (in Ostdeutschland dauerte sie zehn Tage), doch im Gegensatz zu Ägypten, dem Jemen und sogar Tunesien gelang es ihnen, das politische und wirtschaftliche System komplett zu verändern. Dies war möglich, erstens, weil der implodierte ostdeutsche kommunistische Staat sich leicht auflösen und in den bereits existierenden, funktionierenden westdeutschen Regierungsorganen aufgehen konnte. Zweitens und allgemeiner, weil der Unterschied zwischen dem, was die osteuropäischen Bevölkerungen hatten (einen kommunistischen Einparteienstaat und Planwirtschaft) und dem, was sie wollten (eine liberale Demokratie und Marktwirtschaft) so radikal war, dass der Wandel revolutionär sein musste. Eine nur halbherzige, oberflächliche und reformistische Veränderung wäre leicht zu durchschauen gewesen und hätte sofort Widerstand hervorgerufen – ein ganz anderes Muster als bei den Revolutionen im Jemen, in Tunesien und Ägypten, wo die Forderungen nach Veränderung, Freiheit und sozialer Gerechtigkeit so allgemein waren, dass auch die Konterrevolution sie für sich beanspruchen konnte. In dieser Hinsicht ähnelten diese Revolutionen eher der Rosenrevolution in Georgien 2003 und der ukrainischen Orange Revolution vom November 2004 bis Januar 2005 – in beiden Fällen führten lang anhaltende Massenproteste zum Sturz der korrupten Machthaber. Hierbei nahmen die Veränderungen streng genommen einen eher reformistischen als revolutionären Verlauf.

Doch bei den politischen Erhebungen in der arabischen Welt gab es noch einen anderen, vielversprechenden Aspekt: Es war ein bedeutend stärkerer revolutionärer Drang am Werk, der diese Erhebungen tiefgreifender als diejenigen in Georgien und der Ukraine machte. In Tunesien und Ägypten bot der Abschied der despotischen Herrscher und ihrer Apparate einen noch nie da gewesenen Freiraum für die Bevölkerung, insbesondere für die Subalternen, sich zu behaupten und sich ihre

Gesellschaften anzueignen. Wie es fast immer bei revolutionären Wendepunkten der Fall ist, wurde eine enorme Energie freigesetzt, und es entwickelte sich ein beispielloses Gefühl der Erneuerung im gesamten gesellschaftlichen Raum. Verbotene politische Parteien wurden wieder aktiv und neue wurden gegründet.

In Tunesien entstanden etwa 100 politische Parteien und ein Dutzend in Ägypten. Gesellschaftliche Organisationen erhoben ihre Stimmen und an der Basis entstanden außergewöhnliche Initiativen. Die Menschen, die nun keine Angst mehr vor Verfolgung hatten, beharrten offensiv auf ihren Forderungen. Es kam zu unzähligen inoffiziellen Streiks und Protesten. In Tunesien begannen die Gewerkschaften eine deutlich größere Rolle zu spielen und in Ägypten verlangten ArbeiterInnen neue unabhängige Gewerkschaften. Einige schlossen sich in der Coalition of the 25 January Revolution Workers zusammen, um die revolutionären Prinzipien »Veränderung, Freiheit und soziale Gerechtigkeit« durchzusetzen. Während Kleinbauern unabhängige Verbände forderten, bereiteten sich SlumbewohnerInnen in Kairo darauf vor, ihre erste Organisation überhaupt zu gründen. Jugendliche schlossen sich zusammen, um die Slumviertel aufzuwerten, beteiligten sich an Bauarbeiten und erlangten ihren Stolz als BürgerInnen zurück. Studierende strömten auf die Straßen, um vom Bildungsministerium eine Revision der Kurrikula zu fordern. Und es bildete sich die Tahrir Revolutionary Front in Ägypten und der Supreme Body to Realize the Objectives of the Revolution in Tunesien, um die neuen Machthaber dazu zu drängen, sinnvolle politische Reformen durchführen. Natürlich war all dies Ausdruck eines Engagements in Ausnahmezeiten. Doch das außergewöhnliche Gefühl von Freiheit, der Drang nach Selbstverwirklichung, der Traum einer neuen und gerechten Ordnung – kurz, der Wunsch nach allem, was neu ist, bestimmte den Geist dieser Revolutionen. An diesen Wendepunkten waren die Gesellschaften ihren Eliten weit voraus und offenbarten somit die wesentliche Anomalie dieser Revolutionen – die Diskrepanz zwischen dem revolutionären Wunsch nach dem Neuen und einem reformistischen Verlauf, der dazu führen könnte, das Alte zu bewahren.

Wie sind diese arabischen Revolten zu verstehen? Bisher haben sich die Monarchien in Jordanien und Marokko dafür entschieden, ein paar politische Reformen durchzuführen – in Marokko ermöglichte es eine Verfassungsreform dem Führer der Mehrheitspartei im Parlament, die

Regierung zu bilden. In Syrien und Bahrain könnten die sich hinziehenden Kämpfe zwischen der Opposition und den gewalttätigen Regimes dazu führen, dass die Erhebungen einen aufständischen Verlauf mit ungewissem Ausgang nehmen.

In Libyen kam es durch einen eindeutig revolutionären Krieg zum Regimewechsel. Aber die Erhebungen in Ägypten, Jemen und Tunesien nahmen einen ganz eigenen Verlauf, der weder als revolutionär an sich noch einfach als reformistisch beschrieben werden kann. Man könnte stattdessen von Refo-lutionen sprechen – Revolutionen, die nach Reformen innerhalb und mittels der Institutionen der bestehenden Staaten strebten. Refo-lutionen an sich verkörpern paradoxe Realitäten. Sie haben den Vorteil, einen geordneten Übergang zu gewährleisten und Gewalt, Zerstörung und Chaos – die den Preis von Veränderung dramatisch in die Höhe treiben –, zu vermeiden. In diesem Modell können revolutionärer Exzess, Terrorherrschaft, Ausgrenzung, Rache und Schnellverfahren umgangen werden. Und es gibt immer noch die Möglichkeit eines echten Wandels durch systematische Reformen und Gesellschaftsverträge, allerdings nur dann, wenn die Gesellschaft – die Basis, die zivilgesellschaftlichen Organisationen, die Gewerkschaften, sozialen Bewegungen und politischen Parteien – wachsam bleibt, sich weiterhin mobilisiert und Druck ausübt. Sonst bergen Refo-lutionen genau deswegen die Gefahr einer konterrevolutionären Restauration, weil die Revolution nicht in die Schlüsselinstitutionen der Staatsmacht vordringen konnte.

Man kann sich mächtige Interessensgruppen vorstellen, die, von der Heftigkeit der Umwälzungen in der Bevölkerung alarmiert, sich verzweifelt neu sortieren, Sabotage ausüben und Gegenpropaganda betreiben. Die besiegten Eliten könnten in zynischerweise ein Klima der Verunsicherung heraufbeschwören, indem sie Chaos und Instabilität verbreiten und dadurch eine Sehnsucht nach den sicheren Zeiten unter dem alten Regime hervorrufen. Ehemalige hohe Staatsbeamte, alte Parteiapparatschiks, einflussreiche Chefredakteure, Großunternehmer, gekränkte Mitglieder des Geheimdiensts und des Sicherheitsapparats könnten in die Institutionen der Macht und der Propaganda eindringen, um die Dinge zu ihrem Vorteil zu wenden. Im Jemen blieben die wesentlichen Elemente des alten Regimes intakt, auch wenn ein erneutes Gefühl der Freiheit und unabhängiger Aktivismus versprechen, politische Reformen voranzutreiben.[19] In Tunesien sind die alten herrschenden Gruppen und die Wirtschaftsmafia – auf etwa 47 politische Parteien verteilt und direkt oder indirekt von weiteren 70 Organisationen unterstützt – bereit, zurückzuschlagen und den Weg zu echtem Wandel zu blockieren.[20] In Ägypten zeigte sich der Oberste Rat der Streitkräfte (SCAF) äußerst intolerant und repressiv, er verhaftete Dutzende Revolutionäre und schloss kritische zivilgesellschaftliche Organisationen. Die Gefahr einer Restauration oder eines nur oberflächlichen Wandels erhöht sich, wenn der revolutionäre Elan nachlässt, der Alltag wieder einsetzt und die Ernüchterung voranschreitet. So wie es auch in der arabischen politischen Szene geschah – und die revolutionären ProtagonistInnen außerhalb der Machtzentren blieben.

Revolution in Zeiten der Reform

Warum waren die arabischen Revolutionen im Allgemeinen refo-lutionär geprägt? Warum blieben die Schlüsselinstitutionen der alten Regime unverändert, während die revolutionären ProtagonistInnen marginalisiert wurden? Dies hat zum Teil mit dem raschen Sturz der Diktatoren zu tun, der im Endeffekt das Ende der Revolutionen markierte, ohne dass es eine grundlegende Verschiebung innerhalb der Staatsmacht gegeben hätte. Der schnelle Sieg bot den Revolutionären kaum die Möglichkeit, alternative Machtorgane aufzubauen – wenn sie dies denn vorhatten. In diesem Sinne waren es sich selbst beschränkende Revolutionen. Doch es gab einen wichtigeren Grund. Die Revolutionäre blieben von der Macht ausgeschlossen, weil sie nie geplant hatten, den Staat zu übernehmen. Doch als in den späteren Phasen die ProtagonistInnen merkten, dass sie dies hätten tun sollen, fehlten ihnen die Mittel und Ressourcen – Organisation, mächtige Führungspersönlichkeiten und eine strategische Vision –, um den alten Regimen die Macht abzuringen. Dadurch unterschieden sich die arabischen Revolutionen erheblich von ihren Vorgängern im 20. Jahrhundert.

19 Kareem Fahim, »Militants and Politics Bedevil Yemen's New Leaders«, New York Times, 23. April 21012.

20 Tunesische Tageszeitung Al-Sabah, 16. August 2011; www.assabah.com.tn/article-56385.html

Bis in die 1990er Jahren hinein gab es drei große ideologische Traditionen, auf denen die Vorstellung von Revolution als Strategie fundamentaler Veränderung basierte: der antikolonialistische Nationalismus, der Marxismus-Leninismus und der Islamismus. Der antikolonialistische Nationalismus, wie er in den Ideen eines Frantz Fanon, Sukarno oder Ho Chi Minh zum Ausdruck kam, stellte sich die postkolonialen Gesellschaften als neue vor, die die politische und ökonomische Herrschaft des alten kolonialen Systems und der Kompradoren-Bourgeoisie negieren würden. Doch die nationalistischen Revolutionen setzten sich im postkolonialen Zeitalter nicht fort. Oft wurden aus den nationalistischen Revolutionären Beamte der neuen postkolonialen Staaten, denen es meist nicht gelang, die von ihnen versprochene Demokratie, soziale Gerechtigkeit und Unabhängigkeit zu verwirklichen. Viele, wenn sie nicht von Militärputschen heimgesucht wurden, mündeten in Autokratie und militärischem Populismus, ihre Entwicklungsprogramme scheiterten oder sie schlugen, wie in jüngerer Zeit, einen neoliberalen Kurs ein. In den späten 1980er Jahren legten die meisten dieser postkolonialen Staaten das ab, was von ihrem verteilenden Sozialismus, ihren Gesellschaftsverträgen und ihrem Populismus noch übrig geblieben war. Der palästinensische Nationalismus ist vielleicht die letzte nationalistische revolutionäre Bewegung, die den Zustand der Kolonialisierung noch zu überwinden hat.

Die Marxisten waren in der Zeit des Kalten Krieges sicherlich die beeindruckendsten Revolutionäre. Die wichtigsten marxistisch-leninistischen Organisationen hielten nach wie vor an der Idee der Revolution fest. Viele inspirierten die revolutionäre Guerillastrategie in den Entwicklungsländern, so auch im Nahen Osten, wie bspw. die Dhofar Liberation Front in Oman und die Organisation der Volksfedajin Guerilla im Iran. In Westeuropa stand das Ideal der Revolution bei radikalen linken Gruppen wie der Socialist Workers Party und anderen trotzkistischen Organisationen hoch im Kurs. Sie hatten ausführliche Theorien zur Revolution und Pläne zur Übernahme des Staats entwickelt und inspirierten sogar nicht-marxistische politische Bewegungen. Es stimmt, dass einige Tendenzen innerhalb des Marxismus-Leninismus sich in eine reformistische Richtung entwickelten. So entschieden sich etwa Bewegungen, die einen nicht-kapitalistischen Weg zum Sozialismus in den Entwicklungsländern verfolgten, oder die eurokommunistischen Parteien in Italien, Spanien oder Frankreich dafür, innerhalb der bestehenden Strukturen zu arbeiten, statt eine leninistische Strategie der gewaltsamen Übernahme des Staats zu verfolgen. Doch die wichtigsten Stränge innerhalb des Marxismus-Leninismus in den Entwicklungsländern hielten leidenschaftlich an der Idee der Revolution als Möglichkeit hin zu einem schnellen, radikalen und gewaltsamen Machtwechsel fest.

Allerdings kam es mit dem Zusammenbruch der UdSSR und des sozialistischen Osteuropas bei all diesen zu einer dramatischen Verschiebung. Die antikommunistischen Revolutionen in den späten 1980er Jahren in Osteuropa und das Ende des Kalten Krieges bereiteten auch der Idee der Revolution als schneller und radikaler politischer Veränderung ein Ende. Der Begriff Revolution war ein solch integraler Bestandteil des Sozialismus gewesen, dass der Niedergang des Sozialismus das Ende von Revolution und der staatlich-zentrierten Politik und Perspektiven bedeutete. Der Etatismus wurde als hierarchisch, ineffizient, repressiv und der individuellen Autonomie und Eigeninitiative abträglich diskreditiert. Dies hatte sicherlich eine tief greifende Wirkung auf die Vorstellung einer auf den Staat fixierten Revolution. Revolution wurde so zu einem rätselhaften Mysterium. Sie wurde mit Marxismus, einem starken Staat, Autoritarismus identifiziert, und als Schlüsselmoment des gescheiterten Kommunismus begriffen. Der aufkommende Neoliberalismus, der unter Reagan in den USA und Margaret Thatcher in Großbritannien begann und sich später in fast alle Regionen der Welt ausbreitete, trug beträchtlich zur Veränderung des Diskurses bei.

Statt Sozialismus, Staat und Revolution breiteten sich die Idiome des Individuellen, der NGOs, der Zivilgesellschaft, der Öffentlichkeit, des rationaler Dialogs und der Gewaltlosigkeit aus – also der Reform. Reform, oder allmählicher Wandel, hieß nun das Spiel und die Strategie der Zeit. Internationale NGOs, Hilfsorganisationen und Regierungen spielten eine Schlüsselrolle bei der weltweiten Verbreitung dieses neuen Diskurses. Im Iran beispielsweise wurde das in Ehre gehaltene Idiom der Revolution der 1980er Jahre in den späten 1990er Jahren zu etwas rätselhaften, besonders während der Präsidentschaft von Mohammad Khatami (1997-2001); es wurde mit Gewalt, Zerstörung und Extremismus in Verbindung gebracht. Statt Revolution wurde nun Reform Teil des altehrwürdigen Kanons.

Der Marxismus-Leninismus und seine Idee der Revolution gingen unter, doch er hinterließ seine Spuren beim ideologischen Rivalen – dem Islamismus. Seit den 1970er Jahren bezogen sich militante islamistische Bewegungen auf die revolutionären Ideen von Sayid Qutb, um gegen die säkularen Staaten in der muslimischen Welt zu kämpfen. Qutb hatte einige Ideen des indischen Islamistenführers Abul'alaa Maududi aufgegriffen, der seinerseits von der organisatorischen und politischen Strategie der Indischen Kommunistischen Partei beeinflusst war. Qutbs Pamphlet *Meilensteine* wurde das islamistische Äquivalent zu Lenins *Was Tun?* Seine Vorstellungen bereiteten den Boden für eine Vorhut muslimischer Militanter, die den Jahili-Staat gewaltsam übernehmen und eine islamische Ordnung etablieren wollten. Dies war wiederum ein Vorbild für die Strategie militanter islamistischer Organisationen wie Jihad, Gama'a al-Islamiyya, Hizbual-Tahrir und Lashjar Jjhad. Darüber hinaus waren seit den 1980er Jahren einige einflussreiche ehemalige Marxisten (wie Adel Hussein, Mustapha Mahmood, Tariq al-Bishri) zum Islamismus konvertiert und brachten zahlreiche Ideen aus der marxistisch-leninistischen Tradition mit. Natürlich unterschieden sich diese revolutionären, militanten Islamisten eindeutig von den sich zur Wahl stellenden Islamisten wie den Muslimbrüdern, die eine an Gramsci erinnernde Strategie verfolgten: Die Gesellschaft für sich zu gewinnen in der Hoffnung, in den Bereich des Staats einzudringen. Dies hatte aber eindeutig reformistische Folgen. Tatsächlich kam die reformistische Stoßrichtung der Muslimbrüder in dem anfänglichen Widerwillen ihrer alten Garde, sich der ägyptischen Revolution im Jahr 2011 anzuschließen, klar zum Ausdruck. Dies setzte sich nach der Revolution fort, als die Gruppe sich immer noch so verhielt, als stünde sie in Opposition zu den herrschenden Militärs – auch nachdem sie die Mehrheit der Parlamentssitze gewonnen hatte.

Die iranische Revolution von 1979 war sowohl von marxistischen Vorstellungen von Revolution als auch von Sayyid Qutb beeinflusst. Während Qutbs *Meilensteine* den islamischen Aktivisten im Iran zugänglich gemacht worden war (in einer Übersetzung des gegenwärtigen Staatsoberhaupts Ayatollah Khamenei), spielte die marxistisch-leninistische Fedaian Khalq und die islamisch-marxistische Mudjahedin Khalq eine wesentliche Rolle bei der Radikalisierung der revolutionären Politik im Iran.[21] Die wichtigste Rolle spielte womöglich der beliebte Ali Shariati, der als Student des französischen Linken Georges Gur-

21 Ladan Boroumand und Roya Boroumand, »Terror, Islam, and Democracy«, Journal of Democracy, vol. 13, Nr. 2, April 2002.

vitch leidenschaftlich in einer Mischung marxistischer und islamischer Idiome von Revolution sprach und dabei Klassenkampf und die Herstellung einer »göttlichen klassenlosen Gesellschaft« heraufbeschwor. Alles in allem ist die Revolution ein zentrales Element in der Politik des militanten Islamismus gewesen.

Doch auch dies änderte sich. Mit der Krise des Islamismus und dem Aufstieg des Postislamismus verlor der Glaube an die Revolution stark an Ansehen. Die postislamistische Kritik des Islamismus bedeutete auch einen Abschied vom Diskurs der Gewalt, der Militanz und der revolutionären Rhetorik. Statt um Revolution ging es den Postislamisten um Gewaltlosigkeit, um eine Politik der kleinen Schritte und einen reformistischen Weg zur politischen und gesellschaftlichen Veränderung. Während der Islamismus und sein Revolutionismus mit einem Fuß in der Politik des Kalten Krieges stand, ist der Postislamismus durch die politischen Idiome der Zeit nach dem Kalten Krieg beeinflusst worden – von der Sprache der Zivilgesellschaft, der Rechenschaft, der Gewaltlosigkeit und der schrittweisen Veränderung.[22]

Die arabischen Revolutionen fanden also in der globalen politischen Arena zu einer Zeit statt, als sich die Idee der Revolution bereits aufgelöst hatte. Denn der Niedergang der wichtigsten postkolonialen Ideologien (antikolonialer Nationalismus, Marxismus-Leninismus und Islamismus) hatte die Vorstellung von Revolution als schnelle, radikale und gewaltsame Veränderung delegitimiert. Es wundert also nicht, dass nur wenige arabische Protagonisten tatsächlich an die Entstehung einer Revolution dachten, Strategien für sie entwickelten und sie vorbereiteten, auch wenn viele davon geträumt haben mögen. Wir leben in einer völlig anderen Zeit als etwa den späten 1970er Jahren, als meine Freunde und ich im Iran in unseren Gesprächen oft ein Bild der Revolution heraufbeschworen, auch wenn es sehr weit hergeholt schien. Wenn wir auf Fahrrädern durch die wohlhabenden Viertel im Norden Teherans fuhren, fragten wir uns, wie die Paläste des Schahs gestürmt und diese opulenten Villen verteilt werden könnten. Kurz: Wir dachten

22 Interessanterweise bleiben die militantesten und gewalttätigsten Dschihadisten wie Al-Qaida nicht revolutionär. So ist Al-Qaida, trotz dessen Gewalt, aufgrund seiner multinationalen Organisation, unklaren Zielen (den Islam retten oder gegen den Westen kämpfen) und der Vorstellung des Dschihad als Zweck eher eine ethische als eine politische Bewegung, wie Faisal Devji dies zeigt. Siehe Faisal Devji, Landscapes of Jihad (Cornell University Press, 2005).

in Begriffen der Revolution. Doch im Nahen Osten des neuen Jahrtausends stellte sich kaum eine Gruppe Veränderungen mittels dieser Begriffe vor. Ihnen ging es um den Wunsch nach Reform, um eine sinnvolle Veränderung innerhalb der bestehenden politischen Ordnung. In Tunesien dachte wohl kaum jemand an Revolution; tatsächlich hatte die tunesische Intelligenz unter dem Polizeistaat von Ben Ali einen politischen Tod erlitten, wie es jemand mir gegenüber formulierte.[23] In Ägypten waren die Kifaya und später die Bewegung des 6. April trotz ihrer politischen Erneuerungen im Grunde reformistisch; sie besaßen keine Strategie zur vollständigen Übernahme des Staats.[24] Auch wenn einige Aktivisten des 6. April Berichten zufolge in den USA, Katar oder Serbien politisch ausgebildet wurden, ging es dabei größtenteils um Themen wie Wahlbeobachtung, Taktiken gewaltlosen Protests oder der Bildung von Netzwerken.[25] Was folglich vor sich ging als es zu den Erhebungen kam, waren nicht Revolutionen *per se*, die mit einer radikalen Verschiebung in der Staatsmacht beginnen, sondern Refo-lutionen, d. h. revolutionäre Bewegungen, die die bestehenden Regime dazu zwingen wollen, sich zu reformieren.

In Wahrheit mögen die Menschen eine Idee von einer tatsächlich stattfindenden Revolution haben – oder auch nicht. Denn das Stattfinden einer Revolution hat wenig mit der Idee und noch weniger mit einer Theorie von Revolution zu tun. Revolutionen können nicht ausgeheckt und geplant werden, auch wenn Menschen dies tun. Revolutionen finden einfach statt. Allerdings würde eine Idee von Revolution zu haben – oder eben nicht – das Resultat entscheidend beeinflussen, nachdem sie tatsächlich passiert. Ein wesentliches Paradox der arabischen Revolutionen hat mit ihrem refo-lutionären Charakter zu tun. Sie bleiben bestenfalls unfertige Revolutionen, da die Schlüsselinstitutionen und Werte des alten Regimes weiterhin die Wünsche und Forderungen nach sinnvollem Wandel zunichte machen. Dieses Ergebnis muss für alle Beteiligten, die große Hoffnung auf eine gerechte, würdevolle und freie Zukunft hatten, schmerzhaft sein. Allerdings könnte es weniger quälend sein, wenn wir uns in Erinnerung rufen, dass die

23 Zur politischen Apathie unter Ben Ali siehe Beatrice Hibou, The Force of Obedience, London, Polity, 2011.

24 Siehe die Website der Gruppe vor dem Ausbruch der Revolution.

25 Siehe Ron Nixon, »US Groups Helped Nurture Arab Uprisings«, New York Times, 14. April 2011.

meisten großen Revolutionen des 20. Jahrhunderts (z.B. die russische, chinesische, iranische), bei denen es gelang, die alten autokratischen Regime zu stürzen, sehr schnell zur Etablierung einer neuen, aber noch autoritäreren Herrschaft und repressiverer Staaten führten. Sogar das revolutionäre Libyen, wo Ghaddafis Regime komplett beseitigt wurde, gibt den ägyptischen oder tunesischen Revolutionären keinen Anlass zu Neid. Ghaddafis ungewöhnliche Brutalität zwang die Menschen in Libyen zu einem langen, gewaltsamen und von der NATO unterstützten Aufstand, der schließlich dem alten despotischen Regime ein Ende bereitete. Doch noch muss die neue Ordnung zur Entstehung eines inklusiveren und transparenten Gemeinwesens führen. Der herrschende Nationale Übergangsrat (NTC) hält sich nach wie vor über die Identität seiner meisten Mitglieder und die Entscheidungsfindungsprozesse bedeckt. Seine interne Spaltung (Islamisten gegen Säkulare), der Mangel an wirksamer Kontrolle über die frei flutenden bewaffneten Gruppen und seine schwachen administrativen Fähigkeiten erweisen ihn als regierungsunfähig.[26] Mit anderen Worten führt der revolutionäre Sturz eines repressiven Staats nicht zwangsläufig zu einer inklusiveren und gerechteren Ordnung.

Es ist vielleicht angebracht, über ein anderes Verständnis von Revolution nachzudenken, wie z.B. Raymond Williams Begriff der langen Revolution – eine, die nach Anthony Barnett umfassend (nicht nur auf die alte linke Vorstellung von ökonomischer Veränderung bezogen, sondern ebenso auf gesellschaftliche und kulturelle Veränderung), schwierig (facettenreich, widersprüchlich und komplex) und menschlich (gegen Gewalt und für Menschlichkeit, Würde, Recht, Demokratie und Freiheit) ist.[27] Wir sollten daher nicht auf schnelle Resultate hoffen oder uns um die gestellten Forderungen Sorgen machen, sondern die arabischen Aufstände als lange Revolutionen betrachten, die vielleicht erst in 10 oder 20 Jahren Früchte tragen – dadurch, dass Dinge anders gemacht werden und über Macht auf neue Weise nachgedacht wird, jenseits der traditionellen Politik. Doch bei der Definition von Revolutionen geht es nicht nur um die Semantik, sondern vor allem um das gravierende Problem der Machtstrukturen und fest verwurzelten Inter-

26 Ranj Alaaldin, »Libya: Defining its Future«, in After the Arab Spring: Power Shift in the Middle East? (London, London School of Economics, 2012).

27 Anthony Barnett, »We Live in Revolutionary Times«, ebenda.

essen. Wie auch immer man Revolution definiert – als lange Revolution oder als eine, die mit der radikalen Veränderung des Staats beginnt –, bleibt die wesentliche Frage, wie eine grundlegende Verschiebung gegen die vergangene autoritäre Ordnung abgesichert werden kann, um einen sinnvollen demokratischen Wandel in die Wege zu leiten und die Vernünftigkeit von Gewaltlosigkeit und die Prinzipien der Inklusion und der Gerechtigkeit zu wahren. Eines ist allerdings sicher: Der Abschied vom unterdrückerischen Alten und die Ankunft eines befreienden Neuen werden nicht ohne hartnäckige Kampfe und die permanente öffentliche und private Mobilisierung der Zivilgesellschaft vonstattengehen. Die lange Revolution wird womöglich einsetzen müssen, auch wenn die schnelle und radikale Revolution schon beendet ist.

Das achte Kapitel wurde von Asef Bayat im Sommer 2012 für diese Ausgabe verfasst.

Assoziation A

Mike Davis

Die Geburt der Dritten Welt

Hungerkatastrophen und Massenvernichtung im imperialistischen Zeitalter

Aus dem Englischen von Ingrid Scherf, Britta Grell und Jürgen Pelzer

»World History Association Book Award« 2002 | Platz 3 der Sachbuchbestenliste des Monats September 2004 | Buch des Monats, konkret, Oktober 2004 | Bücher des Monats, Literaturen, November 2004

Ende des 19. Jahrhunderts zerstörten Dürren ungeheuren Ausmaßes wiederholt die Ernährungsgrundlagen in den Teilen der Erde, die heute »Dritte Welt« genannt werden. Zwischen 1876 und 1879 sowie zwischen 1896 und 1900 starben in den im Allgemeinen als klimabedingt definierten Hungerskatastrophen und nachfolgenden Epidemien in Äthiopien, Indien, China und Brasilien zwischen 30 und 60 Millionen Menschen.

Mike Davis legt in seiner „Politischen Ökologie" des Hungers die Hintergründe zwischen Weltklima und Weltökonomie im imperialistischen Zeitalter frei, die zur „Geburt der Dritten Welt" führten und bis heute nachwirken. „Wir haben es mit anderen Worten nicht mit ›Hungerländern‹ zu tun, die im Brackwasser der Weltgeschichte ins Abseits gerieten, sondern es geht um das Los der Menschheit in den Tropen, das sich just zu einem Zeitpunkt (1870–1914) änderte, als deren Arbeitskraft und Produkte zwangsweise in die Dynamik der von London gesteuerten Weltwirtschaft integriert wurden. Millionen starben nicht außerhalb des ›modernen Weltsystems‹, sondern im Zuge des Prozesses, der sie zwang, sich den ökonomischen und politischen Strukturen anzupassen.«

ISBN 978-3-935936-43-9 | 464 Seiten

Assoziation A

Mike Davis

Planet der Slums

Aus dem Englischen von Ingrid Scherf und Jan Surmann

2. Auflage 2011 | Mit einem aktuellen Nachwort des Autors.

Platz 3 der Sachbuchbestenliste des Monats September 2007.

Mike Davis konstatiert eine »Kopernikanische Wende« der menschlichen Siedlungsgeschichte. Denn nie zuvor überstieg der Anteil der Stadtbevölkerung den Anteil der auf dem Land Wohnenden und nie zuvor sah sich eine ungeheure Anzahl von über einer Milliarde Menschen gezwungen, ihr Überleben in Armut, im Schmutz der Müllhalden, ohne (sauberes) Wasser, ohne Toiletten, ohne irgendeine Art der Gesundheits- oder Sozialversorgung zu organisieren. Die Megaslums des »Südens« sind Ausdruck einer im höchsten Maße ungleichen und instabilen urbanen Welt. Hier treffen die sozialen Fronten der Globalisierung in radikaler Weise aufeinander.

»Weder in der klassischen Sozialtheorie, weder bei Karl Marx noch bei Max Weber oder in der neueren Modernisierungstheorie wurde vorausgesehen, was sich in den Städten innerhalb der letzten 30 oder 40 Jahre entwickelt hat. Nirgendwo wurde die Herausbildung einer riesigen Klasse hauptsächlich junger Menschen vorausgesehen, die in Städten lebt, keine formelle Anbindung an die Weltökonomie hat, noch irgendeine Chance, diese jemals zu bekommen. Diese informelle Arbeiterklasse ist nicht das ›Lumpenproletariat‹ von Karl Marx und sie ist nicht der ›Slum der Hoffnung‹. Diese informelle Arbeiterklasse repräsentiert eine von der Theorie völlig unvorhergesehene, beispiellose Entwicklung« (Mike Davis).

ISBN 978-3-935936-56-9 | 264 Seiten

Assoziation A

Raúl Zibechi

Territorien des Widerstands

Eine politische Kartografie der urbanen Peripherien Lateinamerikas

Aus dem Spanischen von Kirsten Achtelik und Huberta von Wangenheim

In den riesigen Armenvierteln lateinamerikanischer Megalopolen haben sich in den vergangen 20 Jahren Territorien des Widerstands herausgebildet, die mit den von den Medien transportierten Bildern aus Elendsvierteln wenig zu tun haben. Ob in den Barrios von Mexiko-Stadt, den Favelas Brasiliens oder den Armenvierteln von Buenos Aires, Lima oder Caracas – überall haben Campesinos, städtische Arme und Indigene völlig neue Organisationsformen und Überlebensstrategien entwickelt.

Raúl Zibechi, ein ausgewiesener Kenner der lateinamerikanischen Situation, gehört zu den wenigen Intellektuellen, die den Spuren und konkreten Ausdrucksformen dieser neuen sozialen Zusammenhänge in den urbanen Peripherien Lateinamerikas nachgegangen sind. Wie er überzeugend nachweist, zeichnet sich diese neue Generation sozialer Bewegungen durch folgende Charakteristika aus: Sie haben den Kampf um das Land durch die Besetzung von Territorien ersetzt. Sie verwandeln ihr Alltagsleben und ihre Weisen der Subsistenzsicherung in Widerstandsformen gegen das System. Sie lehnen jede Form der politischen Repräsentation durch Parteien, Kirchen oder staatliche Organe ab und entwickeln neue Formen der Selbstregierung. Damit stehen sie auch quer zu den Linksregimen Lateinamerikas, die mit einer neuen Kunst des Regierens versuchen die Kontrolle über diese Stadtteile wiederherzustellen.

ISBN 978-3-86241-402-4 | 176 Seiten